# Die besondern

# Preußischen Strafgesetze

commentirt

durch Entscheidungen des Königl. Ober-Tribunals
und Ministerial-Rescripte.

Eine Sammlung für den Handgebrauch

herausgegeben

von

**Paul Stoepel,**
Staatsanwalt.

---

Berlin.
Verlag von J. Guttentag.
1861.

# Vorwort.

Der Verfasser glaubt mit nachfolgender Sammlung den Practikern eine nicht unwillkommene Gabe zu bieten. Wir haben allerdings, namentlich auf strafrechtlichem Gebiete, derartige Compilationen genug, indeß sind bisher doch die speciellen Strafgesetze — d. h. die in der Gesetzgebung zerstreuten Vorschriften criminalischer Natur, neben dem Strafgesetzbuch selbst und den neueren organischen Gesetzen über das Verfahren — fast ganz außer Acht gelassen. Es kam nun darauf an, diese besonderen Vorschriften mit den durch die Praxis gegebenen Erläuterungen zu commentiren. Daß bei der Reichhaltigkeit des Inhalts vieler Gesetze doch nur auf diesen, soweit er das strafrechtliche Interesse betrifft, Rücksicht genommen werden konnte, war durch den Zweck, den der Verfasser in Augen hatte, von selbst geboten. Man wird vielleicht den Text der Gesetze ungern vermissen. Abgesehen aber von dem allzugroßen Umfange des Buches, der sich dadurch nothwendig gemacht hätte, würde damit vieles dem Strafrechte ganz Fremdes mit aufgenommen sein. Schließlich soll nur noch darauf aufmerksam gemacht werden, daß (da eben nur Noten ohne Text gegeben sind) von einer eigentlichen Durcharbeitung der Gesetze, namentlich rücksichtlich ihrer innern Concordanz und Ergänzung, Abstand genommen werden mußte, da sich dies bei der Bearbeitung, ohne den Text mit abzudrucken, als doch nur mangelhaft ausführbar herausstellte.

Die vorkommenden Abbreviaturen werden dem juristischen Leser auch ohne besondere Erklärung verständlich sein.

Potsdam, Dezember 1860. **P. St.**

# Inhaltsverzeichniß.

# Nachträge.

## Berichtigungen.

S. 1 zu I Nr. 1. in dem Citat l. S. 522, statt: 521.
„ 4 „ I. Nr. 19. l. (Zu §§. 18—20. 1020. 1022. ib.), statt: (Zu §. 1010. ib.)
„ 11 „ III. l. Holz-Mast-, statt: Holz-Maß-
„ 13 „ IX. im Titel des Gesetzes l. 1803, statt: 1813.
„ 23 „ XXIV. Nr. 36. in Zeile 3. l. nicht, statt: auch.
„ 28 „ XXV. Nr. 8. in Zeile 6. l. auf, statt: auch
„ 32 „ XXVI. Nr. 14. l. (Zu §§. 39. 40.), statt: (Zu §. 39.)
„ 52 „ XLII. Nr. 1. in Zeile 3. l. 1829, statt: 1828.
„ 86 „ XCI. Nr. 1. in Zeile 1. l. keine, statt: eine.
„ 124 „ CXL. im Titel des Gesetzes l. 265, statt: 238.
„ 131 „ CXLIV. Nr. 14. l. (Zu §. 7.), statt: (Zu §. 17.)
„ 139 „ CXLVII. Nr. 3. in Zeile 4. l. demnächst, statt: dann nicht
„ 147 „ CLI. Nr. 9. l. (Zu §§. 5. Nr. 3.), statt: (Zu §. 7. Nr. 2.)

# I. Allgemeines Landrecht.

1. (Zu §. 12. Einleitung.) Es mag dahingestellt bleiben, ob unter Umständen für das Preußische Strafgesetzbuch die Frage über den Rechtsirrthum eine offene geblieben ist, jedenfalls kann sie bei den noch aus dem Allg. Landrecht zu bestrafenden Vergehen (z. B. §§. 20. 1010. II. 1.) nicht ins Gewicht fallen, da hiefür der §. 12. der Einleitung entscheidet, und das Allgem. Landrecht überall gehörig publicirt ist und seit langer Zeit besteht.

Erk. d. OTrib. v. 11. Mai 1859. Sen. f. Straff. I. (G.A. VII. S. 521.)

2. (Zu §. 18. ib.) Die Aufhebung des §. 18. steht einem auch jetzt erst angebrachten Antrage auf Herabsetzung der Strafe in Folge der — durch Verordn. v. 18. Dez. 1848 erfolgten — Aufhebung der Circ.V. v. 26. Febr. 1799 nicht entgegen.

Erk. d. OTrib. v. 6. Febr. u. 20. Oct. 1852. (Oppenhoff ad Art. VII. des Einf.Gesetzes.)

3. (Zu §. 111. I. 9.) Hier bedeutet der Ausdruck „im Freien" nicht nur das „Feld", sondern der §. 111. gestattet in dem vorausgesetzten Falle den Fang aller Tauben dann, wenn sie überhaupt außerhalb ihres Aufbewahrungsortes getroffen werden.

Erk. d. OTrib. v. 23. Jan. 1857. Sen. f. Straff. I. (G.A. V. S. 565.)

4. (Zu §§. 149. ff. ib.) Nach Aufhebung des Jagdrechtes auf fremdem Grund und Boden und der Jagdfolge durch das Gesetz vom 31. Octbr. 1848 unterliegt der Eigenthümer eines Gartens u. s. w. den Beschränkungen der §§. 149 ff. nicht mehr.

Erk. d. OTrib. v. 10. Oct. 1855. Sen. f. Straff. I. (G.A. IV. S. 266.)

5. (Zu §. 365. ib.) Der Anspruch auf Confiscation nach dem Tode des Angeklagten ist nicht im Civil-, sondern im Criminalprozesse zu erörtern, weil die Frage, ob der zu confiscirende Gegenstand zur Begehung einer strafbaren Handlung gedient habe und ob eine solche vorhanden sei, nur vom Criminalrichter entschieden werden kann, welcher diejenigen Personen zuziehen muß, die ein Interesse bei der Confiscation haben, also die Erben.

Beschl. d. Kammergerichts v. 2. Dez. 1852. (G.A. I. S. 71.)

6. Wenn der Angeklagte während der von ihm beschrittenen Appellationsinstanz vor rechtskräftiger Entscheidung verstorben ist, so besteht keine rechtskräftige Verurtheilung desselben zu einer Strafe, wie sie

der §. 178. d. V. v. 3. Jan. 1849 erfordert; es können daher die Kosten der Untersuchung nicht aus dem Nachlasse des Angeklagten beigetrieben werden. Der §. 610. der Crim.Ordnung ist aufgehoben.

Beschl. d. OTrib. v. 5. Octbr. 1853. (G.A. II. S. 106. Note. Es besteht nun freilich der §. 365. I. 9. A. L.R. fort, es scheint aber, als ob derselbe nicht mehr eine Norm für den Criminalrichter, sondern lediglich ein Fundament für den Civilrichter sei.)

7. (Zu §. 550. ib.) Bei Berechnung der Verjährung kommt auch im Strafrecht der §. 550. zur Anwendung; die analoge Ausdehnung des §. 15. d. St.G.B.'s hierauf ist unstatthaft.

Erk. d. OTrib. v. 2. März 1859. Sen. f. Straff. I. (G.A. VII. S. 378.) cf. Oppenhoff ad §. 50. d. St.G.B.'s Nr. 20. u. §. 339. ib. Nr. 8.

8. (Zu §§. 564 ff. ib.) Die in Betreff der vom Strafgesetz über die Strafverjährung vorgeschriebenen Fristen oder Wirkungen unterliegen einer abweichenden Bestimmung der Parteien nicht und die §§. 364 ff. finden daher auf die Verjährung in Strafsachen keine Anwendung.

Erk. d. OTrib. v. 24. Oct. 1855. Sen. f. Strafr. I. (G.A. III. S. 832.) cf. Oppenhoff ad §. 50. des St.G.B.'s Nr. 19.

9. (Zu §§. 718. 719. I. 11.) Die im §. 718. ausgesprochene Vermuthung hat jetzt keine Bedeutung mehr. Statt der im §. 719. angedrohten Strafvorschrift kommt jetzt §. 273. des St.G.B.'s zur Anwendung.

Koch zu A. L.R. I. S. 823. Nr. 51.

10. (Zu §. 740. ib.) Diese Vorschrift hat strafrechtlich keine Geltung mehr, ist vielmehr durch §§. 241 ff. des St.G.B.'s aufgehoben.

Erk. d. OTrib. v. 13. Apr. 1855 (G.A. III. S. 569) u. v. 23. Febr. 1854 (G.A. III. S. 611. 612.) Oppenhoff ad Art. II. des Einf.Gesetzes v. 14. Apr. 1851 Nr. 24.

11. (Zu §. 1032. ib.) Wenn eine Schrift nach Ablauf der in dem Gesetze v. 11. Juni 1837 und in den dasselbe ergänzenden Gesetzen vorgeschriebenen Schutzfristen oder aber nach §§. 1029. 1030. I. 11. A. L.R. Gemeingut geworden ist, und deshalb von dritten Personen eine neue Ausgabe dieser Schrift veranstaltet wird, so kann dadurch an dieser neuen Ausgabe nur insoweit ein gegen Nachdruck geschütztes Autor- oder Verlagsrecht erworben werden, als dieses überhaupt nach §. 1012. ib. als Ausgabe zu betrachten ist, also nur in Beziehung auf das neue Format oder auf diejenigen Veränderungen, welche dadurch der im Uebrigen Gemeingut gebliebenen Schrift hinzugefügt worden sind.

Erk. d. OTrib. v. 1. Juni 1859. Sen. f. Straff. I. Präj. 256. (Entsch. Bd. 40. S. 481. Bd. 42. S. 82. *.)

12. (Zu §§. 413. 425 ff. I. 14.) Das nach den Provinzial-Forstordnungen zu zahlende Pfandgeld für das verbotswidrige Hüten in den Schonungen muß für eine öffentliche Strafe gehalten werden und sind dergleichen Contraventionen im Wege der Untersuchung, nicht des Civilprozesses geltend zu machen.

Erk. d. OTrib. v. 16. Septbr. 1853 (J.M.B. S. 372). Cf. auch §§. 12. 13. Tit. 2. §§. 37 ff. Tit. 4. der westpreußischen Forst- u. Jagdordnung v. 8. Octbr. 1805 (Rabe Bd. 8. S. 354) und das Erk. d. OTrib. v. 2. Septbr. 1858 zu §. 186. I. 22. (J.M.B. S. 299.)

13. (Zu §§. 462—467. ib.) In den Fällen, wo eine Pfandkehr (§. 465.) mit Gewalt verübt ist, muß von den Instanzrichtern festgestellt werden, ob die Gewalt für sich allein ein in dem jetzt bestehenden Strafgesetze unter Strafe gestelltes Vergehen oder Verbrechen enthält, da die Strafe der unerlaubten Selbsthilfe (§. 463.) nicht mehr besteht und die Verübung von Gewalt zum Zwecke der Selbsthilfe nach §. 107. II. 20. A. L.R. nur einen erschwerenden ideell concurrirenden Umstand der Selbsthilfe bildet, und mithin beim Wegfall der Strafe der Selbsthilfe im Allgemeinen nicht die Strafe der Selbsthilfe zur Folge haben kann.

Erk. d. OTrib. v. 9. Oct. 1857. Sen. f. Straff. I. (G.A. VI. S. 283.) cf. Oppenhoff ad §. 271. d. St.G.B.'s Nr. 7. und ad Art. II. des Einf.Gesetzes Nr. 25.

14. (Zu §. 186. I. 22.) Durch die Vorschrift des §. 186. I. 22., nach welcher das Viehhüten in Schonungen mit nachdrücklicher Strafe nach näherer Bestimmung des Criminalrechts geahndet werden soll, sind die hierauf bezüglichen privatrechtlichen Strafbestimmungen, (z. B. diejenigen, welche in den für das Fürstenthum Halberstadt ergangenen Publicandis v. 18. Septbr. 1784 und 30. Apr. 1787 enthalten waren) unwirksam geworden.

Erk. d. OTrib. v. 2. Sept. 1858. Sen. f. Straff. II. (J.M.B. S. 299.)

15. (Zu §. 208. ib.) Der Anspruch auf die in dem Reglement vom 15. Septbr. 1798 §. 2. litt. b. Nr. 4. und in den verschiedenen Forstordnungen bestimmte Strafe der anschlagswidrigen Verwendung freien Bauholzes ist, — wo nicht in einzelnen Forstordnungen etwas Anderes bestimmt ist, — nicht Gegenstand des öffentlichen Strafverfahrens, sondern als Civilanspruch im Civilprozesse geltend zu machen.

Erk. d. OTrib. v. 9. März 1853. Sen. f. Straff. I. Präj. 20. (Entsch. Bd. 24. S. 496. Präj.-Samml. II. S. 159.)

16. (Zu §. 170. II. 1.) Unter den „Gesetzen des Landes" sind nur die im 10ten Abschnitt dieses Titels gegebenen Ehegesetze (§. 1008. ib.), mithin die Vorschriften über die Ehehindernisse, nicht auch die Bestimmungen über die Form der Eheschließung (§§. 136 ff.) zu verstehen.

Erk. d. OTrib. v. 15. Jan. 1855. (Entscheid. Bd. 29. S. 380. Präj.-Samml. II. S. 46.)

17. (Zu §. 191. ib.) Bei Criminaluntersuchungen wider eine Ehefrau wegen eines den Ehemann zur Ehescheidung berechtigenden Verbrechens ist die Befreiung des unschuldigen Ehemanns von der Haftbarkeit für die Untersuchungskosten nicht dadurch bedingt, daß derselbe die Ehescheidungsklage wirklich angestellt hat.

Erk. d. OTrib. v. 13. Juli 1854. (Entsch. Bd. 28. S. 142. Str. A. XIV. S. 145. Rechtsgrundsätze II. S. 196.)

18. (Zu §. 673. ib.) Dieser §. ist nur eine Beweisregel, wonach auch bei den hier erwähnten Voraussetzungen der Scheidungsgrund des Ehebruchs als vorhanden angenommen wird; es genügt daher eine auf Grund dieses §. ausgesprochene Scheidung, um eine Strafverfolgung wegen Ehebruchs (§. 140. St.G.B.'s) eintreten zu lassen; natürlich be-

darf es aber im Strafverfahren der Feststellung des wirklich begangenen Ehebruchs.

Erk. d. OTrib. v. 8. Juni 1854. Sen. f. Straff. II. (Oppenhoff ad §. 140. d. St.G.B.'s Nr. 8.) Erk. d. OTrib. v. 9. Mai 1860. Sen. f. Strafr. I. (G.A. VIII. S. 560.)

19. (Zu §. 1010. ib.) Der §. 1010., welcher nach Art. II. des Einf.Gesetzes zum Strafgesetzbuch fortdauernde Giltigkeit hat, setzt zu seiner Anwendung nur voraus, daß Jemand wissentlich ein Ehegesetz übertreten hat, ein besonderer dolus ist nicht erforderlich und auch aus der Fassung „vorsätzlicher Uebertreter" nicht zu folgern.

Erk. d. OTrib. v. 11. Mai 1859. Sen. f. Straff. I. (G.A. VII. S. 522.)

20. (Zu §. 1. II. 2.) Wenn es sich im Strafverfahren darum handelt, ob ein Kind im Sinne der §§. 180 oder 186. Abs. 2. des St.G.B.'s ein uneheliches sei, so ist für diese Feststellung die im A. L.R. II. 2. §. 1. aufgestellte rechtliche Vermuthung nicht maßgebend; diese Feststellung geschieht vielmehr selbständig nach den Regeln des Criminalprocesses.

Erk. d. OTrib. v. 10. Febr. 1853. Sen. f. Straff. II. Präj. 14. Erk. d. OTrib. v. 9. Novbr. 1857. Sen. f. Straff. Plen. Präj. 249. (J.M.B. S. 442. Entscheid. Bd. 37. S. 9. *.)

21. (Zu §. 255. ib.) Diese Bestimmung ist durch §. 11. des St.G.B.'s nicht aufgehoben.

Oppenhoff ad §. 11. d. St.G.B.'s Nr. 5.

22. (Zu §§. 592 ff. ib.) Die vom Civilrichter über die status-frage gefällte Entscheidung ist für den Strafrichter bindend, und es muß die in einer schwebenden Untersuchungssache incident aufgeworfene Frage dieser Art unbedingt an den Civilrichter gewiesen werden. So lange daher eine hierüber ergangene Civilentscheidung in Rechtskraft besteht, darf der Strafrichter sich gar nicht auf eine Prüfung der von ihm in Betreff jener Frage verabreichten Beweise einlassen.

Erk. d. OTrib. v. 8. Febr. 1856. Sen. f. Straff. I. (J.M.B. S. 96.)

23. (Zu §§. 518 u. 2455. II. 8.) Die Direction einer Eisenbahngesellschaft kann wegen unterlassener Anmeldung steuerpflichtiger Gegenstände bei der Steuerbehörde als Steuerdefraudantin nicht in Anspruch genommen werden.

Erk. d. OTrib. v. 9. Novbr. 1853. Sen. f. Straff. I. (Entsch. Bd. 26. S. 427.)

24. (Zu §§. 1305 ff. ib.) cf. den Aufsatz bei G.A. II. S. 485 ff. über unbefugte Mäklerei.

25. (Zu §§. 2452—2456. ib.) cf. zu §. 4. des Preßgesetzes v. 5. Juni 1852 Erk. d. OTrib. v. 26. Juni 1855. (Str. A. XVII. S. 307.)

26. (Zu §§. 49. 50. II. 10.) Eine im Knabenalter geschehene Auswanderung begründet zwar die Vermuthung des §. 50. noch nicht; diese Wirkung tritt aber ein, wenn der ausgewanderte Knabe später bei

vollendetem 20sten Lebensjahre noch preußischer Unterthan ist und nun nicht zur Erfüllung seiner Militärpflicht zurückgekehrt war.

Erk. d. OTrib. v. 11. Dez. 1856. Sen. f. Straff. II. Präj. 222. (Entsch. Bd. 34. S. 365.) v. 28. Febr. 1855. Sen. f. Straff. I. (G.A. III. S. 423.) v. 29. Febr. 1856. Sen. f. Straff. I. (G.A. IV. S. 389.) und vom 27. März 1856. Sen. f. Straff. II. (G.A. IV. S. 558.) Oppenhoff ad §. 110. d. St.G.B.'s Nr. 5.

27. (Zu §§. 68. 69. ib.) Gutsbesitzer, denen die örtliche Polizeiverwaltung zusteht, sind in dieser Beziehung als öffentliche Behörden zu betrachten.

Erk. d. OTrib. v. 30. Novbr. 1855. Sen. f. Straff. I. (J.M.B. 1856 S. 40.)

28. (Zu §§. 76 u. 79. II. 10.) cf. das Erk. des OTrib. v. 18. März 1853 (Entscheid. Bd. 25. S. 220.) zur Decl. v. 9. März 1834 (G.S. S. 60.) und zu Art. 12. d. Verf.Urkunde.

29. (Zu §§. 19. 96. II. 11.) cf. das Erk. des Competenzgerichtshofes v. 23. Juni 1858 (J.M.B. 1859 S. 236.) zu d. Gesetz v. 13. Febr. 1854 (G.S. S. 86.).

30. (Zu §. 59. ib.) Der Begriff des „Religionsdieners" (§. 102. d. St.G.B.'s) ist ein weiterer als der eines „Geistlichen".

Erk. d. OTrib. v. 9. Febr. 1859. Sen. f. Straff. I. (G.A. VII. S. 234. Entscheid. Bd. 40. S. 11. *.)

31. (Zu §§. 80—82. ib.) Bei einem Seelsorger beschränkt sich die Pflicht der Geheimhaltung der in dieser Eigenschaft ihm gemachten Eröffnungen im Sinne des §. 155. d. St.G.B.'s nicht auf den Inhalt einer förmlichen Ohrenbeichte, sondern erstreckt sich auf alles das, was ihm in Rücksicht auf seine geistliche Amtsverschwiegenheit auch sonst mitgetheilt ist.

Erk. d. OTrib. v. 19. Mai 1853. (J.M.B. S. 356. G.A. I. S. 375.)

32. Die Weigerung des Geistlichen zum Zeugniß über die Beichte erstreckt sich immer nur auf ein erst abzulegendes Zeugniß, sie kann aber niemals eine rückwirkende Kraft insoweit haben, daß sie sich auch auf früher bereits abgelegte Zeugnisse oder denselben gleichstehende, (von dem Geistlichen) bereits zu den Acten gegebene schriftliche Auslassungen erstreckt.

Erk. d. OTrib. v. 31. Mai 1854. (G.A. II. S. 675.)

33. (Zu §§. 83—85. ib.) Ueber die Anwendbarkeit des §. 154. d. St.G.B.'s auf Geistliche, welche in der Predigt die desfalls erlassenen Amtsvorschriften überschreiten, cf. Erk. d. OTrib. v. 30. April 1858. Sen. f. Strafr. I. (G.A. VI. S. 703.)

34. (Zu §. 552. ib.) Kirchenvorsteher sind im Sinne des §. 102. d. St.G.B.'s „öffentliche Beamte".

Beschl. d. OTrib. v. 25. Mai 1859. (G.A. VII. S. 708.)

35. (Zu §§. 51—53. II. 12. K.O. v. 14. Mai 1825, G.S. S. 149.) In Betreff der Frage über die Competenz der Gerichte im Falle einer Ueberschreitung des Züchtigungsrechts cf. die Erkenntnisse des

Comp.Ger.hofs in dem Just.Min.Blatte de 1858 S. 67. 75. 244. 250. 259. 266. de 1859 S. 274. 282. 283. 442.

36. (Zu §§. 78 u. 79. II. 14.) Die Entscheidung darüber, ob Jemand für eingebrachtes gemischtes Mehl eine Steuer zu entrichten habe und welcher Steuersatz in Anwendung zu bringen sei, steht nicht den Gerichten, sondern lediglich den Steuerbehörden zu. In dieser Befugniß der letztern wird dadurch nichts geändert, wenn der Einbringende wegen Steuercontravention zur Untersuchung gezogen und von den Gerichten für nichtschuldig erklärt worden ist.

Erk. d. Comp.Ger.hofs v. 14. April 1855. (J.M.B. S. 201.)

37. Wenn es in einer Zollcontraventionssache zur gerichtlichen Untersuchung kommt, so sind zum Behufe der festzusetzenden Strafe alle Thatsachen, von denen diese und deren Höhe abhängig ist, durch den Richter festzustellen, also auch z. B. die Qualität der eingeführten Waare.

Erk. d. OTrib. v. 22. Nov. 1855. Sen. f. Straff. II. (G.A. IV. S. 233.)

38. (Zu §. 30. II. 16.) Der Begriff des Jagens ist nicht dahin begrenzt, daß absichtlich auf Occupation noch lebender jagdbarer wilder Thiere ausgegangen, diese aufgesucht, denselben nachgestellt werden müßte; dasselbe begreift vielmehr auch die Aneignung von Fallwild — sollte es auch in Folge des Anschießens gefallen sein — in sich, da auch dieses dem ausschließlichen Occupationsrechte des Jagdberechtigten unterliegt. Beeinträchtigung dieses Rechts stellt daher ein Vergehen gegen §. 274. d. St.G.B.'s dar.

Erk. d. OTrib. v. 25. Febr. 1853. Sen. f. Straff. I. (G.A. I. S. 260.) Erk. d. OTrib. v. 19. Octbr. 1853. Sen. f. Straff. I. (G.A. II. S. 129.) Erk. d. OTrib. v. 27. Juni 1856. Sen. f. Straff. I. (Entscheid. Bd. 33. S. 236.)

Dies gilt auch in den Landestheilen, in welchen das gemeine Recht in Kraft geblieben ist, nicht minder in dem Gebiete des rheinischen Rechts.

Beschl. d. OTrib. v. 4. Oct. 1854. (G.A. II. S. 835.) Erk. d. OTrib. v. 26. März 1857. Sen. f. Straff. II. (G.A. V. S. 573.) cf. Oppenhoff ad §. 274. d. St.G.B.'s Nr. 27.

39. (Zu §. 31. ib.) Ueber die Jagdbarkeit einzelner Thiere, namentlich des Dachses, Hamsters, der Krammetsvögel, Lerchen, Fischottern, Füchse, Marder cf. Oppenhoff zu §. 274. des St.G.B.'s Nr. 16 ff.

40. (Zu §. 35. ib.) Das Aufsuchen und Fangen oder Schießen nichtjagdbarer wilder Thiere auf fremdem Jagdrevier bildet kein nach §§. 274. 275. d. St.G.B.'s zu bestrafendes Vergehen. — Eine etwaige Bestrafung der Handlung nach §. 347. Nr. 11. d. St.G.B.'s oder nach anderweitigen Strafbestimmungen wird hiedurch nicht ausgeschlossen.

Beschl. d. OTrib. v. 31. März 1856. Sen. f. Straff. Plen. Präj. 205. (Entscheid. Bd. 34. S. 355. G.A. IV. S. 510.) Früher contra: Erk. d. OTrib. v. 15. Septbr. 1853. Sen. f. Straff. II. Präj. 51. (Entscheid. Bd. 25. S. 445.)

41. (Zu §. 51. ib.) Bei der Zweideutigkeit der Vorschrift des §. 1. Tit. 32. der märkischen Holz-, Maß- und Jagdordnung v. 20. Mai 1720 muß dieselbe in Uebereinstimmung mit dem Allg. Landrecht erklärt

werden. Danach besteht also auch in der Mark für den männlichen Hirsch keine Schonzeit.

Erk. d. OTrib. vom 30. Septbr. 1859. Sen. f. Straff. II. (G.A. VII. S. 816.)

42. (Zu §§. 66. 67. ib.) Die §§. 66. 67. sprechen nur von solchen Jagdhunden, welche während einer vom Jagdberechtigten auf seinem Reviere angefangenen Jagd überlaufen oder übergelaufen sind, finden also auf Jagdhunde, welche frei herumlaufen, d. h. von einem Jagdberechtigten auf der Jagd mitgeführt werden, nicht Anwendung. Dergl. Hunde können, auch wenn sie Jagdhunde sind, von dem Jagdberechtigten auf seinem Revier getödtet werden, auch nach schlesischem Provinzialrecht.

Erk. d. OTrib. v. 2. Mai 1838. (Koch, Schles. Arch. Bd. III. S. 224.)

43. (Zu §. 74. ib.) cf. zu Zusatz 228. §. 2. des ostpreußischen Provinz.-Rechts vom J. 1801 das Erk. des OTrib. vom 10. Oct. 1859. (Entscheid. Bd. 42. S. 59. *.)

## II. Allgemeine Gerichtsordnung.

1. (Zu §. 143. I. 2.) Wenn das beleidigte Gericht in der deshalb wegen Beleidigung eingeleiteten Untersuchung selbst erkannt hat, so ist deshalb eine Nichtigkeit wegen Incompetenz (§§. 47 ff. d. Crim.-Ordn. Art. 108. Nr. 2. des Ges. v. 3. Mai 1852) nicht vorhanden. Meint aber der Angeklagte, „die Mitglieder des erkennenden Gerichts hätten ein Interesse an seiner Bestrafung gehabt" (§. 143. I. 2. d. A.G.O. Absatz 1.), so muß sofort eine ausdrückliche Recusation stattfinden.

Erk. d. OTrib. v. 7. Sept. 1859. Sen. f. Straff. I. (G.A. VII. S. 690.)

2. (Zu §§. 160 ff. ib.) Die Vorschriften über die freiwillige Prorogation des Gerichtsstandes finden auf das Institut der Schiedmannschaft keine Anwendung.

Erk. d. OTrib. v. 23. Juni 1858. Sen. f. Straff. I. (G.A. VI. S. 696.)

3. (Zu §§. 25. 28. I. 3.) Rechtsanwälte, als vermuthete Bevollmächtigte in processualischen Angelegenheiten, brauchen, wenn sie für den Angeklagten die Appellation in dessen Namen einlegen, nicht sofort Vollmacht desselben beizubringen, sondern sind in solchen Fällen von dem Gerichtshof anzuhalten, die Vollmacht nachzubringen.

Erk. d. OTrib. v. 27. Oct. 1858. Sen. f. Straff. I. (G.A. VII. S. 84.)

4. (Zu §§. 20. 21. I. 7.) cf. zur K.O. vom 27. April 1842 (J.M.B. S. 196.) das Erk. v. 10. Aug. 1858. (G.A. VI. S. 681.)

5. (Zu §. 41. ib.) Diese Vorschrift ist nicht aufgehobn.

Erk. d. OTrib. v. 17. Sept. 1852. (Oppenhoff ad Art. II. des Einf.-Gesetzes v. 14. April 1851 Nr. 6.)

6. (Zu §. 53. I. 10.) Wenn es sich bei den im Civilprozesse verfolgten Beleidigungen um die Strafbarkeit nach ausländischem Rechte handelt (§. 4. Nr. 3. d. St.G.B.'s), so liegt der Beweis, daß auch nach ausländischem Gesetze die Beleidigung bestraft werde, dem Kläger

ob, und es kommt hinsichtlich dieser Beweisführung der §. 53. I. 10. d. A.G.O. zur Anwendung, so daß also auch z. B. der Beweis durch beglaubigte Gutachten englischer Advocaten erbracht werden kann.

Erk. d. OTrib. v. 25. Juni 1858. Sen. f. Straff. I. (G.A. VI. S. 696.)

7. (Zu §. 129. ib.) Die außergerichtlichen öffentlichen Urkunden, zu denen auch beispielsweise die von einem Executor amtlich aufgenommenen Pfändungsverhandlungen gehören, verlieren deshalb an ihrer Qualität nichts, wenn die ihnen beigefügten Handzeichen der Parteien nicht in gleicher Art, wie es bei den gerichtlichen Protocollen vorgeschrieben ist, beglaubigt sind.

Beschl. d. OTrib. v. 9. Juli 1858. (G.A. VI. S. 852. Entscheid. Bd. 39. S. 60. *.)

8. (Zu §§. 149 ff. ib.) Die im §. 384. d. Crim.Ordn. befindliche Verweisung auf §§. 149 ff. I. 10. d. A.G.O. ist lediglich dahin aufzufassen, daß darin auf das Verfahren bei Vergleichung von Handschriften verwiesen ist, und daß dagegen zum Zwecke der Untersuchung, abgesehn von der Beweiskraft eines solchen Beweismittels sowohl über die Unterschrift allein als auch über den Inhalt allein, die Vergleichung der Handschrift an und für sich allerdings zulässig sein soll.

Erk. d. OTrib. v. 20. April 1855. (G.A. III. S. 555.)

9. (Zu §. 183. Nr. 3. ib.) Obwohl die Criminalordnung (§. 313.) die hier allgemein gegebene Vorschrift, nach welcher ein Zeugniß, welches das Bekenntniß der eigenen, seiner nahen Anverwandten oder der Ehegatten Schande enthalten würde, verweigert werden darf, nicht aufgenommen hat, so ist doch ein Zeuge auch in einer Criminalsache für befugt zu erachten, sein Zeugniß zu verweigern, insoweit dasselbe das Bekenntniß einer strafbaren Handlung (z. B. des Ehebruchs) enthalten würde, nicht aber ganz allgemein.

Beschluß d. OTrib. ohne Datum (G.A. II. S. 414.), v. 28. März 1856 (G.A. IV. S. 377.) und v. 16. Mai 1860. (G.A. VIII. S. 544.) cf. für den Fall im Gebiete des gemeinen Rechts Erk. d. OTrib. v. 16. Juli 1856. (G.A. IV. S. 681.)

10. (Zu §. 230. Nr. 11. ib.) Ueber Geheimnisse, welche in einer Untersuchungssache ein Angeklagter einem Rechtsanwalt als seinem Vertheidiger anvertraut hat, ein Zeugniß abzulegen, darf der Rechtsanwalt wider seinen Willen auch nach Beendigung der Untersuchung und auch soweit die anvertrauten Geheimnisse nur einen Dritten betreffen, nicht angehalten werden. — Dieser Grundsatz findet gleichmäßig auf eine Zeugenvernehmung des Mandaten über Mittheilungen seines Clienten vor Einleitung der Untersuchung Anwendung.

Erk. d. OTrib. v. 17. März 1853 Präj. 22. (Entscheid. Bd. 24. S. 496. Bd. 25. S. 291. J.M.B. S. 353. G.A. I. S. 230.) Beschlüsse des OTrib. v. 13. Jan. u. 29. Septbr. 1854. (G.A. II. S. 247 u. 813.) cf. Oppenhoff ad §. 155. d. St.G.B.'s Nr. 11 u. 12.

11. Das Amtsgeheimniß, welches den Advocaten und Anwälten obliegt und eine Verweigerung der Zeugenaussage begründen kann, erstreckt sich nur auf solche Mittheilungen, welche ihnen in diesem Berufe und behufs Ausübung desselben gemacht sind. — Diese Rücksicht wird

zwar nicht ausgeschlossen, wenn die Partei bei der Auswahl aus der Zahl der Advocaten und Anwälte durch irgend eine mit diesem Berufe an und für sich nicht zusammenhängende zufällige Eigenschaft des Anwalts geleitet worden ist, dagegen stempelt nicht umgekehrt bei einer dem Anwalt in einer andern mit diesem Beruf nicht in Verbindung stehenden Qualität gemachten Mittheilung eine etwaige Bezugnahme auf die ihm beiwohnenden Rechtskenntnisse die Mittheilung zu einer amtlichen.

Erk. d. OTrib. v. 14. Dezbr. 1854. (J.M.B. 1855 S. 70.)

12. (Zu §. 33. I. 22.) Der §. 132. d. St.G.B.'s findet auf Manifestationseide keine Anwendung, weil der §. 33. I. 22. d. A.G.O. noch für anwendbar zu erachten und die gedachte Vorschrift auch auf den assertorischen Theil des Manifestationseides zu beziehen ist.

Erk. d. OTrib. v. 8. Juli 1853. Sen. f. Straff. I. Präj. 49. (Entscheid. Bd. 25. S. 445. G.A. II. S. 119.) Erk. d. OTrib. v. 8. Dez. 1853. Sen. f. Straff. II. (J.M.B. 1854 S. 87.)

13. (Zu §. 50. I. 23.) Das Kammergericht hat unterm 22. Oct. und 10. Novbr. 1852 den Grundsatz angenommen, daß der §. 50., sofern derselbe überhaupt noch zur Anwendung komme, nur eine Norm für den Civilrichter enthalte, und nur von diesem auf die darin angedrohten Strafen in dem Erkenntnisse, welches in dem betreffenden Civilerkenntnisse ergeht, erkannt werden könne. (G.A. I. S. 232.)

14. (Zu §§. 52. Nr. 4 u. 5. ff. ib. und §. 40. I. 24.) Diese Vorschriften enthalten Prozeßstrafen, auf welche nur vom Civilrichter zu erkennen ist. Das letztere gilt auch von der zweiten Instanz.

Erk. d. OTrib. v. 12. Juli 1854. Sen. f. Straff. I. Präj. 102. (Entsch. Bd. 28. S. 196. G.A. II. S. 814.) cf. den Aufsatz bei G.A. II. S. 792. Erk. d. OTrib. v. 18. Octbr. 1855. Sen. f. Straff. II. (G.A. III. S. 823.) Oppenhoff zu Art. II. d. Einf.Gesetzes vom 14. Apr. 1851 Nr. 7.

15. (Zu §. 3. I. 24.) Der Ablauf der Jahresfrist des §. 3. steht der Vollstreckung eines im Wege des Civilproceß-Verfahrens ergangenen Erkenntnisses auf eine gegen einen ausgetretenen Militärpflichtigen wegen Austritts erkannten Geldstrafe nicht entgegen, weil rechtskräftig erkannte Strafen der Verjährung nicht unterworfen sind.

Erk. d. OTrib. ohne Dat. (G.A. I. S. 375.)

16. (Zu §. 71. ib.) Das hier erwähnte Verbot, eine Sache zu veräußern, ist als eine Beschlagnahme im Sinne des §. 272. d. St.G.B.'s zu erachten.

Erk. d. OTrib. v. 9. Novbr. 1854. Sen. f. Straff. I. Präj. 119. (Entsch. Bd. 29. S. 263. G.A. III. S. 141.)

17. (Zu §§. 71 ff. ib.) Zur Anwendbarkeit des §. 272. des St.G.B.'s wird erfordert, daß die Beschlagnahme der gepfändeten Sachen mit den in den §§. 71 ff. I. 24. d. A.G.O. in Verbindung mit dem §. 70. der Dienstinstruction für die gerichtlichen Unterbeamten v. 2. Aug. 1850 vorgeschriebenen Förmlichkeiten erfolgt sein muß. Unter letzteren sind jedoch nur die erheblichen zu verstehen, und zwar solche, die sich darauf beziehen, einmal daß sie objectiv das Wesen der gerichtlichen Beschlagnahme der gepfändeten Sachen betreffen, und dann, daß sie geeignet

sind, den Gepfändeten von der Thatsache der stattgehabten Pfändung in Kenntniß zu versetzen, und ihm, wenn er derselben entgegen handelt, den guten Glauben zu benehmen. Hiezu gehört die Erwähnung der Gründe der Beschlagnahme in dem Protocoll und die Aufdrückung der Siegel auf die gepfändeten Sachen nicht.

Erk. d. ObTrib. v. 27. Mai u. 2. Sept. 1859. Sen. f. Straff. I. (G.A. VII. S. 562 u. 717.)

18. (Zu §§. 114 ff. ib.) Ein im Wege der Execution oder des Arrestes gerichtlich bestellter Aufseher über ein Gutsinventar ist als öffentlicher Beamter im Sinne des §. 102. des St.G.B.'s nicht anzusehen.

Erk. d. ObTrib. v. 22. Dez. 1858. Sen. f. Straff. I. (Entscheid. Bd. 40 S. 17. *.)

19. (Zu §. 104. I. 35.) cf. zu §§. 413. 425 ff. I. 14. A.L.R. d. Erk. d. ObTrib. v. 16. Sept. 1853. (J.M.B. S. 372.)

20. (Zu Anhang §. 440. zu §. 13. III. 1.) Der Anhang §. 440. ist nicht aufgehoben.

Oppenhoff ad Art. II. des Einf.Gesetzes v. 14. April 1851 Nr. 9. und die dort citirten Erkenntnisse des ObTribunals.

21. (Zu §§. 30. 31. III. 1.) Die Vorschriften über das muthwillige und boshafte Queruliren sind durch das Strafgesetzbuch nicht aufgehoben, und finden auch bei Entscheidungen der Generalcommissionen Anwendung.

Erk. d. ObTrib. v. 26. Septbr. 1851. (J.M.B. 1852 S. 180. Entscheid. Bd. 22. S. 76.) Oppenhoff l. c. Nr. 8. Erk. d. ObTrib. v. 14. Mai 1858. Sen. f. Straff. I. (G.A. VI. S. 546.)

22. (Zu §§. 33. 34. ib.) cf. zu §§. 49. 177. d. Allg. Gew.-Ordn. d. Erk. d. ObTrib. v. 23. März 1854 (J.M.B. S. 262.) u. v. 27. Jan. 1859 (J.M.B. S. 83.).

23. Das Concipiren von Schriften in Rechtsangelegenheiten für Andere ist den Justizcommissarien (Rechtsanwälten) in der Allg. Gerichtsordnung oder in der späteren Gesetzgebung gar nicht, und namentlich nicht als Ausfluß ihrer Amtsberechtigungen, ausschließlich, vorbehalten worden und auch bei Abfassung des Strafgesetzbuchs ist das bloße Concipiren von Schriften, welche zur Einweisung an die Gerichte bestimmt sind, für Andere, auch gegen Belohnung, nicht als ein den Rechtsanwälten ausschließlich vorbehaltenes Berufsgeschäft, nicht als eine Handlung angesehen worden, welche nur kraft eines Amtes vorgenommen werden darf. Der §. 104. des St.G.B.'s ist daher auf ein solches unbefugtes Concipiren nicht anwendbar.

Erk. d. ObTrib. v. 1. Juni 1853. Sen. f. Straff. II. (Entscheid. Bd. 25 S. 359) u. v. 22. Febr. 1855. Sen. f. Straff. II. (J.M.B. S. 111) Oppenhoff ad §. 104. d. St.G.B.'s Nr. 6. contra: Boitus bei G.A. II. S. 67.

24. (Zu §§. 23. 24. III. 7.) cf. die Erkenntnisse zu §. 230 Nr. 11. I. 10.

## III. Holz-, Maß- und Jagdordnung für die Mittel-, Alt-, Neu- und Ukermark, auch die wendischen und zugehörigen Kreise, vom 20. Mai 1720. (C.C. Nr. IV. 1. S. 683. Rabe Bd. I. S. 531.)

1. (Zu §. 4. Tit. 18.) Die Anwendbarkeit der hier angedrohten Strafe setzt nicht voraus, daß der Schneidemüller den im §. 3. vorgeschriebenen Eid geleistet habe. — Auch ist die ganze Strafvorschrift nicht etwa nur für die auf königlichen Schneidemühlen angestellten Müller gegeben.

Erk. d. OTrib. v. 27. Jan. 1858. Sen. f. Straff. I. (ungedruckt).

2. (Zu §. 1. Tit. 32.) Bei der Zweideutigkeit dieser Vorschrift muß dieselbe in Uebereinstimmung mit dem A. L.R. erklärt werden. Danach besteht also auch in der Mark für den männlichen Hirsch keine Schonzeit.

Erk. d. OTrib. v. 30. Septbr. 1859. Sen. f. Straff. II. (G.A. VII. S. 816. B.A. V. S. 51.)

## IV. Edict vom 19. Jan. 1764 über das verbotswidrige Feueranmachen und Tabackrauchen. (N. C.C. III. S. 361.)

1. Die älteren auf das feuergefährliche Tabackrauchen bezüglichen Strafverbote, wie das Edict v. 19. Jan. 1764 und die Decl. v. 31. Aug. 1815 (G.S. 1816 S. 1) sind insofern durch §. 347. Nr. 6. d. St.G.B.'s aufgehoben, als sich das betreffende Verbot auf die in der cit. Nr. 6. genannten Räumlichkeiten bezog. — Verordnungen, welche den Gebrauch des Feuers an andern als den in Nr. 6. gedachten Orten mit Strafe bedrohen, z. B. das Rauchen aus Cigarren und ungedeckelten Pfeifen, sind durch diese Nr. 6. sowenig als durch Nr. 7. ib. beseitigt, zumal da Nr. 9. ib. allgemein die Nichtbefolgung anderer feuerpolizeilichen Anordnungen mit derselben Strafe des §. 347. cit. bedroht.

Oppenhoff ad §. 347. d. St.G.B.'s Nr. 8 u. 12. Erk. d. Rhein. Caff. u. Rev.Hofs v. 16. April 1852 (G.A. I. S. 266). Erk. dess. Ger.Hofs v. 29. Juni 1852 (G.A. I. S. 267).

2. cf. zur Verordn. v. 9. Dec. 1832 (G.S. 1833 S. 1).

## V. Ruralgesetz vom $\frac{28.\ \text{Septbr.}}{6.\ \text{Octbr.}}$ 1791.

1. Das rheinische Ruralgesetz v. $\frac{28.\ \text{Septbr.}}{6.\ \text{Octbr.}}$ 1791 ist nach Art. II. des Einf.Gesetzes zum Str.Gesetzbuch in Kraft geblieben. — Eine Ausnahme tritt da ein, wo die betreffenden Bestimmungen in das St.G.B. übernommen oder mit den Vorschriften des letzteren unvereinbar sind.

Oppenhoff ad Art. II. des Einf.Gesetzes Nr. 21.

2. (Zu Art. 7.) Die Civilverantwortlichkeit der Ehemänner für die Kosten ihrer Ehefrauen bei Uebertretungen nach dem Ruralgesetz ist nicht auf das Alter der Ehefrauen von weniger als 20 Jahren beschränkt, da sich die betreffende Bestimmung in Art. 7. nur auf „enfans“ und nicht auch auf „femmes“ bezieht.

Erk. d. OTrib. v. 6. Nov. 1856. Sen. f. Straff. II. (G.A. V. S. 262.)

3. (Zu Art. 8.) Die im Art. 8. über die Verjährung bestehende Vorschrift besteht neben dem §. 339. d. St.G.B.'s fort.

Erk. d. OTrib. v. 3. März 1853. (G.A. I. S. 385.)

4. (Zu Art. 34. Nr. 3.) Der Art. 34. ist jetzt nach Art. III. des Gesetzes vom 22. Mai 1852 auch in den Fällen anzuwenden, in denen früher eine Ausnahme durch Art. 471. Nr. 9. des Code pénal begründet war.

Erk. d. OTrib. v. 28. Febr. 1856. Sen. f. Straff. II. (G.A. IV. S. 383.)

## VI. Reglements wegen Anordnung einer immediaten Forst- und Baucommission vom 15. Septbr. 1798. (N. Ed.-Samml. Bd. 10. S. 1738. Nr. 70.)

1. Die von den Freibauholzberechtigten nach dem Regulativ vom 15. Septbr. 1798 bei nicht anschlagsmäßiger Verwendung des Holzes zu zahlende poena quadrupli ist eine Art Conventionalstrafe, zu deren Entrichtung auch die Erben der Contravenienten verpflichtet sind.

Erk. d. OTrib. v. 16. Febr. 1856 II. (Str. A. XX. S. 179. Rechtsgrundsätze II. S. 425.)

2. Der Anspruch auf die im Reglement vom 15. Septbr. 1798 §. 2. litt. b. Nr. 4. und in den verschiedenen Forstordnungen bestimmte Strafe der anschlagswidrigen Verwendung freien Bauholzes ist, wo nicht in einzelnen Forstordnungen ein Anderes angeordnet ist, nicht Gegenstand des öffentlichen Strafverfahrens, sondern als Civilanspruch im Civilprozesse geltend zu machen.

Erk. d. OTrib. v. 9. März 1853. Sen. f. Straff. I. Präj. 20. (Entsch. Bd. 24. S. 496.)

## VII. Ost-Preußisches Provinzialrecht v. J. 1801.

1. (Zu Zusatz 228. §. 2.) Die Bestimmungen des §. 74. II. 16. d. A. L.R. ist in Ost-Preußen in Beziehung auf den Bernstein neben dem §. 2. des Zusatzes 228. nicht zur Anwendung zu bringen.

* Erk. d. OTrib. v. 10. Oct. 1859. Sen. f. Straff. Plen. Präj. 261. (Entsch. Bd. 42. S. 59*. G.A. VII. S. 819. I.)

2. (Zu Zusatz 228. §. 8.) Der §. 8. des Zusatzes 228. des Ost-Preußischen Provinzialrechts ist nicht für aufgehoben, vielmehr noch in Kraft befindlich zu erachten.

Erk. d. OTrib. v. 28. März 1859. Sen. f. Straff. Plen. Präj. 255. (J.M.B. S. 170. Entsch. Bd. 42. S. 66*. G.A. VII. S. 820. II.)

3. (Zu Zusatz 228. §. 9.) Der §. 9. ist durch §. 226. des St.G.B.'s beseitigt und ersetzt.

Erk. d. OTrib. v. 16. Febr. 1853. Sen. f. Straff. I. (J.M.B. S. 447.); v. 30. Oct. 1857. Sen. f. Straff. I. (G.A. V. S. 844.) Oppenhoff ad §. 226. d. St.G.B.'s Nr. 6.

## VIII. Revidirte Apothekerordnung v. 11. Oct. 1801. (N. C.C. XI. S. 555. Rabe Bd. 6. S. 610.)

1. (Zu §. 14.) Aerzte sind nicht befugt, ohne besondere polizeiliche Erlaubniß Arzneien zu dispensiren; der §. 460. II. 8. d. A. L.R. und §. 14. der Apothekerordn. sind nicht dahin aufzufassen, daß in dem dort vorgesehenen Falle, sowie in den Fällen, wo nach der Apothekerordnung die Aerzte eine Hausapotheke zu halten nicht befugt sind, ihre Befugniß zum Selbstdispensiren nur zu Gunsten der Apotheker beschränkt, die Strafvorschrift des §. 345. Nr. 2. d. St.G.B.'s auf sie also nicht anwendbar sei.

Erk. d. OTrib. v. 5. Mai 1854. Sen. f. Straff. I. (J.M.B. S. 278. Oppenhoff ad §. 345. Nr. 2. d. St.G.B.'s Nr. 11.)

2. Ueber die Selbstdispensirungs-Befugniß der zu inneren Kuren nicht autorisirten Wundärzte cf. Rescr. d. Min. d. Med.Angel. v. 18. März 1835.

(v. K., Ann. Bd. 20. S. 235.)

3. Die Apotheker dürfen die Arzneien nicht unter der Taxe verkaufen.

Rescr. d. Min. d. Med.Angel. v. 22. Juli 1819 u. 8. Juli 1820. (v. K., Ann. Bd. 3. S. 841. u. Bd. 4. S. 327.)

## IX. Patent v. 2. Apr. 1813 wegen Abwendung der Viehseuchen und andrer ansteckenden Krankheiten. (N. C.C. XI. S. 1591. Rabe Bd. 7. S. 398.)

1. cf. d. Erk. d. OTrib. v. 26. Febr. 1855 (J.M.B. S. 128.) zur K.O. v. 8. Aug. 1835 (G.S. S. 240.).

## X. Forst- und Jagdordnung für Westpreußen und den Netzedistrict v. 8. Oct. 1805. (Rabe Bd. 8. S. 354.)

1. (Zu §§. 1. 26. 28. Tit. 2.) Die im §. 26. Tit. 2. angedrohte poena dupli wird schon dadurch verwirkt, daß das angewiesene Bauholz nicht zu dem bestimmten Berufe verwendet ist. Diese vorschriftswidrige Verwendung hat indeß nicht den Verlust der Bauholzgerechtigkeit für dasjenige Gebäude zur Folge, zu dessen Reparatur das Bauholz angewiesen ist, sondern nur die Folge, daß zu derjenigen Reparatur, zu welcher das

vorschriftswidrig verwendete Bauholz assignirt gewesen ist, nicht noch einmal freies Bauholz bewilligt wird.

Erk. d. OTrib. v. 8. Nov. 1855. II. (Str. A. XIX. S. 75. Rechtsgrundsätze II. S. 429 f.)

2. (Zu §§. 12. 13. Tit. 2. §§. 37 ff. Tit. 4.) Das für das verbotswidrige Hüten in den Schonungen zu zahlende Pfandgeld muß für eine öffentliche Strafe erachtet werden und ist für dergl. Contraventionen im Wege der Untersuchung, nicht des Civilprocesses, geltend zu machen.

Erk. d. OTrib. v. 16. Sept. 1853 (J.M.B. S. 372.). cf. d. Erk. d. OTrib. v. 2. Sept. 1858 (J.M.B. S. 299.) zu §. 186. I. 22. A. L.R.

## XI. Mühlenordnung für die gesammte Monarchie vom 28. Oct. 1810. (G.S. S. 98.)

1. (Zu §. 1.) Der Umstand, daß die Mühlenordnung v. 28. Oct. 1811 §. 1. den Müllern gestattet, einen beliebigen Mahllohn nach freier Uebereinkunft von den Mahlgästen zu nehmen, kann zwar unter Umständen die dabei stattfindende Benutzung eines unrichtigen Maßes als nicht unter §. 243. Nr. 1. d. St.G.B.'s fallend erscheinen lassen, immer aber bleibt der Besitz eines nicht geaichten Maßes für den Müller nach §. 348. Nr. 2. d. St.G.B.'s strafbar.

Erk. d. OTrib. v. 23. Febr. 1857. Sen. f. Strafs. I. (G.A. V. S. 712.)

2. Hat aber der Mahllohn in einem bestimmten Maße bestehen sollen, und ist bei der Verabfolgung desselben ein unrichtiges Maß, d. h. nicht ein solches, wofür es ausgegeben wird oder nach seiner Beschaffenheit und Erscheinung gehalten werden darf, angewendet worden, so liegt, wenn die sonstigen Voraussetzungen zutreffen, der Thatbestand des Betrugs nach §. 243. Nr. 1. d. St.G.B.'s vor.

Erk. d. OTrib. v. 10. Mai 1858. Sen. f. Strafs. Plen. (Entsch. Bd. 39. S. 31*.)

## XII. Gesindeordnung für sämtliche Provinzen der Preußischen Monarchie v. 8. Nov. 1810. (G.S. S. 101.)

1. (Zu §. 1.) Die von einer Privatgesellschaft, welche nicht unter sich eine Familie bildet, angenommenen Beamten können weder zu dem gemeinen Gesinde, noch zu den Hausofficianten gezählt werden.

Erk. d. OTrib. v. 8. Jan. 1842. III. Präj. 1089. (Präj.-Samml. I. S. 318. Entsch. Bd. 7. S. 215.).

2. Auf Handlungsdiener ist die Gesindeordn. nicht anwendbar.

Rescr. d. Just.Min. v. 10. Juni 1836. (v. K., Jahrb. S. 521.) Erk. d. OTrib. v. 21. Aug. 1835 (Entsch. Bd. 3. S. 60.), v. 31. März 1848 (Rechtsf. Bd. 3. S. 469.).

ebensowenig auf Gewerbegehilfen.

Rescr. d. Min. f. Gew. u. Handel u. d. Inn. v. 24. Oct. 1820 (v. K., Ann. Bd. 4. S. 874.), u. d. Min. d. Inn. v. 15. März 1829 (ibid. Bd. 13. S. 149.).

auch nicht auf Brenner auf Landgütern.

Erk. d. OTrib. v. 23. Oct. 1851. (Str. A. III. S. 300.)

noch auf die s. g. Instleute in der Provinz Preußen.

K.O. v. 8. Aug. 1837. (v. K., Ann. Bd. 21. S. 710. Jahrb. Bd. 50. S. 82.)

dagegen auf Revierjäger und Kunstgärtner.

Rescr. d. Min. d. Pol. v. 7. Jan. 1831. (v. K., Ann. Bd. 15. S. 118.)

sowie auf Schiffsknechte.

K.O. v. 23. Nov. 1831 (G.S. S. 255.) u. v. 23. Sept. 1835 (G.S. S. 222.).

3. (Zu §§. 9. 12.) Nur bei dem Antritte des Dienstes muß die neue Herrschaft sich den Entlassungsschein vorlegen lassen, wenn sie nicht in die im §. 12. angedrohten Strafen verfallen will. Die Abschließung des Miethsvertrags ohne Abforderung eines Aufkündigungs- oder Losscheins ist nicht strafbar; die Folge ist nur Ungiltigkeit des Contracts, wenn der Dienstbote den alten Dienst zu verlassen nicht berechtigt ist.

v. Rönne, Ergzg. Bd. II. S. 227. sub 2. u. die dort aufgeführten Rescripte.

4. (Zu §§. 9. 11. 12.) Die Strafbarkeit desjenigen, welcher einen Dienstboten ohne den Nachweis der rechtmäßigen Verlassung der vorigen Herrschaft annimmt, ist nicht dadurch bedingt, daß ein Anderer, dem ein Recht über die Person oder die Dienste des Angenommenen zusteht, sich melde und so die Aufhebung des abgeschlossenen Miethscontracts herbeiführe.

Erk. d. OTrib. v. 26. Jan. 1860. Sen. f. Straff. I. (J.M.B. S. 247. B.A. V. S. 71. G.A. VIII. S. 550.)

5. (Zu §. 31.) Die hier gegebene Strafvorschrift gilt noch.

Erk. d. OTrib. v. 11. Juli 1852. (Oppenhoff ad Art. II. d. Einf.Gesetzes v. 14. Apr. 1851 Nr. 10.)

6. (Zu §. 77.) Der §. 77. ist stricte zu interpretiren und kommt daher weder den Mitgliedern der Familie der Herrschaft, noch einem sonstigen Vorsteher der Wirthschaft zu statten; auch ist er auf solche Personen zu beschränken, welche unter den gesetzlichen Begriff des Gesindes fallen, z. B. also auf Hausofficianten nicht anzuwenden.

Erk. d. OTrib. v. 3. Juni 1853. Sen. f. Straff. I. (Str. A. X. S. 72. Rechtsgrundsätze I. S. 405. G.A. I. S. 572.) Erk. d. OTrib. v. 3. März 1854. Sen. f. Straff. I. (G.A. II. S. 543.) u. v. 22. Nov. 1854. Sen. f. Straff. (G.A. III. S. 255.) contra in Bezug auf die active Anwendbarkeit des Gesetzes Erk. d. OTrib. v. 3. Febr. 1860. Sen. f. Straff. I. (G.A. VIII. S. 278.) für den Fall, wo ein Gutsverwalter eine ganz selbständige, die Herrschaft völlig vertretende Stellung hat, wenn z. B. das Gut sich im Besitze einer Witwe mit Kindern befindet.

7. Nicht jede leichte Mißhandlung im Sinne des §. 187. d. St.G.B.'s ist als geringe Thätlichkeit zu betrachten, wie sie der §. 77. d. Gesindeordn. vorsieht; es unterliegt vielmehr der thatsächlichen Erwägung in jedem Einzelfalle, ob die Provocation seitens des Gesindes und das Maß der zugefügten Thätlichkeit von der Art gewesen, wie sie jener §. 77. als Ausnahme von der allgemeinen Regel der Strafbarkeit körperlicher Mißhandlungen bezeichnet.

Erk. d. OTrib. v. 11. Juli 1856. Sen. f. Straff. I. (Oppenhoff ad §. 187. d. St.G.B.'s Nr. 8.)

8. (Zu §. 98.) cf. Steuerordn. v. 8. Febr. 1819 §. 83. (G.S.

S. 102.) Decl. v. 6. Oct. 1821. (G.S. S. 187.) Ges. v. 23. Jan. 1838 §§. 19. 56 ff. (G.S. S. 78.) und hinsichts der Vertretung polizeilicher Vergehen der Dienstboten durch die Herrschaft: Rescr. d. Min. d. Inn. u. d. Pol. v. 26. Apr. 1829 und 11. Jan. 1838. (v. K., Ann. Bd. 13. S. 327. u. Bd. 22. S. 161.)

## XIII. Reglement wegen Einrichtung der academischen Gerichtsbarkeit bei den Universitäten v. 28. Dec. 1810. (G.S. S. 142.)

1. (Zu §§. 8. 9.) Auch gegen einen Studenten, welcher zugleich zur Erfüllung seiner Militärpflicht als einjähriger Freiwilliger in das Militär getreten ist, wird ein mit einem Studenten vollzogenes Duell, bei welchem weder Tödtung, noch Verstümmelung, noch bedeutende Verwundung vorgekommen ist, nicht nach §. 168. d. St.G.B.'s, sondern nach den §§. 8. 9. d. Reglem. v. 28. Dec. 1810 bestraft.

Erk. d. OTrib. v. 26. Oct. 1853. Präj. 58. (Entsch. Bd. 26. S. 406.)

## XIV. Decl. der Verordn. v. 14. Juni 1810 wegen der Zinsen, v. 4. Apr. 1811. (G.S. S. 169.)

1. Wird ein Darlehnsgeschäft in die Form des Verkaufs eines Staatspapiers, Pfandbriefs u. s. w. eingekleidet, und der Preis nach dem Nennwerth berechnet, obgleich der Courswerth weit geringer war, so liegt hierin kein versteckter Wucher, da die Decl. v. 4. Apr. 1811 in einem solchen Falle das Rechtsverhältniß genau regulirt und deshalb auf die stattgehabte Einkleidung weiter nichts ankommt.

Erk. d. OTrib. v. 19. Sept. 1855. Sen. f. Straff. I. (G.A. III. S. 716. cf. contra: Erk. d. OTrib. v. 25. Nov. 1857. Sen. f. Straff. I. bei Oppenhoff ad §. 263. d. St.G.B.'s Nr. 45.)

## XV. Gesetz über die polizeilichen Verhältnisse der Gewerbe, in Bezug auf das Edict v. 2. Nov. 1810, wegen Einführung einer allgemeinen Gewerbesteuer, vom 7. Sept. 1811. (G.S. S. 263.)

1. (Zu §. 55.) Die Bestimmung des §. 55., wonach derjenige, welcher das Recht zum Brauen oder zum Brennen hat oder erhält, auch das Recht hat, das fabricirte Getränk innerhalb der Grenzen seines Hofraums im Detail zu verkaufen, ist durch die K.O. v. 7. Febr. 1835 (G.S. S. 18.) u. v. 21. Juni 1844 (G.S. S. 214.) aufgehoben. Auch die Producenten von Getränken bedürfen zum Kleinhandel mit dem selbstfabricirten Getränk eines polizeilichen Erlaubnißscheins.

Erk. d. OTrib. v. 24. Juni 1859. Sen. f. Straff. I. (J.M.B. S. 322. G.A. VII. S. 538. B.A. V. S. 13.) contra: Rescr. d. Min. d. Fin. u. d. Innern v. 15. März u. 3. Juli 1847. (M.Bl. d. i. V. S. 102. 171.)

## XVI. Gesetz wegen des Wasserstauens bei Mühlen und Verschaffung von Vorfluth v. 15. Nov. 1811. (G.S. S. 352.)

1. (Zu §§. 8. u. 9.) Die in den §§. 8. u. 9. angedrohte Strafe trifft den Mühlenbesitzer auch dann, wenn er den geschäftlichen Betrieb der Mühle durch Dienstleute bewirken läßt.

Erk. d. OTrib. v. 19. Apr. 1855. (J.M.B. S. 243. G.A. III. S. 824.)

2. Die in den §§. 8. u. 9. enthaltene Bestimmung, wonach den Mühlenbesitzern bei 20 bis 50 Thlrn. Strafe untersagt ist, den Wasserstand über die durch den Markpfahl festgesetzte Höhe aufzustauen, findet auch dann Anwendung, wenn der Wasserstand auf Grund der allg. Gew.Ordn. v. 17. Jan. 1845 (§§. 27—36. 180.) im Verwaltungswege regulirt worden ist.

Erk. d. OTrib. v. 15. Juni 1855. (J.M.B. S. 355. G.A. I. S. 105.)

## XVII. Bergisches Decret v. 17. Dez. 1811.

1. Der Art. 97. des Berg. Decrets v. 17. Dez. 1811, welches bestimmt, daß die Friedensrichter nicht Ergänzungsrichter bei den Arrondissementsgerichten sein können, bezog sich nur auf das früher bestehende Institut der ein- für allemal ernannten Ergänzungsrichter (Art. 22, 64.), welches die neue Organisation beseitigt hat.

Die durch Min.Verf. v. 4. Febr. 1825 erfolgte Gestattung der aushilflichen Zuziehung gewisser Friedensrichter zur Ersetzung eines fehlenden Mitglieds des Landesgerichts stand dem Justizminister zu und ist daher maßgebend.

Erk. d. OTrib. v. 27. Oct. 1859. Sen. f. Straff. II. (J.M.B. S. 427. G.A. VIII. S. 110.)

## XVIII. Declarat. v. 31. Aug. 1815 betreffs der Ermäßigung der in dem Edict v. 19. Jan. 1764 auf das feuergefährliche Tabackrauchen gesetzten Strafe. (G.S. 1816. S. 1.)

1. cf. zum Ed. v. 19. Jan. 1764 (N. C.C. III. S. 361) 1.

2. Die Denunciantenantheile sind auch noch jetzt zulässig.

Rescr. d. Min. d. Inn. v. 12. Dez. 1853. (G.A. I. S. 44.) Verf. d. Just.-Min. v. 8. Dez. 1853. (G.A. IV. S. 45.)

## XIX. Verordn. der Oestreichisch-Bayerischen Landes-Administrations-Commission zu Worms v. 20. Apr. 1816. (Rheinische Samml. Bd. 1. S. 345.)

1. cf. Erk. d. OTrib. v. 11. Dez. 1856 (J. M.B. 1857. S. 43.) zu §. 54. d. Holzdiebstahlsgesetzes v. 2. Juni 1852. (G.S. S. 305.)

## XX. Maß- und Gewichtsordnung v. 16. Mai 1816. (G.S. S. 142.)

1. (Zu §. 12.) Als ein fremdes, nicht geaichtes Maß ist auch eine Elle zu betrachten, welche außer der gehörig geaichten Längenangabe des Preußischen Maßes ein die Länge eines fremden Maßes bezeichnendes Markzeichen enthält.

Erk. d. OTrib. v. 10. Jan. 1856. Sen. f. Straff. II. (G.A. IV. S. 272.)

2. Auch die Benutzung eines ungestempelten Gasometers ist durch §. 12. untersagt und nach §. 348. Nr. 2. d. St.G.B.'s strafbar.

Erk. d. chem. Rh. Caff. u. Rev.Hof. v. 12. Oct. 1852. (Oppenhoff ad §. 348. Nr. 2. d. St.G.B.'s Nr. 9.)

3. Die Confiscation des ungeaichten u. s. w. Maßes muß selbst dann ausgesprochen werden, wenn die Aichung u. s. w. im Laufe des Untersuchungsverfahrens nachgeholt worden ist; dies gilt namentlich auch von einer ungestempelten, aber richtigen Wage.

Erk. d. OTrib. v. 4. Dez. 1857. Sen. f. Straff. I. (J.M.B. 1858. S. 60.)

4. cf. die Noten zu d. V. v. 13. Mai 1840 (G.S. S. 127.) u. d. Ges. v. 24. Mai 1853. (G.S. S. 589.)

## XXI. Instruction für die Regierungen v. 23. Oct. 1817. (G.S. S. 254.)

1. (Zu §. 11.) Die Regierungen sind berechtigt, in Betreff der Befugniß zum Collectiren, welche nach §. 11. lit. e. der Instruct. für d. Oberpräsidenten v. 31. Dez. 1825 an die Genehmigung der Oberpräsidenten geknüpft ist, eine Polizeistrafvorschrift, selbst ohne höhere Genehmigung, zu erlassen.

Erk. d. OTrib. v. 28. Apr. 1853. Sen. f. Straff. II. (J.M.B. S. 251.)

2. cf. Erk. d. OTrib. v. 16. Juli 1857 (J.M.B. S. 378. G.A. V. S. 687.) zu der Instruction für d. Oberpräsidenten v. 31. Dez. 1825. (G.S. 1826. S. 1.)

## XXII. Verordn. wegen Aufhebung des Edicts v. 2. Juli 1812 und wegen der Auswanderungen überhaupt. d. d. den 15. Sept. 1818. (G.S. S. 175.)

1. (Zu §§. 2—5.) cf. Erk. d. OTrib. v. 11. Dez. 1856. Sen. f. Straff. II. Präj. 222. (Entsch. Bd. 34. S. 362. G.A. V. S. 265.) zu dem Gesetz v. 31. Dez. 1842. (G.S. 1843. S. 15.)

## XXIII. Gesetz wegen Besteuerung des inländischen Branntweins, Braumalzes, Weinmostes und der Tabacksblätter v. 8. Febr. 1819. (G.S. 1819. S. 97.)

1. cf. die Noten zu der Steuerordn. v. 8. Febr. 1819 (G.S. S. 102.), insonderheit zu §§. 35. 77.

## XXIV. Ordnung zum Gesetz wegen Besteuerung des inländischen Branntweins u. s. w. v. 8. Febr. 1819 (G.S. S. 1021.).

1. (Zu §. 16.) Die Dampfkessel sind Theile des Destillirgeräthes, daher in dem Brennereiinventarium nachzuweisen und von Seiten der Brennereiinhaber gehörig anzumelden, resp. in dem Betriebsplan aufzuführen.

Rescr. d. Fin.Min. v. 16. Febr. 1841. (M.Bl. d. i. V. S. 78. Schimmelfennig, indirecte Steuern. S. 458. Nr. 50.)

2. (Zu §. 17.) Auctionscommissarien, welche bloß auftragsweise die im §. 17. gedachten Geräthe verkaufen, sind nicht Besitzer im gesetzlichen Sinne und können daher nicht zur Anzeige angehalten oder in Strafe genommen werden.

Rescr. v. 10. Juli 1838. (Schimmelfennig, indirecte Steuern. S. 444. Nr. 17.)

3. Bei gerichtlichen Verkäufen sollen die Destillirgeräthe dem Käufer nicht eher ausgehändigt werden, bis er eine Bescheinigung über die geschehene Anzeige beim Steueramte zu den Acten gereicht hat.

Rescr. d. Just.Min. v. 22. Mai 1833. (v. K., Jahrb. Bd. 41. S. 277.)

4. (Zu §§. 17. 18.) Zur Angabe der in den §§. 17. u. 18. vorgeschriebenen Anmeldungen ist bei verpachteten Brennereien und Brauereien nicht der Eigenthümer, sondern der Pächter, als steuerpflichtiger Fabrikant, verpflichtet.

Rescr. d. Fin.Min. v. 10. Apr. 1839. (M.Bl. d. i. V. S. 112. Schimmelfennig, indirecte Steuern. S. 444. Nr. 18.)

5. Zu §§. 28. 74.) Die Verpflichtung des Brauers zur Anzeige der mit den Braupfannen und Bottichen vorgenommenen Veränderung setzt in dem Falle der Anschaffung neuer voraus, daß solche wirklich neue Braugeräthe geworden sind; und dies sind sie erst alsdann, wenn sie in dem Braulocale aufgestellt und so mit diesem zum künftigen Gebrauch darin in Verbindung gesetzt und dadurch ein Zubehör der Brauerei geworden sind.

Erk. d. OTrib. v. 31. Aug. 1840. (Präj.-Samml. I. S. 334.)

6. (Zu §. 32.) cf. die Noten zur K.O. v. 10. Jan. 1824 über die Erhebung der Maischsteuer (v. K., Ann. Bd. 8. S. 48.).

7. (Zu §§. 35. 76. 77.) Die Bereitung des Haustrunks ist nach §. 21. des Steuergesetzes v. 8. Febr. 1819 nicht an eine von der Steuerbehörde zu ertheilende Erlaubniß geknüpft; auch können die Worte des §. 77. der Steuerordnung nicht dahin verstanden werden, daß bei Vermeidung der Ordnungsstrafe jene Zubereitung erst dann erlaubt sei, wenn die Steuerbehörden den Anmeldeschein wirklich ertheilt haben und daß dessen Verweigerung das vom Gesetz gegebene Recht auszuüben irgend hindere

Erk. d. OTrib. v. 29. Oct. 1857. Gen. f. Straff. II. (G.A. IV. S. 263.)

8. (Zu §§. 49 ff.) Alle Vermerke, welche revidirende Steuerbeamte in das Versteuerungsbuch über die Revision und deren Ergebniß eintragen, sind amtliche, und jede Fälschung eines solchen Vermerks fällt unter den Begriff der Fälschung einer öffentlichen Urkunde.

Rescr. d. Just.Min. v. 11. Apr. 1834. (v. K., Jahrb. Bd. 43. S. 665.)

9. Glaubt der revidirende Steuerbeamte die Ueberzeugung gewonnen zu haben, daß in der Brennerei gearbeitet wird, so ist derselbe befugt, die Oeffnung der letzteren zu jeder Zeit, auch noch nach 9 Uhr Abends, zu verlangen.

Erk. d. OTrib. v. 27. Nov. 1856. Sen. f. Straff. II. (G.A. V. S. 259.)

10. Auch der abwesende Brauereibesitzer ist für die sofortige Oeffnung des Braulocals zur Revision persönlich verhaftet.

Erk. d. OTrib. v. 12. März 1858. (G.A. VI. S. 412.)

11. Die Gerichte sollen in Maischsteuer-Defraudationssachen von Amtswegen keine Haussuchungen vornehmen.

Rescr. d. Just.Min. v. 23. Febr. 1830. (v. K., Jahrb. Bd. 35. S. 138.)

12. (Zu §. 60. ff.) cf. die Noten zur K.O. v. 24. Jan. 1824 (v. K., Ann. Bd. 8. S. 48.) über die Maischsteuer.

13. Unter der unrichtigen Anzeige ist auch eine solche zu verstehen, die eine andere Zeit des Schlachtens eines Stückes Vieh angiebt, als zu welcher das Schlachten erfolgt ist.

Erk. d. OTrib. v. 8. Oct. 1838. (Präj.-Samml. I. S. 334.)

14. (Zu §. 61.) Die Gerichte haben, neben der Strafe, auf Zahlung der defraudirten Steuer nicht zu erkennen.

Rescr. d. Just.Min. v. 4. Febr. 1835. (v. K., Jahrb. Bd. 48. S. 280.)
Allg. Verf. d. Just.Min. v. 12. Mai 1853. (J.M.B. S. 190.)

15. Die Gerichte haben sich in allen Steuer-Contraventionssachen, welche zur Entscheidung der Verwaltungsbehörden gelangt sind, der Annahme von Zahlungen auf die durch Resolut der Verwaltungsbehörden festgesetzten Beträge zu enthalten, vielmehr die Zahlenden an die Verwaltungsbehörde zu verweisen, namentlich auch in den Fällen, wo die Verwandlung der von der Verwaltungsbehörde festgesetzten Beträge in Gefängnißstrafe durch die Gerichte bereits erfogt ist, oder wo vor erfolgter Verwandlung die Zahlung angeboten wird.

Allg. Verf. d. Just.Min. v. 16. Dez. 1853. (J.M.B. S. 442.) cf. Rescr. v. 6. Juni 1835 (v. K., Jahrb. Bd. 45. S. 548.) u. v. 8. Juli 1836 (v. K, Jahrb. Bd. 48. S. 282.).

16. (Zu §. 61.) Ueber die Verrechnung der Einnahmen, namentlich auch wegen der Denunciantenantheile, aus gerichtlich entschiedenen Steuerprozessen cf. die Allg. Verf. d. Just.Min. v. 18. Oct. 1852 (J M.B. S. 358.) mit den Anlagen A. u. B. u. v. 17. Oct. 1857 (J.M.B. S. 386.).

17. (Zu §§. 62 ff.) In Steuersachen kommt gemäß Art. II. des Einführungsgesetzes zum Strafgesetzbuch v. 14. Apr. 1851 der §. 62 ff. der Steuerordnung neben dem Strafgesetzbuch zur Anwendung und es kann — mit Ausschließung des §. 58. d. St.G.B.'s — auf die Strafe des Rückfalls erkannt werden, wenn gegen den Angeklagten früher wegen desselben Vergehens im administrativen Strafverfahren — auch im Submissionsverfahren — von den Verwaltungsbehörden eine Steuerstrafe festgesetzt und von dem Angeklagten binnen gesetzlicher Frist auf rechtliches Gehör nicht provocirt worden ist.

Erk. d. OTrib. v. 28. Oct. 1853. Sen. f. Straff. I. Präj. 61. (Entsch.

Bd. 26. S. 424. J.M.B. 1854. S. 3. (G.A. II. S. 116.) cf. Oppenhoff ad §. 58. d. St.G.B.'s Nr. 19.

18. In Steuersachen ist, abweichend von der Bestimmung des §. 58. d. St.G.B.'s, die Strafe des Rückfalls nicht bloß durch die vorangegangene rechtskräftige Verurtheilung, sondern zugleich dadurch bedingt, daß auch die frühere Strafe und zwar vollständig vollstreckt sein muß. Es kann daher auch dann erst wegen erneuten Rückfalls gestraft werden, wenn die dreimonatliche Frist, während der dem Angeklagten in Folge seiner Vorbestrafung die Ausübung seines Gewerbes untersagt war, bereits abgelaufen war, als sich der neue Fall ereignete.

Erk. d. OTrib. v. 7. Juli 1858. Sen. f. Straff. I. (G.A. VI. S. 688.) cf. jedoch Erk. d. OTrib. v. 2. Dez. 1859. Sen. f. Straff. I. (G.A. VIII. S. 107.), wonach die Rückfallsstrafe auch dann eintritt, wenn die accessorische Strafe der Untersagung des Gewerbsbetriebs vom Provinzialsteuerdirector erlassen war.

19. Die Strafe der Untersagung des Gewerbes findet nur bei solchen statt, die ein solches selbständig ausüben. Auf Gesellen, die nur im Lohne dienen, findet dieselbe keine Anwendung. Auch wird vorausgesetzt, daß die früheren Bestrafungen den Angeklagten in der Eigenschaft eines das Gewerbe selbständig Betreibenden als solchen betroffen haben.

Erk. d. OTrib. v. 24. Oct. 1842. (Präj.-Samml. I. S. 334.) Erk. d. OTrib. v. 8. März 1854. (G.A. II. S. 416. Entsch. Bd. 27. S. 410.) Erk. d. OTrib. v. 16. Dez. 1857. Sen. f. Straff. I. (G.A. VI. S. 101. B.A. III. S. 60.)

20. Wenn auf Untersagung des Gewerbes erkannt wird, so kann dies nur in Betreff desjenigen Gewerbes geschehen, in dessen Ausübung der Angeklagte sich die Defraude hat zu schulden kommen lassen. Es ist unzulässig, dem Angeklagten den selbständigen Betrieb jedes der Mahl- resp. Schlachtsteuer unterworfenen Gewerbes zu untersagen.

Erk. d. OTrib. v. 6. Sept. 1854. (G.A. II. S. 684.)

21. Wenn ein Angeklagter, dem der Gewerbebetrieb auf Zeit untersagt ist, während dieser Zeit sich einer neuen Steuerdefraudation von gleicher Art, wie die, deren wegen er die Vorbestrafung erlitten, schuldig macht, so hat er die mit der Strafe des Rückfalls verbundene Strafe einer neuen dreimonatlichen Untersagung des Gewerbebetriebs verwirkt, und der Einwand, daß er das Gewerbe ja überhaupt nicht habe betreiben dürfen und daher nur als Privatperson zu behandeln sei, ist hinfällig.

Erk. d. OTrib. v. 7. Juli 1858. Sen. f. Straff. I. (G.A. VI. S. 688.)

22. Auch im Falle der Concurrenz mehrerer Defraudationen ist im Rückfalle die Untersagung des Gewerbebetriebs nur einmal auf drei Monate auszusprechen. Die allgemeine Regel des §. 56. d. St.G.B.'s, nach welcher, abgesehen von Freiheitsstrafen, gegen denjenigen, der verschiedene selbständige Verbrechen oder Vergehen begangen hat, auf sämmtliche dadurch begründete Strafen vereinigt zu erkennen ist, steht der singulären Bestimmung des §. 62. der Steuerordnung nicht entgegen.

Erk. d. OTrib. v. 21. Apr. 1858. Sen. f. Straff. I. (G.A. VI. S. 412.)

23. Siehe auch die Noten zu §. 94.

24. (Zu §. 64.) Der Grundsatz des §. 17. d. St.G.B.'s, daß

die subsidiäre Gefängnißstrafe mindestens einen Tag lang dauern müsse, kommt auch bei Steuervergehen zur Anwendung.

Erk. d. OTrib. v. 4. Juli 1855. Sen. f. Straff. I. (Oppenhoff ad §. 17. d. St.G.B.'s Nr. 9. B.A. I. S. 36.)

25. (Zu §. 65.) Bei Braumalzsteuer-Defraudationen ist das Braumalz selbst nicht zu confisciren, außer wenn die Braumalzsteuer im Wege der Mahlsteuer erhoben wird.

Rescr. v. 17. Mai 1839. (Schimmelfennig, indir. Steuern S. 729. g. 1.)

26. (Zu §. 66.) cf. die Noten zur K.O. v. 10. Jan. 1824 über die Maischsteuer (v. K., Ann. Bd. 8. S. 48.)

27. Ueber die Confiscation der Geräthe, welche dem Defraudanten nicht gehören, cf. G.A. II. S. 544.

28. (Zu §. 78.) cf. die Noten zur K.O. v. 10. Jan. 1824 über die Maischsteuer (v. K., Ann. Bd. 8. S. 48.).

29. (Zu §. 83.) Die festgesetzte subsidiarische Verhaftung der die Branntweinbrennerei Betreibenden für die gegen ihr Gesinde, ihre Diener und Gewerbsgehilfen erkannten Strafen ist auf den Sequester einer Branntweinbrennerei nicht auszudehnen.

Erk. d. OTrib. v. 17. Apr. 1837. (Präj.-Samml. I. S. 334.)

30. Für Tagelöhner, deren sich ein Brauer oder Brenner oder der von ihnen mit dem Gewerbebetriebe Beauftragte zu einzelnen Handlungen bedient, dürfen dieselben, wenn die Tagelöhner wegen einer Defraudation eine Geldstrafe verwirken, mit ihrem Vermögen nicht haften.

Erk. d. OTrib. v. 21. Jan. 1840. (Präj.-Samml. I. S. 334.)

31. Schaffner gehören zu denjenigen Gewerbegehilfen, für deren Handlungen der Gewerbetreibende in subsidium verhaftet ist.

Erk. d. OTrib. v. 15. Aug. 1823. (Rechtsspr. Bd. 1. S. 219. Nr. 61.)

32. Die im §. 83. der Steuerordnung ausgesprochene Verpflichtung der Gewerbtreibenden, für die von ihrem Gesinde, ihren Dienern, Gewerbegehilfen und im Hause befindlichen Angehörigen verwirkten Geldstrafen mit ihrem Vermögen zu haften, erstreckt sich nicht bloß auf die Defraudationsstrafen, sondern auch auf die Contraventionsstrafen.

Erk. d. OTrib. v. 16. Oct. 1843. (Präj.-Samml. I. S. 334.) Erk. d. OTrib. v. 25. Mai 1857. Sen. f. Straff. Plen. Präj. 238. (Entsch. Bd. 36. S. 443. G.A. V. S. 531. J.M.B. S. 275. B.A. III. S. 26.)

33. Die im §. 83. der Steuerordn. und im §. 19. des Zollstrafgesetzes v. 23. Jan. 1838 angeordnete subsidiarische Verhaftung des Gewerbtreibenden für die bei Ausübung ihres Gewerbes von ihrem Gesinde u. s. w. verwirkten Steuer- oder Zolldefraudationsstrafen findet auch alsdann statt, wenn der Gewerbtreibende als Anstifter der verübten Defraudation zu eigener Strafe verurtheilt ist.

Erk. d. OTrib. v. 12. Nov. 1855. Sen. f. Straff. Plen. Präj. 191. (G.A. IV. S. 238. Entsch. Bd. 31. S. 326.) Erk. d. OTrib. v. 12. Mai 1851 (Entsch. Bd. 22. S. 83.). Erk. d. OTrib. v. 14. März 1843 (Präj.-Samml. I. S. 337.) contra: Erk. d. OTrib. v. 19. Oct. 1854 (Entsch. Bd. 29. S. 425. G.A. III. S. 126.).

34. Der Umfang der in dem §. 83. angeordneten subsidiarischen

Verhaftung gewisser Gewerbtreibenden ist dahin begrenzt, daß dieselbe nur auf die wegen Steuercontraventionen und Defraudationen verwirkten Geldstrafen, nicht auch auf die sonstigen in der Steuerordnung, namentlich in dem §. 88. derselben, angedrohten Geldstrafen sich bezieht.

Erk. d. OTrib. v. 15. Dez. 1859. Sen. f. Straff. II. (G.A. VIII. S. 554.)

35. Der §. 83., welcher die Uebertretung eines Andern voraussetzt, findet im Falle einer Contravention gegen die Nr. 1. der K.O. v. 10. Jan. 1824 über die Brausteuer (v. K., Ann. Bd. 8. S. 50.), welche direct gegen den Brauer gerichtet ist, gegen diesen keine Anwendung, da hier der Brauer stets der principaliter Verhaftete bleibt.

Erk. d. OTrib. v. 20. Jan. 1859. Sen. f. Straff. II. (G.A. VII. S 535.) cf. zu Nr. 1. d. K.O. v. 10. Jan. 1824 (v. K., Ann. Bd 8. S. 50.).

36. (Zu §. 88.) Der §. 88. ist als eine in den Steuergesetzen enthaltene, zur Durchführung der Controlmaßregeln erlassene Vorschrift durch §. 311. d. St.G.B.'s auch aufgehoben. Bestechungsversuche der Steuerbeamten sind daher auch nur nach diesem Paragr. zu bestrafen und nicht etwa cumulativ aus dem §. 311. d. St.G.B.'s mit.

Erk. d. OTrib. v. 30. März 1855. Sen. f. Straff. I. Präj. Nr. 146. (Entsch. Bd. 30. S. 471. G.A. III. S. 559.) Erk. d. OTrib. v. 17. Apr. 1856. Sen. f. Straff. II. (J.M.B. S. 175.) Oppenhoff ad §. 311. d. St.G.B.'s Nr. 14.

37. Ist der Angeklagte von der Anklage aus §. 311. d. St.G.B.'s freigesprochen, so ist ein Vorbehalt der weiteren Verfolgung aus §. 88. der Steuerordnung unstatthaft.

Erk. d. OTrib. v. 1. Jul 1859. Sen. f. Straff. I. (G.A. VII. S. 702.)

38. Der §. 88. unterscheidet nicht, ob der Beschuldigte die Absicht hatte, den Steuerbeamten zu einer bestimmten Pflichtverletzung zu verleiten, oder aber durch das Geschenk nur im Allgemeinen dessen Gunst zu gewinnen suchte; er umfaßt daher auch die wirklichen Bestechungsversuche mit.

Oppenhoff ad §. 311. d. St.G.B.'s Nr. 14.

39. Der §. 88 ist eine in den Steuergesetzen enthaltene und zur Durchführung der Controlmaßregeln erlassene Vorschrift, welche gar nicht den Zweck hat, auch diejenigen Fälle mit zu treffen, in welchen bei Verabreichung von Geschenken an einen Steuerbeamten auf Seiten des Gebers und des Empfängers es sich um Thatsachen handelt, die den allgemeinen Strafgesetzen unterliegen, z. B. bei Amtsvergehen oder Verbrechen. Hier treten vielmehr rücksichtlich des Beamten die Strafen des von ihm begangenen Amtsverbrechens oder Vergehens und rücksichtlich des Gebers des Geschenkes die Strafen der Theilnahme an dem Verbrechen oder Vergehen ein.

Beschl. d. OTrib. v. 15. Dzbr. 1859. (G.A. VIII. S. 553.)

40. Auch die nach §. 88 strafbare Verabreichung eines Geschenks an einen Steuerbeamten verjährt nur in fünf Jahren, ohne Rücksicht auf die Höhe der verwirkten Strafe, indem die Vorschrift des Art. V. d. Ges. v. 22. Mai 1852 (G.S. S. 250) sich nicht ausschließlich auf Defraudationsstrafen, sondern auf die Verjährung aller der Strafen bezieht, welche

durch Zuwiderhandlungen gegen auf Entrichtung der Steuern bezughabende Vorschrift verwirkt worden sind.

Erk. d. OTrib. v. 26. Apr. 1860. Sen. f. Straff. II. (J.M.B. S. 362.)

41. (Zu §. 89.) Die Vorschriften über die Widersetzlichkeiten gegen Steuerbeamte sind neben §. 89 d. St.G.B.'s in Kraft geblieben.

Oppenhoff ad §. 89. d. St.G.B.'s Nr. 54.

42. (Zu §. 91 ff.) Das bisherige administrative Strafverfahren in Steuer-, Zoll- und andern Defraudationssachen findet auch noch ferner Anwendung.

Allg. Vfg. d. Just.Min. v. 29. Juli 1849 (J. M.B. S. 347).

43. Der Grundsatz der solidarischen Verpflichtung zur Tragung der Untersuchungskosten findet auch auf die im Verwaltungswege verhandelten und entschiedenen Steuer-Untersuchungssachen Anwendung, wobei es keinen Unterschied macht, ob die Strafen den Angeschuldigten principaliter oder in subsidium auferlegt sind.

Erl. d. Gen.Steuerdir. v. 12. Dzbr. 1853. (Hahn, Strafverfahren S. 192. Nr. 5).

44. In Betreff des jetzt nach Art. 135 ff. d. Ges. v. 3. Mai 1852 (G.S. S. 209) eintretenden gerichtlichen Verfahrens:

a. Bei allen Anträgen, welche die Abgabenverwaltung in Defraudationssachen stellt, kann stets nur darüber ein Zweifel aufkommen, ob die gerügte Thatsache ein strafbares Vergehen sei oder nicht; im ersteren Falle muß die Staatsanwaltschaft einschreiten, im letzteren kann sie ablehnen, muß aber die Gründe angeben, damit hiernach die Behörde sich entscheiden kann, ob sie die Sache fallen lassen, oder sich an den Oberstaatsanwalt wenden, oder selbst einschreiten will.

Rescr. d. Just.Min. v. 24. Febr. 1853. (G.A. I. S. 229.)

b. In Untersuchungen wegen Zuwiderhandlungen gegen die Vorschriften über die Erhebung öffentlicher Abgaben und Gefälle findet das Mandatsverfahren auch dann nicht statt, wenn ein administrativer Strafbescheid nicht erlassen ist.

Erk. d OTrib. v. 26. Juni 1857. Sen. f Straff. I. (J.M.B. 1858. S. 90. G.A. V. S. 673) cf. Rescr. d Just.Min. v. 12 März 1858 (J. M B. S 90), wonach die Oberstaatsanwälte angewiesen werden, darauf zu halten, daß von den Polizeianwälten wegen der gedachten Contraventionen ein Mandatsverfahren nicht mehr beantragt werde.

c. Durch den Art. 136. d. Ges. v. 3. Mai 1852 sind die seinem Inhalte entgegenstehenden bisherigen gesetzlichen Bestimmungen für aufgehoben zu erachten und es ist nunmehr auch in Stempel-Strafsachen ganz allgemein, also auch bei Strafen unter 10 Thlrn. und in den Fällen, in welchen nach dem Zollstrafgesetz v. 23. Jan. 1838 §. 33. eine bloße Ordnungsstrafe eintritt, der Rechtsweg zulässig. Weitere Aenderungen aber in dem bisherigen Verfahren bei den Administrativbehörden haben nicht in der Absicht gelegen, es hat vielmehr dem Angeschuldigten nur die Befugniß zugestanden werden sollen, wenn er sich bei der im bisherigen Wege zu erlassenden Straffestsetzung der

Verwaltungsbehörden nicht beruhigen will, dagegen auf gerichtliche Entscheidung zu provociren.

Rescr. d. Gen. Steuerdirect. v. 3. Aug. 1852. (M.Bl. d. i. V. S. 244.)

d. Die Competenzbestimmung in Art. XIII. des Einführungsgesetzes v. 14. Apr. 1851 (G.S. S. 94) findet auch auf Steuercontraventionen Anwendung, und es sind demnach Steuercontraventionen, wenn das Strafmaß die Summe von 50 Thlrn. nicht übersteigt, von dem Einzelrichter zu untersuchen und zu entscheiden.

Erk. d. OTrib. v. 9. März 1853. (J. M.B. S. 209.) Oppenhoff zu Art. XIII. d. Einf.-Ges. Nr. 6.

e. Die Verwandlung der von den Steuerbehörden festgesetzten Geldstrafen in Freiheitsstrafen findet nach Maßgabe der K.O. v. 11. April 1839 (G.S. S. 158) und der §§. 27. u. 28. d. V. v. 3. Jan. 1849 (G.S. S. 18 u. 21), sobald die verhängte Geldbuße die Summe von 50 Thlrn. nicht übersteigt, durch den Einzelrichter, sonst durch die Gerichtsdeputationen statt. Die desfallsigen Anträge sind von den Polizei- resp. Staatsanwälten zu erheben, an den die Steuerbehörden angewiesen sind, ihrerseits die Anträge abzugeben. Die von den Gerichten ausgefertigten Strafumwandlungsresolute sollen demnächst dem Polizei- resp. Staatsanwalt zugestellt werden.

Allg. Vfg. d. Just.Min. v. 14. Dzbr. 1849. (J.-M.B. S. 499.)

f. Ein in Steuersachen von den Steuerbehörden gegen ein ergangenes Straferkenntniß eingelegtes Rechtsmittel kommt auch dem Angeklagten insofern zu Statten, daß zu dessen Gunsten das angegriffene Erkenntniß abgeändert werden kann.

Erk. d. OTrib. v. 7. Mai 1857. Sen. f. Straff. II. Präj. 236. (Entsch. Bd. 35. S. 478. Bd. 36. S. 460. G.A. V. S. 544.)

g. Die Bestimmung des Art. 142. d. Ges. v. 3. Mai 1852, wonach die Appellation und Nichtigkeitsbeschwerde in Untersuchungen wegen Zuwiderhandlungen gegen die Vorschriften über die Erhebung öffentlicher Abgaben und Gefälle ohne Rücksicht auf die Höhe der Strafe stattfinden, ist nicht dahin auszulegen, daß, weil das Rechtsmittel der Appellation zulässig ist, in erster Instanz vor der Gerichtsabtheilung verhandelt und durch dieselbe erkannt sein muß, sondern dahin, daß ausnahmsweise das Rechtsmittel der Appellation zulässig ist, wenn in erster Instanz auch nur auf den Antrag des Polizeianwalts vom Einzelrichter verhandelt und von demselben erkannt ist.

Erk. d. OTrib. v. 10. Juni 1853. (G.A. I. S. 555.)

h. Die Dauer der Anmeldungsfrist der Beschwerde bestimmt sich nach §. 126. d. V. v. 3. Jan. 1849. — Die im Art. 143. d. Ges. vom 3. Mai 1852 bestimmte 4wöchentliche Frist ist nur zur Rechtfertigung der Beschwerde bewilligt.

Erk. d. OTrib. v. 8. Octbr. 1854. (G.A. II. S. 812.)

i. Der nach Art. 138. d. Ges. v. 3. Mai 1852 zur selbständigen Erhebung einer gerichtlichen Anklage befugten Finanzbehörde stehen die im Art. 143. l. c. erwähnten, zur Rechtfertigung der Rechtsmittel gewährten längeren Fristen nur dann offen, wenn sie selbst den Prozeß führt, oder dem von der Staatsanwaltschaft geführten Prozesse vor dessen rechtskräftiger Entscheidung beigetreten ist. Hat daher der Oberstaatsanwalt zwar rechtzeitig Richtigkeitsbeschwerde ergriffen, aber nicht in der präklusivischen 10tägigen Frist des Art. 110. l. c. gerechtfertigt, ist also ihr gegenüber das appellationsgerichtliche Erkenntniß rechtskräftig geworden, so kann nach Ablauf jener Frist die Finanzbehörde sich nicht mehr dem bis dahin nur von der Staatsanwaltschaft allein betriebenen Verfahren anschließen, und nun ihrerseits die Rechtfertigung des Rechtsmittels übernehmen.

Besch. d. OTrib. v. 3. April 1856. (J.M.B. S. 112.)

k. Wenn die nach Art 136 ff. d. Ges. v. 3. Mai 1852 zur Verfolgung einer strafbaren Handlung berufene fiscalische Behörde sich nach dem Erkenntnisse zweiter Instanz, jedoch zu einer Zeit, wo der Staatsanwaltschaft die Frist zur Einreichung einer Richtigkeitsbeschwerde noch läuft, dem Verfahren der letzteren anschließt, so erlangt sie hierdurch die Stellung einer Partei im Prozesse; es muß ihr eine Erkenntnißausfertigung insinuirt werden, und es steht ihr zur Rechtfertigung der Richtigkeitsbeschwerde, von jener Behändigung an gerechnet, eine 4 wöchentliche Frist zu.

Erk. d. OTrib. v. 2. Octbr. 1856. Sen. f. Straff. II. (J.M.B. S. 350.)

l. Daraus, daß die Staatsanwaltschaft in den Fällen des Art. 138. d. Ges. v. 3. Mai 1852 nach Art. 144. befugt ist, in jeder Lage der Sache die Verfolgung zu übernehmen, folgt nicht, daß derselben für die Einlegung und Rechtfertigung des Rechtsmittels die Fristen zu statten kommen, welche der Art. 143. den Verwaltungsbehörden einräumt.

Erk. d. OTrib. v. 16. März 1851. Präj. 84. (G.A. II. S. 542.)

45. Es ist angemessen, Anschuldigungen wegen Steuervergehen, bei welchen Personen im Alter unter 16 Jahren betheiligt sind, behufs gerichtlicher Entscheidung sofort an den Staats- resp. Polizeianwalt gelangen zu lassen.

Erl. d. Gen. Steuerdir. v. 22. Juni 1853. (Hahn, Strafverfahren S. 192. Nr. 4.)

46. (Zu §. 94.) Der §. 94. enthält in Betreff der Verwarnung nicht bloß eine Vorschrift nur reglementarischer Natur, und ist nicht durch §. 24. d. V. v. 3. Jan. 1849 aufgehoben. Die Verwarnung ist vielmehr zur Begründung der Rückfallsstrafe nothwendig.

Erk. d. OTrib. v. 27. Octbr. 1854. (G.A. III. S. 125.)

47. Die einmal nach §. 94 erfolgte Verwarnung vor dem Rückfall behält ihre Wirkung auf alle folgenden Defraudationen und beschränkt sich nicht auf den nächsten Fall einer abermaligen Defraudation allein.

Erk. d. OTrib. v. 2. Dzbr. 1859. Sen. f. Straff. I. (G.A. VIII. S. 107.)

48. Im Submissionsverfahren genügt es, wenn vom Defraudanten ein gehörig ausgefülltes Formular, aus dem die Verwarnung erhellt, unterschrieben wird.

Erk. d. OTrib. v. 14. Juni 1854. (G.A. II. S. 818.)

49. (Zu §. 95.) Die Gerichte sind verpflichtet, den von den Regierungen und Provinzial-Steuerdirectionen an sie wegen Sistirung der Vollstreckung der gerichtlichen Straferkenntnisse ergangenen Erlassen zu entsprechen. Gesuche, welche die Aussetzung oder Unterbrechung rechtskräftig erkannter Zoll- und Steuerstrafen, insbesondere also die Bewilligung von Terminalzahlungen oder die Abbüßung von Freiheitsstrafen mit Zwischenräumen betreffen, sind von den Gerichten, falls solche bei ihnen eingehen, an die zuständigen Zoll- und Steuerbehörden zur resortmäßigen Prüfung und weiteren Veranlassung abzugeben. Dagegen fällt die früher durch die Vfg. v. 18. Juni 1823 (v. K., Jahrb. Bd. 21. S. 320) vorgeschriebene Rückfrage bei der Steuerbehörde fort und es sind die in Steuerdefraudationssachen für den Unvermögensfall erkenntnißmäßig substituirten Freiheitsstrafen von den Gerichtsbehörden sofort zu vollstrecken, wenn die Execution wegen der principaliter erkannten Geldbuße fruchtlos ausgefallen ist, und es soll nur der Steuerbehörde unmittelbar nach dem fruchtlosen Ausfall der Execution eine Bescheinigung hierüber von den Gerichten mitgetheilt werden.

Allg. Vfg. d. Just.Min. v. 10. Septbr. 1857. (J.M.B. S. 302.) cf. Vfg. v. 19. Aug. 1837 (v. K., Jahrb. Bd. 50. S. 262) und Vfg. v. 7. Febr. 1845. (J.M.B. S. 32.) — Allg. Vfg. d. Just.Min. vom 6. Febr. u. 4. Mai 1852. (J.M.B. S. 59 u. 178.)

## XXV. Gesetz wegen Entrichtung einer Mahl- und Schlachtsteuer v. 30. Mai 1820. (G.S. S. 143.)

1. (Zu §. 2.) Müller, die den Mehlhandel betreiben, müssen die Mahlsteuer entrichten. Die durch die Umgehung dieser Mahlsteuer verwirkte Strafe wird durch die Strafe für die unterlassene Anmeldung des Gewerbebetriebs nicht ausgeschlossen.

Erk. d. OTrib. v. 10. Novbr. 1852. (Lanz, Präj. S. 262. Nr. 2.) cf. Erk. d. OTrib. v. 13. Juni 1857 (G.A. V. S. 684) zu §. 5 des Gewerbesteuergesetzes v. 30. Mai 1820. (G.S. S. 147.)

2. (Zu §. 5.) Wenn Mahlgetreide, unter welchem sich Weizenkörner befinden, nicht als Weizen bei der Steuerbehörde declarirt wird, so kommt es bei der Frage, ob eine Defraudation vorliege, auf die größere oder geringere Quantität des Weizens an.

Erk. des OTrib. vom 19. Dzbr. 1836. Plen. (Entscheid. Bd. 1. S. 368. Präj.-Samml. I. S. 336.) Erk. d. OTrib. v. 20. Novbr. 1857. Sen. f. Straff. I. (G.A. VI. S. 100.)

3. (Zu §§. 5. 15.) Die Entscheidung darüber, ob für eingebrachtes gemischtes Mehl eine Steuer zu entrichten und welcher Steuersatz in Anwendung zu bringen sei, steht nicht den Gerichten, sondern den Steuerbehörden zu. Dies gilt auch in dem Falle, wenn wegen der Einbringung des gemischten Mehls eine gerichtliche Untersuchung eingeleitet und von den Gerichten dahin erkannt worden ist, daß eine Steuerdefraudation nicht stattgefunden habe. — Dagegen ist der Rechtsweg zulässig, wenn der angebliche Defraudant eine Entschädigung dafür verlangt, daß das ein-

gebrachte Mehl von der Steuerbehörde in Beschlag genommen und der Werth desselben durch die längere Aufbewahrung vermindert worden ist.

Erk. d. Competenzger.Hofs v. 14. April 1855 und vom 12. Febr. 1859. (J. M.B. 1855 S. 201 u. v. 1859 S. 432.)

4. (Zu §. 7.) Die Vorschrift des §. 7. über die Handmühlen, Stampfen u.s.w. findet auch auf den äußern halbmeiligen (§. 14) Stadtbezirk Anwendung.

Rescr. d. Fin.Min. v. 25. Mai 1838. (Schimmelfennig, indir. Steuern S. 738. o.) Erk. d. OTrib. v. 25. Febr. 1857. Sen. f. Straff. I. (G.A. V. S. 548.)

5. (Zu §. 10.) Die Eingeweide, also auch Leber und Lungen, von geschlachtetem Vieh sind bei der Einbringung der Schlachtsteuer nicht unterworfen.

Erk. d. OTrib. v. 30. Juni 1856. Sen. f. Straff. Plen.Präj. 209. (Entsch. Bd. 34. S. 367.)

6. (Zu §. 15.) Schlächter, welche in einer steuerpflichtigen Stadt für einen Andern unversteuertes Vieh schlachten, sind als Theilnehmer der Defraude zu bestrafen.

Rescr. d. Fin.Min. v. 13. Febr. 1839. (M.Bl. d. i. V. S. 37. Schimmelfennig, indirecte Steuern S. 722. e.)

7. Der Theilnahme an einer Defraude macht sich auch der schuldig, der unversteuert bereits eingebrachte steuerpflichtige Gegenstände innerhalb des Steuerbezirks, wissend, daß diese Gegenstände nicht versteuert sind, weiter transportirt, ohne sie anzumelden. Die Defraude beruht auf einer Unterlassung, deren Strafbarkeit mit der Versteuerung oder Consumtion des fraglichen Gegenstandes ein Ziel gesetzt ist.

Erk. d. OTrib. v. 23. Juni 1853. (Lanz, Präj. S. 264. Nr. 13.)

8. Wer beim Einbringen steuerpflichtiger Gegenstände in eine steuerpflichtige Stadt die vorgeschriebene Declaration unterläßt oder falsch declarirt, unterliegt der Steuerstrafe, wenn auch jene Gegenstände zum Durchgang durch die Stadt bestimmt gewesen sein sollten, indem die zugelassene Ausnahme eines unversteuerten Durchgangs durch die Stadt an die Bedingung der Anmeldung beim Eingang geknüpft ist, und auch nicht angemeldete Waaren nicht bezogen werden können.

Erk. d. OTrib. v. 30. Octbr. 1856. Sen. f. Straff. II. (J.M.B. S. 360.)

9. Wird bei Einbringung steuerpflichtiger Waaren in eine steuerpflichtige Stadt die Anmeldung und der Nachweis, daß jene Waaren aus einer steuerpflichtigen Stadt herkommen, versäumt, so ist die Steuerstrafe sofort verwirkt, sollte auch nachträglich jener Nachweis geführt werden, weil eben nur der bei der Anmeldung dem Steueramte geführte Nachweis von der Steuerstrafe befreit.

Erk. d. OTrib. vom 7. Mai 1857. Sen. f. Straff. II. (J.M.B. S. 216. G.A. V. S. 15.)

10. Die Defraudationsstrafe findet nicht statt, wenn nach der factischen Feststellung der Träger (nicht: Einbringer) eines verschlossenen Behältnisses, in welchem sich abweichend von der ihm übergebenen schriftlichen Declaration mahl- und schlachtsteuerpflichtige Gegenstände befunden

haben, außer Stande gewesen ist, sich von dem wirklichen Inhalte des Behältnisses Ueberzeugung zu verschaffen.

Erk. d. OTrib. v. 17. Juni 1853 (G.A. I. S. 560), früher contra, namentlich Erk. d. OTrib. v. 13. Oct. 1841. (Entsch. Bd. 10. S. 216. Präj.-Samml. I. S. 336.) cf. die folgende Nr.

11. Der Packmeister, welcher einen Eisenbahnzug in den in dem Stadtbezirke belegenen Bahnhof einführt, ist als derjenige anzusehen, welcher die auf dem Zuge befindlichen mahl- und schlachtsteuerpflichtigen Gegenstände in den Stadtbezirk einbringt. — Es liegt in der Befugniß des kgl. Finanzministeriums, den Packmeister als denjenigen Beamten der Eisenbahngesellschaft zu bezeichnen, welcher die Anmeldung und Versteuerung der eingegangenen steuerpflichtigen Gegenstände bei eigener Verhaftung zu bewirken habe; und wenn der Packmeister eine Declaration abgegeben hat, so muß er deren Richtigkeit auch dann vertreten, wenn dieselbe ohne Kenntniß von dem Inhalte eines verschlossenen Behältnisses auf Grund des Frachtbriefs erfolgt ist.

Beschl. d. OTrib. v. 20. April 1857. Sen. f. Straff. Plen. (J.M.B. S. 247. G.A. V. S. 549) früher contra: Erk. d. OTrib. v. 22. Dzbr. 1851 (Entsch. Bd. 22. S. 77), v. 21. Octbr. 1853 (G.A. II. S. 111) und v. 9. Juli 1856 (G.A. V. S. 551); cf. vorige Nro.

12. Die Direction einer Eisenbahngesellschaft kann wegen unterlassener Anmeldung steuerpflichtiger Gegenstände bei der Steuerbehörde als Defraudantin nicht in Anspruch genommen werden.

Erk. d OTrib. vom 9. Novbr. 1853. Sen. f. Straff. I. (Entsch. Bd. 26. S. 427.)

13. (Zu §. 15 d.) Das bloße Eintreten in ein an der Steuerstraße belegenes Haus mit einem der Mahl- und Schlachtsteuer unterworfenen Gegenstande ist als eine verpönte Abweichung von dem durch die Steuerbehörde bestimmten Wege nicht anzusehen.

Erk. d. OTrib. v. 4. Novbr. 1847. (Präj.-Samml. S. 336.)

14. (Zu §§. 17. 8.) Das von einem jüdischen Cantor nach den Ritualgesetzen im Auftrage des Schlachtenden verrichtete Tödten eines Thiers ist nicht für ein Schlachten im Sinne des Gesetzes anzusehen und deshalb nicht steuerpflichtig.

Erk. d. OTrib. — ohne Datum — (B.A. I. S. 84); dazu Bfg. d. Handels-, Cultus- und d. Minist. d. Innern v. 27. Aug. 1855 (ibd.).

15. (Zu §. 17 a.) Der aus einer Defraudation entstehende Verlust der Waare trifft jedesmal den Eigenthümer.

Erk. d. OTrib. v. 1. Mai 1838. (Präj.-Samml. I. S. 337.)

16. Im Falle, daß ein Angeschuldigter wegen mangelnden Unterscheidungsvermögens von der Mahl- oder Schlachtsteuerdefraudation freigesprochen wird, bleibt auch die Confiscation des defraudirten Gutes ausgeschlossen.

Erk. d. OTrib. v. 14. Juni 1854. (G.A. II. S. 545.)

17. (Zu §. 17 b.) Wegen der Rückfallsstrafen, namentlich der Untersagung des Gewerbes, s. die Noten zu §§. 62 ff. d. SteuerOrdnung v. 8. Febr. 1819. (G.S. S. 102.)

18. Der §. 60 d. St.G.B.'s findet auch auf wiederholte Contraventionen gegen d. Mahl- und Schlachtsteuergeſ. v. 30. Mai 1820 Anwendung.

Erk. d. OTrib. v. 14. Jan. 1853. (G.A. I. S. 235. Entsch. Bd. 24. S. 441.)

19. In Betreff der subsidiären Verhaftung der Gewerbtreibenden s. die Noten zu §. 83. d. SteuerOrdnung vom 8. Febr. 1819 (G.S. S. 102), insonderheit das Plen.Erk. d. OTrib. v. 12. Novbr. 1855. (G.A. IV. S. 238.)

20. Ueber die Sistirung resp. Vollstreckung gerichtlich erkannter Zoll- und Steuerstrafen cf. Allg. Vfg. d. Just.Min. v. 10. Octbr. 1857 (J.M.B. S. 502) und vom 6. Febr. und v. 4. Mai 1852 (J.M.B. S. 95 u. 178) zu §. 95. der SteuerOrdn. v. 8. Febr. 1819. (G.S. S. 102.)

21. Ueber die Zahlung der in Steuercontraventionen von den Verwaltungsbehörden festgesetzten Geldstrafen cf. Allg. Vfg. d. Just.Min. v. 16. Dzbr. 1853 (J.M.B. S. 442) zu §§. 59 ff. d. SteuerOrdn. vom 8. Febr. 1819. (G.S. S. 102.)

22. Die Gerichte haben neben der Strafe auf Zahlung der Defraudationssteuer nicht zu erkennen.

Rescr. d. Just.Min. v. 4. Febr. 1835. (v. K., Jahrb. Bd. 48. S. 280.) Allg. Vfg. v. 12. Mai 1853. (J.M.B. S. 190.)

23. Ueber die Verrechnung der Einnahmen aus den Steuerprozessen, namentlich auch der Denunciantenantheile bei den Gerichten cf. d. Allg. Vfg. d. Just.Min. v. 18. Octbr. 1852 (J.M.B. S. 358.) und v. 17. Octbr. 1857 (J.M.B. S. 386.).

24. (Zu §. 17$^{c}$.) Wenn Gewerbe- mit Mahl- und Schlachtsteuercontraventionen concurriren, soll die Untersuchung wegen der Gewerbesteuer-Contravention immer vorangehen, und erst nach deren rechtskräftiger Entscheidung wegen der Mahl- und Schlachtsteuer-Contravention entschieden werden.

Rescr. d. Fin.Min. v. 15. Juli 1839. (M.Bl. d. i. V. S. 249. Schimmelfennig, indirecte Steuern S. 737 a.)

25. In Betreff des Verfahrens bei Contraventionen vgl. d. Noten zu §§. 91 ff. d. SteuerOrdn. v. 8. Febr. 1819 (G.S. S. 102).

## XXVI. Gesetz wegen Errichtung der Gewerbesteuer vom 30. Mai 1820 (G.S. S. 147.)

1. (Zu §§. 1 ff.) Nur bei einem an sich erlaubten Zwecke kann von Entrichtung einer Gewerbesteuer und von der Anmeldung des Anfangs des Gewerbes die Rede sein, nicht aber, wenn Jemand unerlaubte Handlungen gewerbsmäßig verübt.

Erk. d. OTrib. v. 14. Dzbr. 1855. Sen. f. Straff. I. (G.A. IV. S. 236.)

2. (Zu §. 2.) Derjenige, welcher Gegenstände des Wochenmarktsverkehrs (z. B. Mühlenfabrikate), nur auf solchen Märkten, und nicht stehend an seinem Wohnorte feil hält, treibt weder einen gewerbsteuerpflichtigen Handel im Sinne des Gewerbesteuergesetzes, noch auch Hausir-

handel, sollte er auch selbst das Korn, aus welchem das Mehl gemahlen worden, seinerseits (auf Märkten) aufgekauft haben.

Erk. d. OTrib. v. 29. Septbr. 1859. Sen. f. Straff. II. (J.M.B. S. 354.)

3. Im §. 2., welcher den Handwerksbetrieb mit mehreren Gehilfen für steuerpflichtig erklärt, umfaßt der Ausdruck „Gehilfen" auch weibliche Personen, insoweit dieselben nicht zu den Hausgenossen gehören.

Erk. d. OTrib. v. 15. Septbr. 1859. Sen. f Straff. II. (J.M.B. S. 358. G A. VII. S. 811.)

4. (Zu §. 3.) Ein Gutsbesitzer, welcher seine eigenen Holzbestände verkauft, betreibt hiermit keinen „Handel" und ist daher nicht gewerbsteuerpflichtig (cf. §. 485. II. 8. A.L.R.).

Erk. d. OTrib. ohne Datum (B.A. I. S. 92.)

5. (Zu §. 4.) Zu einer selbständigen Verkaufsstelle (Laden) gehört wesentlich, daß sie stets offen und dadurch Jedem zugänglich, auch mit dem erforderlichen Verkaufspersonal versehen ist.

Erk. d. OTrib v. 16. Dzbr. 1859. Sen. f. Straff. I. (G.A. VIII. S. 263.)

6. (Zu §. 5.) Das Verkaufen des aus der Mahlmetze gewonnenen Mehles seitens des Müllers ist als ein „Handeltreiben" nicht anzusehen, weil der Müller weder dieses Mehl, noch das Korn, aus welchem es gemahlen worden, angekauft oder zum Verkauf in Auftrag übernommen, vielmehr dasselbe als den Lohn seiner Arbeit erhalten hat. Auch ein „Feilhalten und gewerbsweises Verkaufen" im Sinne des §. 1$^{b}$. des Gesetzes v. 2. April 1852 (G.S. S. 107.), welches sehr wohl vorliegen kann, ohne daß ein „Handeltreiben" statt findet, ist in dem Verkaufen von Mehl nur an einzelne Consumenten noch nicht nothwendig zu finden.

Erk. d. OTrib. v. 13. Juni 1857. Sen. f. Straff. II (G.A. V. S. 684.)
cf Erk. d. OTrib. v. 10. Novbr. 1852 (Lanz, Präj. S. 262. Nr. 2.) zu §. 2. d. Mahl- u. Schlachtsteuer-Ges. v. 30. Mai 1820. (G.S. S. 143.)

7. Um den Einkäufer der Gewerbesteuer zu unterwerfen, genügt der gewerbsmäßige Zweck des Wiederverkaufs, ohne daß ein Wiederverkauf bereits stattgefunden zu haben brauchte.

Erk. d. OTrib. v. 7. April 1853. (Lanz, Präj. S. 243. Nr. 2.)

8. (Zu §. 9$^{b}$.) Eine Befreiung kann eintreten, wenn bei der Aufnahme der Miether die Erziehung oder die Beaufsichtigung als der Hauptzweck anzusehen ist.

Rescr. d. GeneralSteuerdir. v. 1. Novbr. 1855. (B.A. IV. S. 36.)

9. (Zu §. 10.) Zu dem gesetzlichen Begriff des Schankwirthschaftsbetriebs ist nicht erforderlich, daß das hiezu benutzte Local für diesen Zweck besonders eingerichtet und mit den erforderlichen Geräthschaften versehen, noch auch daß dasselbe lediglich dazu bestimmt sei, Getränke zum Genuß auf der Stelle oder außerhalb feil zu bieten.

Erk. d. OTrib. v 5. Febr. 1858. Sen. f. Straff. I. (J.M.B. S. 124.)

10. Zum Feilbieten einer Waare behufs des Absatzes derselben gehört es wesentlich, daß deren Inhaber durch Worte, verständliche Zeichen oder ein die Aufmerksamkeit der Käufer absichtlich erregendes Beneh-

men dieselben zur Abnahme auffordert. Das bloße Feilhalten auf vorangehende Anfrage der Käufer ist nicht für Feilbieten zu achten.

Erk. d. OTrib. v. 14. Mai 1838. (Präj.=Samml. I. S. 321.)

11. Ueber die Frage, in wieweit der Oeconom einer Ressource der polizeilichen Genehmigung bedarf, cf. die Erk. d. OTrib. v. 14. Jan. und 1. Dzbr. 1853 (J.M.B. S. 176. G.A. I. S. 322. II. S. 249. Entsch. Bd. 26. S. 431.) zu Nr. 1. der K.O. v. 7. Febr. 1835. (G.S. S. 18.)

12. (Zu §§. 18. 26—30.) a. Kleinhandel und Schankwirthschaft sind nicht gleich besteuert; letztere ist vielmehr für die dritte Abtheilung mit 6 Thlrn., jener nur mit 4 Thlrn. im Mittelsatze belegt. Daher begeht der besteuerte Kleinhändler, welcher ohne Anmeldung und Erlaubniß Schankwirthschaft treibt, nicht nur eine Gewerbepolizei=, sondern auch eine Gewerbesteuer=Contravention.

J.M.B. 1855. S. 76.

b. Der §. 18., welcher bei absichtlicher Verbindung mehrerer Gewerbe nur die einmalige Steuererhebung nach dem gemeinschaftlichen Umfange aller vorschreibt, setzt die gehörige Anmeldung aller dieser Gewerbe voraus; bei nicht erfolgter Anmeldung ist die Verbindung nur für eine zufällige zu erachten und jedes einzeln zu besteuern, danach also auch die Defraudationsstrafe zu bemessen.

Erk. d. OTrib. v. 4. Jan. 1855. Sen. f. Strafs. II. (J.M.B. S. 96.)

13. (Zu §. 19.) Eine Verpflichtung, die Anzeige des Fortbetriebes eines Gewerbes, dessen Anfang vorschriftsmäßig angemeldet worden, bei der Behörde jährlich zu erneuern, existirt nicht, und folgt dies namentlich nicht aus dem Ausdruck: „fortgesetzt" im §. 177. d. Gewerbeordnung.

Erk. d. OTrib. v. 9. Juni 1853. (G.A. II. S. 112.)

14. (Zu §. 39.) a. Ein Gewerbesteuer=Defraudant muß immer mindestens den Mittelsatz seiner Abtheilung an Gewerbesteuer tragen.

b. Die Gewerbesteuer=Strafe besteht nur im Vierfachen der einjährigen Steuer, sollte auch die Defraude länger als ein Jahr gedauert haben.

Erk. d. OTrib. v. 4. Jan. 1855. Sen. f. Strafs. II. (J.M.B. S. 96.)

15. Die hier bestimmte Strafe findet auch alsdann statt, wenn die Gewerbesteuer wirklich bezahlt und kein Verdacht einer beabsichtigten Umgehung derselben vorhanden ist.

Erk. d. OTrib. v. 24. April 1837. (Präj.=Samml. I. S. 337.)

16. Bei einer wiederholten Gewerbesteuer=Defraudation kann auf eine dem achtfachen Betrage der Jahressteuer gleiche Geldbuße nicht erkannt werden, da das Gesetz eine besondere Rückfallsstrafe nicht anordnet.

Rescr. d. Min. d. Innern vom 20. Novbr. 1839. (v. K., Annal. Bd. 21. S. 218.)

17. Eine subsidiarische Verpflichtung tritt bei Gewerbesteuer=Contraventionen nicht ein. Angehörige oder Gewerbsgehilfen sind nur dann straffällig, wenn sie für eigene Rechnung Gewerbe treiben,

wogegen in allen andern Fällen die etwaige Strafe die Eltern oder Herrschaften trifft.

Rescr. d. Just.Min. v. 25. Febr. 1835. (v. K., Jahrb. Bd. 45. S. 284.)

18. (Zu §. 42a.) Vgl. über die Sistirung resp. Vollstreckung gerichtlich erkannter Zoll- und Steuerstrafen die Allg. Vfg. d. Just.Min. v. 10. Septbr. 1857 (J.M.B. S. 302.) und v. 6. Febr. u. 4. Mai 1852 (J.M.B. S. 95 u. 178.) zu §. 95. d. SteuerOrdn. v. 8. Febr. 1819. (G.S. S. 102.)

19. Die Gerichte haben, neben der Strafe, auf Zahlung der Defraudationssteuer nicht zu erkennen.

Rescr. d. Just.Min. v. 4. Febr. 1835. (v. K., Jahrb. Bd. 48. S. 280.) Allg. Vfg. d. Just.Min. v. 12. Mai 1853. (J.M.B. S. 190.)

20. Ueber die Zahlung der in Steuercontraventions-Sachen von den Verwaltungsbehörden festgesetzten Geldstrafen cf. Allg. Vfg. d. Just. Min. v. 16. Dzbr. 1853 (J.M.B. S. 442.) zu §. 61. d. Steuer-Ordn. v. 8. Febr. 1819. (G.S. S. 102.)

21. Ueber die Verrechnung der Einnahmen aus den Steuerprozessen, namentlich auch wegen der Denunciantenantheile cf. die Allg. Vfg. des Just.Min. vom 18. Octbr. 1852 mit Anlagen A. u. B. (J.M.B. S. 358.) und v. 17. Octbr. 1857 (J.M.B. S. 386.).

22. In Betreff des Verfahrens bei Contraventionen s. die Noten zu §§. 91 ff. der SteuerOrdn. v. 8. Febr. 1819. (G.S. S. 102.)

## XXVII. Gesetz wegen der Stempelsteuer vom 7. März 1822. (G.S. S. 57.)

1. (Zu §§. 4. ff.) Für die Verpflichtung zur Entrichtung des Stempels, sowie ins Besondere für die Höhe desselben ist nur die schriftliche Urkunde allein maßgebend. Ist daher ein schriftlicher Kaufvertrag abgeschlossen, in demselben aber mittelst Simulation der Kaufpreis anders festgestellt, als die Contrahenten ihn mündlich verabredet haben, so bestimmt nicht diese mündliche Abrede, ganz abgesehen von ihren sonstigen rechtlichen Folgen, sondern allein der schriftliche Vertrag die Höhe des Kaufstempels als eines Urkundenstempels.

Erk. d. OTrib. v. 9. März 1857. Sen. f. Straff. Plen. Präj. 233. (Entsch. Bd. 36. S. 430. G.A. V. S. 221.) Erk. d. OTrib. v. 7. Sept. 1855. (G.A. III. S. 687.) cf. Erk. d. OTrib. vom 13. Mai 1859 (J.M.B. S. 236) zu §. 26. contra: Erk. d. OTrib. v. 3. Mai 1856. (G.A. IV. S. 214.)

2. (Zu §. 5a.) Der §. 5a. und die K.O. vom 14. April 1832 (G.S. S. 137) unterscheiden nicht zwischen solchen vorbehaltenen Nutzungen und ausbedungenen Leistungen, welche bereits auf dem Grundstücke haften, und solchen, welche durch den errichteten Contract dem Grundstück auferlegt werden. Es sind daher bei Berechnung des Stempels auch die älteren, dem Grundstücke bereits inhärirenden Reallasten, welche

schon bei ihrer Constituirung dem gesetzlichen Stempel unterlegen hatten, zu versteuern.

Erk. d. OTrib. v. 30. Juni 1854. (S.A. II. S. 685.) Rescr. d. Just.-Min. v. 12. März 1842. (J.-M.-B. S. 108.) Früher contra: Erk. d. OTrib. v. 10. Febr. 1848. (Rechtsfälle Bd. 3. S. 344.)

3. (Zu §. 5$^{f}$.) Werden die andern mit dem Immobile zusammen veräußerten Gegenstände besonders ihrem Werthe nach angegeben, so findet eine Veräußerung des Guts und der Mobilien „in einer Summe" nicht statt, und der §. 5$^{f}$. findet daher keine Anwendung.

Erk. d. OTrib. v. 7. Mai 1858. Sen. f. Straff. II. (G.A. VI. S. 547.)

4. (Zu §. 6$^{e}$.) Ist zwischen dem Verpächter und Pächter der Pachtcontract schriftlich auf eine bestimmte Anzahl Jahre geschlossen und gleichzeitig festgesetzt, „daß, nach Ablauf dieser Zeit, der Vertrag, insoweit es dem Pächter oder dessen Nachfolger convenire, anderweit auf gleiche Dauer und so fortlaufen solle", eine Frist der Kündigung aber für den Pächter nicht bestimmt, so beginnt der Lauf der Verjährung für die etwa eingetretene Stempelcontravention durch Nichtzahlung des Stempels für die hiernach wirklich eingetretenen mündlichen Contractsverlängerungen nicht etwa schon 6 Monate vor Ablauf der letzten Contractsdauer, sondern erst mit Ablauf der festgesetzten Contractsfrist selbst. (Z. B. also, wenn die Prolongation Johannis 1854 eingetreten ist, so läuft die Verjährung von dieser Frist an, nicht etwa schon von Neujahr 1854 ab.)

Erk. d. OTrib. v. 20. Jan. 1860. Sen. f. Straff. I (G.A. VIII. S. 258.)

5. (Zu §. 7.) Unter „Auctionen" sind nur Versteigerungen beweglicher Sachen zu verstehen.

Erk. d. OTrib. v. 6. Sept. 1855. (G.A. II. S. 21.)

6. (Zu §. 12.) Wenn die Vorzeigung einer Verhandlung oder Urkunde, welche mit dem vorschriftsmäßigen Stempel nicht versehen ist, innerhalb der 14tägigen Frist erfolgt, binnen welcher die Nachbringung des Stempels zulässig ist, so kann gegen einen solchen Producenten die Stempelstrafe nicht verfolgt werden (d. h.: so lange die 14tägige Frist noch läuft).

Erk. d. OTrib. v. 13. Oct. 1851. (Entsch. Bd. 22. S. 80.)

7. Durch die bloße Einreichung der stempelpflichtigen Urkunde (z. B. einer Vollmacht) wird der Producent von der Beibringung des Stempels nicht frei, da die Gerichte früher keineswegs verpflichtet waren, durch rechtzeitiges Nachcassiren des Stempels das Interesse der Parteien wahrzunehmen und Stempelstrafen abzuwenden, jetzt aber (nach §. 63. des Tarifs zum Ges. v. 10. Mai 1851) zwar den Betrag des Stempels als Gerichtsgebühr liquidiren, außerdem aber die verwirkte Stempelstrafe festsetzen müssen.

Erk. d. OTrib. vom 7. Nov. 1855. Sen. f. Straff. I. (G.A. IV. S. 227.)
Erk. d. OTrib. v. 10. Dez. 1856. Sen. f. Straff. I. (G.A. V. S. 255.)

8. Auch zu Vollmachten in Untersuchungssachen muß der Stempel binnen längstens 14 Tagen nachgebracht werden; diese Verpflichtung ist

vom Ausfall der Untersuchung und der rechtskräftigen Verurtheilung des Ausstellers ganz unabhängig.

Erk. d. OTrib. vom 7. Nov. 1855. Sen. f. Straff. I. (G.A. V. S. 227. B.A. II. S. 79.)

9. In Betreff des Vollmachtsstempels cf. auch Erk. d. OTrib. v. 17. Mai u. 1. Oct. 1858. (G.A. II. S. 548. VII. S. 89.)

10. Der Lauf der Verjährung für Stempelcontraventionen beginnt mit Ablauf der 14tägigen Frist, welche zur Nachcassation des Stempels gestattet ist, nicht schon mit dem Tage der Ausstellung oder Ausfertigung der stempelpflichtigen Urkunde oder Verhandlung.

Erk. d. OTrib. v. 6. Mai 1858. Sen. f. Straff. II. (G.A. VI. S. 566.) cf. Erk. d. OTrib. v. 16. Oct. 1856 (G.A. V. S. 86) zu §. 22.

11. Bei factischer Unmöglichkeit, den Stempel innerhalb 14 Tagen beizubringen, ist die unterlassene Beibringung straflos.

Erk. d. OTrib. v. 1. Oct. 1857. Sen. f. Straff. I. (G.A. V. S. 841.)

12. In Betreff der innerhalb 14 Tagen nach ihrer Errichtung dem Richter oder Notar zur Vollziehung präsentirten, noch ungestempelten aber stempelpflichtigen Punctationen cf. d. Erk. d. OTrib. vom 7. März 1860 (G.A. VIII. S. 399) zur K.O. v. 24. November 1835. (v. K., Jahrb. Bd. 46. S. 560.)

13. (Zu §. 13.) Zweiseitige Verträge, welche in zwei, nur von je Einem der Contraheuten unterschriebenen Exemplaren abgefaßt sind, stellen nur einen Contract dar, und stehen daher nicht zu einander in dem Verhältnisse von Haupt- und Nebenexemplar.

Erk. d. OTrib. v. 3. Oct. 1856. Sen. f. Straff. I. (G.A. IV. S. 820.)

14. (Zu §. 16.) Beim Mangel ausdrücklicher Bestimmungen über die Entrichtung des Erbschaftsstempels in einem Erbschaftsvertrage liegt dieselbe dem Erbschaftskäufer ob und kann der Verkäufer, wenn er nach Abschluß des Vertrages den Erbschaftsstempel dem Fiscus hat entrichten müssen, von dem Käufer die Erstattung fordern.

Erk. d. OTrib. v. 7. Juni 1847. (Präj.-Samml. I. S. 343.)

15. (Zu §. 20.) cf. die Noten zur K.O. vom 3. Januar 1830. (G.S. S. 9.)

16. Die Worte: „und ehe damit ein Geschäft gemacht oder Zahlung darauf geleistet wird", beziehen sich sowohl auf inländische als auf ausländische gezogene Wechsel, und mit dieser Einschränkung ist auch die im zweiten Absatze jedem inländischen Inhaber eines noch nicht gestempelten Wechsels auferlegte Verpflichtung, denselben zur Stempelung vorzulegen, zu verstehen.

Erk. d. OTrib. vom 31. Oct. 1855 und 3. Oct. 1856. (G.A. IV. S. 228. 821.) Früher contra: Rescr. d. Fin. Min. v. 28. Aug. 1832. (Schmidt, Comment. zu §. 20a. Anm. 3.)

17. Ein im Auslande mit dem Wechsel gemachtes Geschäft kommt nicht in Betracht, sollte es auch von einem Inländer gemacht sein.

Erk. d. OTrib. v. 6. Jan. 1860. (B.A. V. S. 66.)

18. Die Vorzeigung des Wechsels an den Aussteller, um sich über

dessen Unterschrift Gewißheit zu verschaffen, sowie die Aufforderung zur Zahlung, stellt kein Geschäft im Sinne des §. 20. dar.

Erk. d. OTrib. vom 24. October 1856. Sen. f. Straff. I. (St.A. XXII. S. 263. Rechtsgrundf. II. S. 448.)

19. Ein auf dem Wechsel gesetztes Indossament, ohne daß dasselbe dem Indossator übergeben worden, gilt nicht für ein mit dem Wechsel gemachtes Geschäft.

Erk. d. OTrib. v. 5. Jan. 1843. (Präj.-Samml. I. S. 343.)

20. Gezogene, an eigene Order gestellte Wechsel sind durch die bloße Ausstellung derselben dem Wechselstempel nicht unterworfen. Die Verpflichtung, solche Wechsel zur Stempelung vorzulegen, tritt vielmehr erst nach deren Acceptation ein. Eine Stempelcontravention ist daher nicht vorhanden, wenn der Aussteller eines solchen Wechsels denselben sofort nach dessen Acceptation zur Stempelung vorgelegt hat.

Erk. d. OTrib. v. 20. Febr. 1850. (Entsch. Bd. 22. S. 80.)

21. Der Aussteller eines auf eigene Order gezogenen Wechsels ist, nachdem er die versendete Tratte mit dem Accept zurückerhalten hat, zur Vorlegung des Wechsels behufs seiner Stempelung erst dann verpflichtet, wenn er bereits ein Giro ausgestellt hat.

Erk. d. OTrib. v. 30. Oct. 1855. Sen. f. Straff. I. (G.A. IV. S. 228.) Sic: Rescr. d. Fin. Min. vom 24. Dez. 1841 (M.Bl. d. i. V. 1842. S. 38): Es ist nachzulassen, daß ein trassirter Wechsel an eigene Order, so lange er mit dem Giro des Ausstellers nicht versehen ist, vor der Stempelung dem Bezogenen zur Acceptation vorgelegt werden darf, mit der Maßgabe, daß der Bezogene auf seine Gefahr acceptirt und vor der Wechselstrafe nicht geschützt ist, wenn der Aussteller den Wechsel nicht stempeln läßt. Auch ist es dem Aussteller gestattet, durch sein Giro den Eigenthümer des Wechsels zu bezeichnen, und erst, wenn dies geschehen, vorausgesetzt, daß der Wechsel noch in seinen Händen geblieben ist, diesen zur Stempelung vorzulegen.

22. Auch durch die Versendung eines auf fremde Order gezogenen Wechsels zum Accept wird von dem Aussteller noch kein Geschäft mit dem Wechsel gemacht. Die Stempelung erfolgt vielmehr rechtzeitig, wenn sie der Acceptant, noch ehe er sein Accept auf den Wechsel setzt, bewirkt.

Erk. d. OTrib. vom 3. Juli 1857. Sen. f. Straff. I. (G.A. V. S. 682.) cf. auch Erk. d. OTrib. v. 14. Mai 1857. (B.A. III. S. 12.)

23. Wird ein gezogener Wechsel an den Remittenten ausgeliefert, so ist mit dieser Auslieferung ein Geschäft gemacht, selbst wenn der Wechsel noch nicht acceptirt war, und der Aussteller ist, wenn er vor der Aushändigung des Wechsels diesen nicht zur Stempelung vorgelegt hat, strafbar. Hieran ändert sich nichts, wenn auch erwiesenermaßen die Aushändigung an den Remittenten lediglich mit dem Auftrage des Ausstellers geschehen ist, die Stempelung des Wechsels zu bewirken, und wenn auch der Remittent bei Empfang des Wechsels ausdrücklich erklärt hat, daß er denselben nur zu dem Zwecke der Stempelung annehmen und sich nicht eher als Inhaber betrachten wolle, als bis der Wechsel gestempelt worden.

Erk. d. OTrib. v. 18. Febr. u. 14. Oct. 1857. Sen. f. Straff. I. (G.A. V. S. 256.)

24. Vorstehendes gilt auch bei trockenen Wechseln.

Erk. d. OTrib. v. 24. Febr. 1860. Sen. f. Straff. I. (G.A. VIII. S. 401.)

25. Hat der Aussteller eines gezogenen Wechsels denselben einem Dritten zur Erwirkung der Stempelung übergeben, so bleibt er der Steuerbehörde dafür verantwortlich, daß der Wechsel nicht ungestempelt in die Hände des Remittenten gelangt; wenn daher der Dritte vor Lösung des Stempels den Wechsel dem Remittenten aushändigt, so hat der Aussteller die gesetzliche Stempelstrafe verwirkt.

Erk. d. OTrib. v. 23. April 1858. Sen. f. Straff. I. (J.M.B. S. 198.)

26. Wird ein gezogener Wechsel mit offnem Datum an den Remittenten ausgehändigt, so ist noch kein Wechsel vorhanden und die Verpflichtung zur Stempelung bestand noch nicht zur Zeit der Aushändigung des undatirten Wechsels.

Erk. d. OTrib. v. 3. Oct. 1856. (G.A. IV. S. 821.)

27. Der Acceptant eines Wechsels, auf dem der Aussteller noch nicht vermerkt ist, ist den Wechsel weder vor der Acceptation, noch vor seiner Aushändigung an den Aussteller stempeln zu lassen verpflichtet.

Erk. d. OTrib. v. 15. Juli 1857. Sen. f. Straff. I. (G.A. V. S. 681.)

28. Wenn der Angeklagte in einer gegen ihn wegen Wechselstempel-Contravention eingeleiteten Untersuchung, dem Inhalte des Wechsels entgegen, den Einwand macht, daß der Wechsel zur Zeit, als er den Annahmevermerk daraufsetzte, noch nicht mit der Unterschrift des Ausstellers versehen gewesen sei, so liegt dem Angeklagten ob, diesen Einwand zu beweisen.

Erk. d. OTrib. v. 2. November 1859. Sen. f. Straff. I. (J.M.B. 1860 S. 95.)

29. Eine Anweisung ist stempelpflichtig, wenn sie dem Assignatar ausgehändigt wird, auch vor ihrer Annahme durch den Assignaten.

Erk. d. OTrib. v. 10. Dez. 1858. Sen. f. Straff. I. (G.A. VII. S. 89.)

30. (Zu §. 21.) Wenn Jemand in einer Urkunde zwei von einander ganz unabhängige Bürgschaftserklärungen für verschiedene Hauptschuldner abgiebt, so ist die Stempelsteuer für jede selbständig zu berechnen. Wird daher die rechtzeitige Verwendung verabsäumt, so liegt eine zweimalige Stempeldefraude vor, von welcher jede die gesetzliche Strafe nach sich zieht.

Erk. d. OTrib. vom 20. Oct. 1856 ad c. Sen. f. Straff. II. (J.M.B. S. 350.)

31. Im Falle einer Stempeldefraude darf der Strafrichter nicht auf Nachbringung des tarifmäßigen Stempels erkennen.

Erk. d. OTrib. v. 20. Oct. 1856. Sen. f. Straff. II. (J.M.B. S. 350.) K.O. v. 18. Nov. 1828. (G.S. 1829 S. 16.) Rescr. d. Just.Min. v. 4. Nov. 1835 (v. K., Jahrb. Bd. 46. S. 230.) und 12. Mai 1853 (J.M.B. S. 190.).

32. (Zu §. 22.) Der §. 22. findet auf Wechsel keine Anwendung.

Erk. d. OTrib. vom 24. October 1856. (St.A. XXII. S. 263. Rechtsgrunds. II. S. 448.)

33. Unter dem „Inhaber" der Urkunde ist hier nicht jeglicher Inhaber im Sinne der §§. 1. 2. I. 7. A. L.R. zu verstehen, sondern nur derjenige, dessen Interesse der Gegenstand der fraglichen Urkunde ist, welchem z. B. wegen dieses Interesses die Urkunde ausgehändigt, oder welchem sie von dem Berechtigten zu eigener Verfügung ausgeantwortet ist. Es kann daher auch der Vertreter einer Partei, in dessen Gewahrsam eine stempelpflichtige Urkunde gelangt ist, und der dieselbe Namens der Partei producirt, nicht wegen Stempelcontravention verfolgt werden.

Erk. d. OTrib. v. 20. Juni 1855. (G.A. III. S. 689.) K.O. v. 24. Febr. 1830. (v. K., Jahrb. Bd. 35. S. 296.)

34. Die Verpflichtung zur Verwendung des gesetzlichen Vertragsstempels als eines Urkundenstempels liegt denjenigen ob, welche eine Schrift durch ihre Unterschrift zum stempelpflichtigen Vertrage machen, d. h.: also dem Bevollmächtigten und nicht dem Vollmachtgeber, wenn jener für diesen den Vertrag abschließt und vollzieht.

Erk. d. OTrib. vom 20. Oct. 1856 ad b. Sen. f. Straff. II. (J.M.B. S. 350.)

35. Der Umstand, daß bei mehrseitigen Verträgen mehrere Individuen zusammen einen Contrahenten bilden, kann keine Veranlassung geben, bei unterlassener Stempelverwendung, von einem Jeden besonders die ganze Stempelstrafe zu fordern, und haften dieselben nur solidarisch für den einfachen Betrag derselben.

Erk. d. OTrib. v. 22. Juni 1848. (Präj.-Samml. I. S. 343. Entsch. Bd. 16. S. 506.)

36. Auch wenn bei einseitigen Verträgen, Verpflichtungen oder Erklärungen (z. B. bei Wechseln) mehrere gemeinschaftliche Aussteller vorhanden sind, welche gewissermaßen nur eine Person bilden, greift der vorstehende in d. Erk. d. OTrib. v. 22. Juni 1848 (Präj.-Samml. I. S. 343. Entsch. Bd. 16. S. 506.) ausgesprochene Grundsatz Platz.

Erk. d. OTrib. vom 11. März 1857. Sen. f. Straff. I. (G.A. V. S. 545.)

37. Wegen Nichtgebrauchs des Stempels zu einem mehrseitigen Vertrage kann der Gesammtbetrag der von allen Theilnehmern verwirkten Stempelstrafe gegen den Inhaber oder Vorzeiger des Vertrags im Strafverfahren verfolgt werden.

Erk. d. OTrib. v. 10. Mai 1855. Sen. f. Straff. II. Präj. 156. (Entsch. Bd. 30. S. 472. Bd. 31. S. 295. G.A. III. S. 690. Präj.-Samml. II. S. 127. J.M.B. S. 248. B.A. II. S. 79.)

38. Nach §. 22. sind zwar alle Theilnehmer des Vertrags und Jeder derselben besonders in die ganze Stempelstrafe verfallen, dergestalt, daß sie dieselbe nicht gemeinschaftlich zu entrichten haben, sondern Jeder von ihnen besonders den vierfachen Betrag des umgangenen Stempels als Strafe verwirkt hat; — das Gesetz schreibt aber nicht vor, daß jeder Contrahent diesen vierfachen Betrag sovielmal, als Theilnehmer des Vertrags vorhanden sind, entrichten oder auch nur subsidiarisch für die von den Mitcontrahenten verwirkte Strafe haften oder dieselbe, insofern er nicht Producent ist, auch nur vorschießen soll.

Erk. d. OTrib. v. 5. Oct. 1859. Sen. f. Straff. I. (G.A. VII. S. 810.)

39. Der Ehemann, welcher zu einem Vertrage seiner Ehefrau

seine maritalische schriftliche Genehmigung gegeben hat, ist als Theilnehmer oder Mitcontrahent im Sinne des §. 22. nicht anzusehen.

Erk. d. OTrib. v. 29. Juni 1855. (G.A. III. S. 690. B.A. I. S. 19.)

40. Durch die Vorschrift des §. 22., daß der Miether während der ganzen Miethszeit gehalten sein soll, sein mit dem erforderlichen Stempel versehenes Exemplar des Vertrags auf Erfordern vorzulegen, ist keineswegs angedeutet, daß in Beziehung auf die Stempelcontraventionen eine Aenderung der allgemeinen Vorschriften über die Verjährung strafbarer Handlungen beabsichtigt und namentlich bezweckt worden sei, daß die Stempelcontraventionen ohne Unterschied während der ganzen Dauer der Miethszeit sollen verfolgt werden können; die Verjährung beginnt vielmehr mit Ablauf der 14tägigen Frist. (§. 12.)

Erk. d. OTrib. vom 16. Oct. 1856. Sen. f. Straff. II. (G.A. V. S. 86.) cf. Erk. d. OTrib. v. 6. Mai 1858 (G.A. V. S. 566) zu §. 12.

41. (Zu §. 26.) Für die Stempelpflichtigkeit eines Wechsels entscheidet nur der Inhalt der Schrift, ohne Rücksicht darauf, ob das Wechselgeschäft zur Ausführung gelangen kann, oder nicht. Darum ist auch derjenige Wechsel stempelpflichtig, welcher von einem unter väterlicher Gewalt stehenden Aussteller herrührt, ohne daß dieser Umstand aus dem Wechsel selbst erhellt.

Erk. d. OTrib. vom 13. Mai 1859. Sen. f. Straff. I. (J.M.B. S. 236. G.A. VII. S. 528.) cf. Erk. d. OTrib. vom 9. März 1857 (Entscheid. Bd. 36. S. 430.) zu §§. 4 ff. contra: in Bezug auf Verträge das Rescr. d. Fin. Minist. vom 1. Juli 1839. (Schmidt, Commentar zum Tarif: „Verträge“. Anm. 3.)

42. Der §. 26. erklärt den Indossator eines Wechsels als solchen nicht für die Stempelstrafe verhaftet.

Erk. d. OTrib. vom 24. Oct. 1856. Sen. f. Straff. I. (St.A. XXII. S. 263. Rechtsgrundf. II. S. 448.)

43. Die Strafbestimmung der K.O. vom 3. Jan. 1830 Nr. 4. (G.S. S. 9.), nach welcher Steuercontraventionen bei trocknen Wechseln wie bisher mit dem 4fachen Werth des zu wenig verwendeten Stempels bestraft werden sollen, ist durch das Ges. v. 26. Mai 1822 (G.S. S. 299.) aufgehoben und es findet auf Contraventionen bei trocknen Wechseln die im §. 26. enthaltene Strafbestimmung auch in Betreff der Höhe der Strafe Anwendung.

Erk. d. OTrib. v. 26. Jan. 1857. Sen. f. Straff. Plen. Präj. 226. (Entscheid. Bd. 35. S. 255. G.A. V. S. 544. J.M.B. S. 67.) Früher contra: Erk. d. OTrib. v. 14. Febr. 1855. Sen. f. Straff. I. Präj. 196. (Entsch. Bd. 31. S. 477. G.A. IV. S. 230.) Dasselbe gilt bei Anweisungen. Erk. d. OTrib. v. 2. Oct. 1856. Sen. f. Straff. II. Präj. 212. (Entsch. Bd. 33. S. 480.)

44. (Zu §. 31.) In Betreff des Verfahrens bei Contraventionen cf. die Noten zu §§. 91 ff. d. SteuerOrdn. v. 8. Febr. 1819 (G.S. S. 102.), namentlich auch das Rescr. d. General-Steuerdirectors vom 3. Aug. 1852. (M.Bl. d. i. V. S. 244.)

45. (Zu dem Stempeltarif: „Gesinde-Entlassungsscheine“.). Das Kammergericht hält diese Bestimmung in Folge der Verordnung v. 29. Sept. 1816 (G.S. S. 467.) wegen Einführung der

Gesindebücher für aufgehoben und folglich, besondere, nicht in den Gesindebüchern ausgestellte, Entlassungsscheine für nichtstempelpflichtig. Anderer Meinung ist der General-Steuerdirector. (B.A. I. S. 4.)

46. („Kauf- und Lieferungsverträge".) Die Verpflichtung zur Verwendung des Kaufstempels entsteht mit der Leistung eines an sich zu Recht bestehenden Kaufcontracts, ganz abgesehen davon, ob die Contrahenten rechtlich im Stande sind, den Contract zu erfüllen.

Erk. d. OTrib. vom 20. October 1856 ad a. Sen. f. Straff. II. (J.M.B. S. 350.)

47. Diese Bestimmung setzt voraus, daß eine von beiden Seiten vollzogene, die beiderseitigen Rechte und Pflichten regulirende Schrift vorhanden sei, und bleibt da ausgeschlossen, wo bloß einseitige Anerkenntnisse vorliegen, welche den Einwand der unterbliebenen Abfassung eines schriftlichen Vertrags nur ausschließen.

Erk. d. OTrib. vom 23. März 1839. (Präj.-Samml. I. S. 344.) cf. K.O. v. 30. April 1847. (G.S. S. 201.)

48. Es reicht zur Gültigkeit eines zweiseitigen schriftlichen und in zwei Exemplaren ausgefertigten Vertrages hin, wenn jeder Contrahent nur dasjenige unterschreibt, welches der andere Theil übergeben erhält. Doppelt ausgestellte s. g. Schlußscheine über die Lieferung von Staatsschuldpapieren, von denen das eine Seitens des Käufers unterschriebene Exemplar dem Verkäufer, das andere Seitens des Letzteren unterschriebene Exemplar dem Käufer eingehändigt werden, unterliegen der für Lieferungs- und Kaufsverträge über bewegliche Sachen vorgeschriebenen Stempelsteuer.

Erk. d. OTrib. vom 2. Sept. 1839. Plen. (Entsch. Bd. 5. S. 30. Präj.-Samml. I. S. 344.) cf. K.O. v. 30. April 1847. (G.S. S. 201.)

49. Der geringe Procentsatz des Stempels nach d. K.O. vom 30. April 1847 (G.S. S. 201.) ist davon nicht abhängig, daß die Sache ganz in der nämlichen Beschaffenheit weiter verkauft werden soll, und unterscheidet die cit. K.O. keineswegs zwischen primitiven Kaufgeschäften, aus denen sich der Waaren- und kaufmännische Verkehr erst weiterhin durch Verarbeitung der erkauften Gegenstände entwickeln soll, und andern Kaufgeschäften.

Erk. d. OTrib. v. 26. Sept. 1856. Sen. f. Straff. I. (G.A. IV. S. 822.)

50. cf. d. Erk. d. OTrib. v. 14. April 1859 (Entsch. Bd. 42. S. 106.*) bei der Position: „Verträge".

51. („Punctationen".) cf. die Noten zu d. K.O. v. 19. Juni 1834 (G.S. S. 81.) und K.O. v. 24. Nov. 1835 (v. K., Jahrb. Bd. 46. S. 560).

52. („Schenkungen".) Bei Schenkungen unter Lebenden ist die Schenkungsurkunde stempelpflichtig. Es kommen daher wegen Entrichtung der Stempelsteuer durch Verbrauch des tarifmäßigen Stempels zur Urkunde, resp. durch Nachbringung desselben innerhalb 14 Tagen und wegen Einziehung der event. Stempelstrafe die §§. 21. 22. zur Anwendung. Die Vorschrift der §§. 16—18. wegen Erhebung und Controlirung des Erbschaftsstempels und der §. 25. wegen der durch unterlassene

Anmeldung einer angefallenen stempelpflichtigen Erbschaft, Schenkung oder eines Vermächtnisses innerhalb der in §. 17. bestimmten Frist verwirkten Stempelstrafe des doppelten Betrages des Erbschaftsstempels können auf Schenkungen unter Lebenden und auf die über solche Schenkungen ausgestellten Urkunden nicht angewendet werden.

Erk. d. OTrib. v. 15. Oct. 1839. (Präj.-Samml. I. S. 344.)

53. („Verträge".) Zweiseitige aber nur von einem Theile unterschriebene Verträge sind nicht stempelpflichtig.

Erk. d. OTrib. v. 29. Juni 1855. (G.A. III. S. 688. B.A. I. S. 21.)

54. Im Falle, daß einer der Contrahenten Analphabet ist, ist die Stempelstrafe unzulässig.

Erk. d. OTrib. vom 19. Oct. 1855. Sen. f. Straff. I. (G.A. IV. S. 230. Entsch. Bd. 31. S. 300.) und Erk. d. OTrib. ohne Datum. (G.A. V. S. 842.) cf. zur K.O. v. 19. Juni 1834 (G.S. S. 81.) Note 1.

55. In Beziehung auf Verträge, welche der Genehmigung eines Dritten bedürfen, läßt sich, wenn diese Genehmigung versagt wird, kein Anspruch auf Entrichtung eines Vertragsstempels begründen.

Rescr. d. Fin.-Min. vom 1. Juli 1839. (Schmidt, Commentar. Tarif: Verträge. Anm. 3.) cf. d. Erk. d. OTrib. vom 9 März 1857 (Entsch. Bd. 30. S. 430.) zu §§. 4 ff. und d. Erk. d. OTrib. v. 13. Mai 1859 (J.M.B. S. 236.) zu §. 26.

56. Dadurch, daß ein stempelpflichtiger Vertrag innerhalb der 14tägigen Frist (§. 12.) wieder aufgehoben wird, wird seine Stempelpflichtigkeit nicht beseitigt.

57. Zu einem Bauvertrage, worin der Baumeister auch die Lieferung der Materialien übernimmt, darf neben dem allgemeinen Vertragsstempel nicht noch der Stempel für „Lieferungsverträge" verwendet werden, da nur ein Vertrag „über ein verdungenes Werk" (§§. 925. 926. 981 ff. I. 11. A. L.R.) vorliegt.

Erk. d. OTrib. vom 14. April 1859. Sen. f. Straff. I. (Entsch. Bd. 42. S. 105.*) contra: Rescr. d. Fin. Min. v. 25. Juni und 8. Nov. 1822 und 12. Juli 1834. (Schmidt's Comment. I. S. 30. Anm. 33 ff. II. Nr. 49 ff.)

58. cf. auch die Noten zu §. 13. §. 22. und zu der Position „Kauf- und Lieferungsverträge" des Tarifs.

59. („Vollmachten".) Vollmachten sind in Untersuchungen jederzeit, selbst wenn die Strafe unter 50 Thlrn. ist, stempelpflichtig.

Erk. d. OTrib. v. 17. Mai und 1. Oct. 1858. Sen. f. Straff. I. (G.A. VI. S. 518. VII. S. 89.)

60. cf. d. Erk. d. OTrib. v. 7. Nov. 1855 (G.A. IV. S. 227.) und v. 10. Dez. 1856 (G.A. V. S. 255.) zu §. 12.

## XXVIII. K.O. vom 10. Jan. 1824, die Erhebung der Maischbottichsteuer betreffend. (v. K., Ann. Bd. 8. S. 48. Jahrb. Bd. 23. S. 95.)

1. (Zu Nr. 1.) Als Grundlage der Berechnung der Defraudationsstrafe ist, dem Princip der Besteuerung gemäß, der Rauminhalt des gemißbrauchten Gefäßes, nicht das Quantum der defraudirten Maische anzunehmen.

Erk. d. OTrib. v. 9. April 1856 und v. 7. Oct. 1859. Sen. f. Straff. I. (G.A. VII. S. 816.)

2. (Zu Nr. 5.) Die Einmaischung zu einer andern als der im §. 32. der Steuerordnung v. 8. Febr. 1819 vorgeschriebenen Zeit wird nicht mehr mit der hohen Strafe des §. 11. Abs. 4. des Regul. vom 1. Dezbr. 1820 belegt, weil die K.O. v. 10. Jan. 1824 Nr. 5. die Einmaischung außer der gesetzlichen Tageszeit nicht mit Strafe bedroht, und insofern das interimistische Regulativ abgeändert hat.

Erk. d. OTrib. v. 27. April 1855. Sen. f. Straff. I. Präj. 155. (G.A. III. S. 558. Entsch. Bd. 31. S. 292.)

3. Zur Anwendung dieser Strafbestimmung (Nr. 5.) ist erforderlich, daß die Einmaischung zum Zwecke einer gewerbsmäßigen Branntweingewinnung geschieht (nicht etwa bloß versuchsweise bei landwirthschaftlich-chemischen Experimenten).

Erk. d. OTrib. v. 13. Juli 1855. (G.A. III. S. 684.)

4. Das Auffangen reifer (nicht übergegohrner) Maische in nicht declarirte Gefäße ist nicht strafbar.

Erk. d. OTrib. v. 26. Oct. 1855. Sen. f. Straff. I. (G.A. III. S. 824.)

5. Das Abschöpfen gährender Maische in ein dazu nicht declarirtes Nebengefäß ist als Contravention mit der in der K.O. v. 10. Jan. 1824 bestimmten Strafe von 100 Thlrn. zu belegen, außerdem aber kann die Defraudationsstrafe (§. 11. d. Reg. v. 1. Dezbr. 1820 und §. 60. der Steuerordnung) dann verwirkt sein, wenn die während des Gährens abgeschöpfte Maische nach der Gährung wieder in den Hauptbottich geschüttet und dadurch der steuerbare Maischraum zum Nachtheil der Steuer vermehrt wird.

Rescr. d. Fin.Min. v. 12. April 1838. (v. K., Ann. Bd. 12. S. 328.)

6. Das Verstopfen eines Abzugslochs während der Zeit des Uebergährens der Maische ist als ein Ansammeln der Maische in einem nicht declarirten Gefäße zu betrachten; auf eine strafbare Absicht kommt es hierbei, wenn es sich nur um eine Contravention, nicht aber um die gesetzliche Defraudationsstrafe handelt, gar nicht an.

Erk. d. OTrib. v. 22. Jan. 1858. Sen. f. Straff. I. (G.A. VI. S. 263.)

7. Die Vermehrung des Rauminhalts der Gefäße kann nicht bloß durch Hinstellung anderer als der declarirten geschehen, sondern auch durch bewegliche und unbewegliche Vorrichtungen an den zur Einmaischung angesagten Gefäßen, wenn dieselben geeignet sind, die in Zubereitung begriffene Maische aufzunehmen, (z. B. durch Auflegung besonderer Aufsatz-

hölzer auf die in einem declarirten Bottich in Gährung befindliche Maische). Eine solche Vorrichtung bildet im Sinne der Nr. 5. ein „Gefäß" und wenn sie unangesagt zur Einmaischung benutzt wird, so ist die Nr. 5. erfolgt. — Ist aber durch jene Vorrichtung das Ueberlaufen der gährenden Maische nicht gehindert und auf das freie Ueberfließen der Maische ganz einflußlos gewesen, so kann keine Strafe eintreten, da alsdann die Zubereitung der Maische in einem andern Gefäße als dem angesagten nicht erfolgt ist.

Erk. d. OTrib. v. 21. April 1858. Sen. f. Strafs. I. (G.A. VI. S. 413.)
Erk. d. OTrib. v. 18. Novbr. 1859. Sen. f. Strafs. I. (G.A. VIII. S. 107.)

8. a. Ist eine Maischsteuer-Contravention im Sinne der Nr. 5. auch dann vorhanden, wenn die in der Zubereitung begriffene, aus angemeldeten Gefäßen überfließende Maische auf dem Fußboden des declarirten Raumes aufgefangen wird?

b. Sind unter den „Gefäßen" alle nicht angemeldeten beweglichen oder unbeweglichen Vorrichtungen zu verstehen, die geeignet sind, gährende Maische aus declarirten Behältnissen aufzusammeln und festzuhalten?

Erk. d. OTrib. v. 29. Jan. 1858. Sen. f. Strafs. I. (Entscheid. Bd. 37. S. 52. *.)

9. Das Zugießen von Wasser in den eingemaischten und noch in steigender Gährung befindlichen Bottich ist nicht bloß als eine Fortsetzung der Maischbereitung, sondern als neue Maischbereitung, die der Steuerbehörde nicht angesagt war, zu betrachten, und ist es hiebei nach der Natur der Maischbottich-Steuer gleichgiltig, ob durch das Zugießen des Wassers mehr Alcohol gewonnen und ob der zur Entwicklung der Maische gestattete Steigeraum im Bottich dadurch überstiegen wird. (Es versteht sich übrigens von selbst, daß die Steuerbehörde in einzelnen Fällen das Zugießen von Wasser gestatten kann, wenn das Steuerinteresse nicht gefährdet ist, weil es sich hier nur um eine Controlvorschrift handelt.)

Erk. d. OTrib. v. 28. Jan. 1859. Sen. f. Strafs. I. (G.A. VII. S. 230.)

10. Die Strafbestimmung bei Nr. 5. findet auch auf Hefengefäße Anwendung, wenn dieselben an andern Tagen, als den declarirten, im Betriebe gefunden werden.

Rescr. vom 20. Februar 1838. (Schimmelfennig, indirecte Steuern S. 725. 2. g.)

11. Wenn in einem declarirten Bottich durch Auflegen von Hölzern ein nicht declarirter Raum hinzugefügt ist, so ist die Confiscation auch dieses declarirten Bottichs auszusprechen.

Erk. d. OTrib. v. 4. Febr. 1857. Sen. f. Strafs. I. (G.A. V. S. 260.)

12. Ueber die Confiscation der Geräthe, welche dem Defraudanten nicht gehören, cf. G.A. II. S. 544.

13. a. Die in der K.O. v. 10. Jan. 1825 Nr. 5. auf die nicht angesagte, oder in andern Tagen, in andern Räumen, oder in andern Gefäßen vorgenommene Einmaischung angeordnete Geldbuße von 100 Thalern ist, wenn eine Einmaischung gleichzeitig mehrere der vorbezeichneten Contraventionen enthält, nur einmal, wenn aber zu verschiede-

nen Zeiten mehrere Einmaischungen stattgefunden haben, auch jede derselben besonders verwirkt.

b. Mehrere als Thäter oder Anstifter an Einer und derselben ordnungswidrigen Einmaischung Betheiligte sind nur in den einmaligen Betrag der Strafe von 100 Thlrn. gemeinschaftlich zu gleichen Theilen und solidarisch verfallen, so daß zwar gegen den Einzelnen der ganze Betrag verfolgt werden kann, solange und soweit dieser von den Andern nicht erlegt ist, bei gleichzeitiger Verfolgung gegen Alle dieselben aber nur zur gemeinschaftlichen Erlegung zu gleichen Theilen und mit solidarischer Haft zu verurtheilen sind.

Erk. d. OTrib. v. 12. Nov. 1855. Sen. f. Straff. Plen. Präj. 189 u. 190. (Entsch. Bd. 31. S. 326.) cf. in Bezug der Entscheidung ad b. das Erk. d. OTrib. v. 19. Octbr. 1854. (G.A. III. S. 126. Entscheid. Bd. 29. S. 425.) Rescr. v. 12. Septbr. 1838. (Schimmelfennig, indirecte Steuern S. 721. d.)

14. Die im §. 38. der Steuerordnung ausgesprochene Verpflichtung der Gewerbtreibenden, für die von ihrem Gesinde, ihren Dienern, Gewerbgehilfen und im Hause befindlichen Angehörigen verwirkten Geldstrafen mit ihrem Vermögen zu haften, erstreckt sich nicht bloß auf die Defraudationsstrafen, sondern auch auf die Contraventionsstrafen. Es muß demnach der Besitzer einer Brennerei für die von seinem Brenner nach Nr. 5. verwirkte Geldstrafe subsidiarisch haften.

Erk. d. OTrib. v. 16. Octbr. 1843. (Präj.-Samml. I. S. 334.) Erk. d. OTrib. v. 25. Mai 1857. Sen. f. Straff. Plen. Präj. 838. (Entsch. Bd. 36. S. 443. G.A. V. S. 531. J.M.B. S. 275.)

15. Die im §. 83. der Steuerordnung und in §. 19. des Zollstrafgesetzes angeordnete subsidiarische Verhaftung der Gewerbtreibenden für die bei der Ausübung ihres Gewerbes von ihrem Gesinde u. s. w. verwirkten Steuer- oder Zolldefraudationsstrafen findet auch alsdann statt, wenn der Gewerbtreibende als Anstifter der verübten Defraudation zu eigener Strafe verurtheilt ist.

Erk. d. OTrib. v. 12. Novbr. 1855. Sen. f. Straff. Plen. Präj. 191. (Entsch. Bd. 31. S. 326. G.A. IV. S. 238.) Früher contra: Erk. d. OTrib. v. 19. Octbr. 1854. (G.A. III. S. 126. Entscheid. Bd. 29. S. 425.)

## XXIX. K.O. v. 10. Jan. 1824, die Erhebung der Brausteuer betreffend. (v. K., Ann. Bd. 8. S. 50. Jahrb. Bd. 23. S. 97.)

1. (Zu Nr. 1.) Bei vorgefundenem Malzschrot wird ein Quantum bis auf 5 % von dem versteuerten Quanto straffrei gelassen, doch muß unter allen Umständen das bemerkte Uebergewicht nachversteuert werden.

Rescr. bei Schimmelfennig, indir. Steuern S. 475. Nr. 103.

2. Die Bestimmung in Nr. 1., wonach alles Malzschrot, welches sich bei einem Brauer über das zur Einmaischung längstens für den fol-

genden Tag declarirte und versteuerte Quantum vorfindet, als Gegenstand einer beabsichtigten Defraude angesehen werden soll, ist dahin zu deuten, daß das Mehrquantum als ein solches anzusehen sei, von welchem die Steuer defraudirt ist, und zwar unter Ausschluß des Gegenbeweises; es bedarf daher eines Nachweises der Absicht: die Steuer zu verkürzen, nicht.

Hat außerdem die Aufbewahrung an einem undeclarirten Orte stattgefunden, so greift gleichzeitig die Ordnungsstrafe von 1 Thlr. pro Centner statt.

Erk. d. OTrib. v. 12. März 1857. Sen. f. Straff. II. (J.M.B. S. 154.)

3. Der in Nr. 1. ausgesprochenen gesetzlichen Präsumtion, einer praesumtio iuris et de iure, kann sich der Brauer, gegen den sie gerichtet ist, nicht dadurch entziehen, daß er während der Zeit, wo ihm die Sorge dafür oblag, daß nicht gegen die hier in Nr. 1. vorgeschriebenen Bestimmungen gefehlt werde, anderweiter Beschäftigung nachgeht oder abwesend ist. Auf eine bei der hier gedachten Contravention beizumessende strafbare Absicht kommt es nicht an.

Erk. d. OTrib. v. 20. Jan. 1859. Sen. f. Straff. II. (G.A. VII. S. 535.)

## XXX. Regulativ über den Gewerbsbetrieb im Umherziehen und insbesondere das Hausiren, vom 28. April 1824. (G.S. S. 125.)

1. (Zu §. 1.) Zum „Feilbieten" einer Waare behufs des Absatzes derselben gehört es wesentlich, daß deren Inhaber durch Worte, verständliche Zeichen oder ein die Aufmerksamkeit der Käufer absichtlich erregendes Benehmen dieselben zur Abnahme auffordert. Das bloße Feilbieten durch vorangehende Anfrage der Käufer ist nicht für Feilbieten zu achten.

Erk. d. OTrib. v. 14. Mai 1838. (Präj.-Samml. I. S. 321. 347.)

2. (Zu §§. 1. 2. 5. 26.) Um die §. 26. festgesetzte Strafe zu verhängen, ist erforderlich, daß mit dem Verkauf der herumgetragenen Waaren ein Gewerbebetrieb beabsichtigt und angefangen sei, und es ist in jedem einzelnen Falle nach den factischen Umständen zu beurtheilen, ob dies der Fall sei, oder nicht.

Erk. d. OTrib. v. 2. Octbr. 1843. (Präj.-Samml. I. S. 347.)

3. Dasselbe gilt im Falle des §. 5., wo nicht bloß ein mit der Absicht, Waarenbestellungen zu suchen, stattgehabtes Umherreisen den Thatbestand der Contravention herstellt, sondern es jedesmal auf die Umstände ankommt, ob wirklich der Gewerbetrieb angefangen ist.

Erk. d. OTrib. v. 11. Nov. 1858. Sen. f. Straff. II. (G.A. VII. S. 85.)

4. (Zu §. 2.) Zum Begriff einer Bestellung von Waaren gehört, daß die zu liefernde Sache vom Käufer zuvor individuell bestimmt worden ist. Liegt eine vorgängige Bestellung in diesem Sinne nicht vor, so bedarf der Verkäufer, dem §. 2. gemäß, eines Gewerbescheins.

Erk. d. OTrib. v. 9. Novbr. 1844. (Präj.-Samml. I. S. 348.)

5. (Zu §. 3.) Für den Thatbestand der Aufkäuferei im Umherziehen ist es unerheblich, ob der Aufkäufer sich dabei auch dritter Personen bedient hat, oder nicht.

Erk. d. OTrib. v. 7. April 1853. (Lanz, Präj. S. 246. Nr. 4.)

6. Unter dem im §. 3. genannten Polizeibezirk ist derjenige Bezirk zu verstehen, auf welchen die Polizeigewalt der nämlichen Behörde beschränkt ist, und dies ist am Wohnorte der Gewerbetreibenden die Ortspolizeibehörde.

Rescr. d. Min. d. Inn. u. d. Fin. v. 28. Juni 1830. (v. K., Ann. Bd. 14. S. 417.)

7. Die Bestimmung des §. 3. findet auch Anwendung auf das Umhertragen selbstverfertigter Waaren zum Verkauf in dem Wohnorte des Gewerbetreibenden.

Erk. d. OTrib. v. 13. Febr. 1857. Sen. f. Straff. I. (J.M.B. S. 131. G.A. V. S. 260.)

8. (Zu §§. 3. 4. 26.) Ueber die Ausdehnung der Befugniß zum Aufkauf landwirthschaftlicher Erzeugnisse im Umherziehen ohne Gewerbeschein innerhalb des zweimeiligen Umkreises des Wohnortes vgl. Min.Vf. v. 22. Juli 1830 (v. K., Ann. Bd. 14. S. 609) und Erk. d. OTrib. v. 27. Jan. 1859. Sen. f. Straff. II. (G.A. VII. S. 532.)

9. (Zu §. 4.) Die Beschränkung im ersten Satze des §. 4., nach welchem der steuerfreie Verkauf nur in der Umgegend des Wohnorts des Producenten erfolgen darf, findet auf die im zweiten Satze der §. 4. erwähnten selbstgewonnenen Waaren keine Anwendung.

Erk. d. OTrib. v. 5. Oct. 1859. Sen. f. Straff. I. (G.A. VII. S. 814.)

10. Unter selbstgewonnenen Producten des Bodens sind nicht bloß die zu verstehen, welche der Eigenthümer vermöge seines Eigenthumsrechts unmittelbar dem Boden entnimmt, sondern auch die, welche vermöge einer Berechtigung zur Benutzung des Bodens und seiner Producte der Berechtigte an der Stelle des Eigenthümers unmittelbar sich anzueignen befugt ist.

Erk. d. OTrib. v. 24. Oct. 1843. (Präj.-Samml. I. S. 348.)

11. (Zu §. 5.) Ein schriftstellerisches Werk, welches zum Verkauf bestimmt ist, ist ein Gegenstand des Handels, mithin eine Waare im Sinne des §. 5., und das Sammeln von Subscriptionen auf ein solches Werk zum Zwecke des Absatzes desselben enthält ein Suchen von Waarenbestellungen, wozu der Sammler eines Gewerbescheins bedarf.

Erk. d. OTrib. v. 30. Nov. 1855. Sen. f. Straff. I. (G.A. IV. S. 234.) cf. auch K.O. v. 9. März 1837. (v. K., Annal. Bd. 19. S. 176.)

12. Dadurch, daß die Declar. v. 27. März 1828 (G.S. S. 49.) mit Bezug auf die im §. 5. enthaltene Bestimmung der Gewerbefreiheit derjenigen Inländer, welche Waaren für ihre Fabrication umherreisend aufkaufen, die Berechtigung zum gewerbescheinfreien Betriebe nur auf Gewerbegehilfen und Angehörige des eigentlichen Gewerbetreibenden ausdehnt, sind alle andern Personen davon unmittelbar ausgeschlossen. Einem fremden Bevollmächtigten ist demnach diese Befugniß nicht einzuräumen.

Erk. d. OTrib. v. 24. Oct. 1843. (Präj.-Samml. I. S. 348.)

13. (Zu §. 6.) Ein bloß innerhalb des Wohnorts betriebener gewerblicher Verkehr ist als ein „stehender" zu betrachten, unbeschadet der im §. 3. getroffenen Bestimmung über das Umhertragen zum Verkauf.

Rescr. d. Fin.Min. v. 12. Sept. 1828 u. 24. Febr. 1839. (v. K., Annal. Bd. 12. S. 1079.)

14. Personen, welche ein stehendes Gewerbe treiben, sind nicht gewerbescheinpflichtig, wenn sie zwar im Umherziehen Beschäftigung suchen, jedoch die ihnen dabei aufgetragene Arbeit, nach der Natur ihres Gewerbes, an ihrem Wohnorte verrichten.

Erk. d. OTrib. vom 18. Febr. 1839. (Entsch. Bd. 5. S. 140. J.M.B. S. 108. Präj.-Samml. I. S. 348.)

15. (Zu §. 7.) Für ein Hausiren mit Waaren zum Verkauf ist es nicht anzusehen, wenn ein mit einem Gratis-Gewerbeschein Versehener gegen bei sich führende Seife u. s. w. Lumpen einsammelt.

Erk. d. OTrib. v. 17. Oct. 1836. (Präj.-Samml. I. S. 348.)

16. (Zu §. 14.) Derjenige, welcher Gegenstände des Wochenmarkt-Verkehrs (z. B. Mühlenfabrikate) nur auf solchen Märkten und nicht stehend an seinem Wohnorte feil hält, treibt weder einen gewerbesteuerpflichtigen Handel, im Sinne des Gewerbesteuer-Gesetzes, noch auch Hausirhandel, sollte er auch selbst das Korn, aus welchem das Mehl gemahlen worden, seinerseits (auf Märkten) aufgekauft haben.

Erk. d. OTrib. v. 29. Sept. 1859. Sen. f. Straff. II. (J.M.B. S. 354.)

17. (Zu §. 15.) Nach §. 15. können die Strafbestimmungen der §§. 173. 174. d. Allg. Gew.Ordnung gegen Hausirhändler nicht in Betracht gezogen werden; daher kann durch Erkenntniß die Untersagung des selbständigen Betriebes des Hausirhandels nicht verhängt werden, wenn der Hausirhändler wegen eines den Verlust der Ausübung der bürgerlichen Ehrenrechte nach sich ziehenden Verbrechens oder Vergehens bestraft wird.

Erk. d. OTrib. v. 9. Juli 1858. Sen. f. Straff. I. (Entscheid. Bd. 39. S. 25. *.)

18. (Zu §§. 21. 30.) Für den Fall, daß die Verhaltungsmaßregel des §. 21. übertreten wird, kommt die im §. 30. angedrohte Strafe zur Anwendung.

Erk. d. OTrib. v. 5. Dez. 1855. Sen. f. Straff. I. (G.A. IV. S. 235.)

19. (Zu §. 25.) cf. K.O. vom 8. Dezbr. 1843 (G.S. 1844 S. 15) und Rescr. d. Fin.Min. vom 4. April 1844 (M.Bl. d. i. V. S. 87), wonach Gegenstände, welche nicht bloß vorgezeigt, sondern wirklich verkauft werden, nie als „Proben" oder „Muster", sondern stets als Waaren anzusehen sind.

20. (Zu §§. 26 ff.) Inländer, welche, ohne festen Wohnsitz zu haben, von Markt zu Markt handeln, ohne ihr Gewerbe behufs der Steuerentrichtung anzumelden, verfallen der Strafe des unbefugten Gewerbebetriebs im Umherziehen.

Rescr. d. Min. d. Fin. u. d. Inn. v. 2. Dez. 1830. (v. K., Ann. Bd. 16. S. 830.)

21. Kaufleute und deren Handlungsgehilfen, welche im Umherziehen Waarenbestellungen suchen, ohne sich über die Befugniß dazu durch

einen Gewerbeschein ausweisen zu können, haben, wenn ihnen auch bei gehöriger Meldung der Gewerbeschein steuerfrei zu ertheilen war, doch den vierfachen Betrag des Steuersatzes von 2 Thalern als Strafe zu entrichten und überdies die Confiscation derjenigen Gegenstände verwirkt, die sie wegen ihres Gewerbes bei sich führen.

Erk. d. OTrib. v. 7. März 1837 und v. 26. Aug. 1839. Plen. (Entscheid. Bd. 4. S. 403. J.M.B. S. 315. Präj.-Samml. I. S. 348.)

22. Die Strafbestimmung des §. 26. und sowie solche durch die K.O. v. 31. Dez. 1836 (G.S. 1837 S. 13) modificirt worden, muß jederzeit zur Anwendung kommen, wenn Jemand umherziehend ein Gewerbe treibt, ohne sich über seine Befugniß mittelst eines in seinem Besitze befindlichen Gewerbescheins ausweisen zu können; sollte auch der Gewerbeschein von der Behörde schon ausgefertigt gewesen sein und seiner Aushändigung an den Gewerbetreibenden nichts im Wege gestanden haben.

Erk. d. OTrib. v. 15. Dez. 1838. (Präj.-Samml. I. S. 349.)

23. Die Beschlagnahme von Gegenständen wegen unbefugten Hausirens ist eine polizeiliche Maßregel und daher der Rechtsweg zur Erlangung einer Entschädigung für eine angeblich ungerechtfertigte Beschlagnahme nur in den Fällen gestattet, in welchen der Rechtsweg gegen polizeiliche Verfügungen überhaupt ausnahmsweise zulässig ist.

Erk. d. Compet.-Ger.hofs v. 3. April 1858. (J.M.B. S. 361.)

24. Die Transportmittel, welcher sich Gewerbtreibende zur Fortschaffung der Gegenstände ihres Verkehrs bedienen, können bei Anwendung des Regulativs vom 28. April 1824 nicht als der Confiscation unterworfen angesehen werden.

Rescr. d. Just.Min. vom 26. Juli 1826. (v. K., Jahrb. Bd. 28. S. 112.) cf. Oppenhoff ad §. 19. d. St.G.B.'s.

25. (Zu §. 27.) Der §. 27. ist dahin aufzufassen, daß der mit einem Hausir-Gewerbescheine Versehene keine andern als die concessionirten Gegenstände zum Verkauf herumtragen resp. verkaufen darf; das bloße Mitsichführen nicht concessionirter Gegenstände, ohne die Absicht, sie zu verkaufen, ist straflos.

Erk. d. OTrib. v. 21. April 1858. Sen. f. Straff. I. (G.A. VI. S. 411 u. 551. cf. dagegen Erk. eines Appellationsgerichts ib. S. 552 ff.)

26. (Zu §. 28.) Die in §. 28. ausgesprochene solidarische Haftbarkeit bezieht sich nicht bloß auf die nachzuzahlende Steuer, sondern auch auf die Strafe.

Erk. d. OTrib. v. 6. März 1857. Sen. f. Straff. I. (G.A. V. S. 410.)

27. (Zu §. 30.) Die Ausübung des Gewerbebetriebs im Umherziehen in einem andern Regierungsbezirke, als auf welchen der Gewerbeschein lautet, ist eine nach §§. 21 u. 30. strafbare Polizeicontravention und die in §. 30. bestimmte Ordnungsstrafe, nicht aber die §§. 26—28. kommen auch dann zur Anwendung, wenn der Gewerbebetrieb in einem andern Regierungsbezirke in Verbindung damit, daß der Gewerbeschein zu einem ermäßigten Steuersatze ausgefertigt ist, die Verbindlichkeit zur Nachzahlung von Steuer begründet.

Rescr. d. Min. d. Inn. u. d. Fin. vom 24. März 1840. (M.Bl. d. i. B. S. 177. v. K., Ann. Bd. 18. S. 1101.)

28. Bei dem Betriebe eines Gewerbes im Umherziehen und namentlich des Hausirhandels ohne Gewerbeschein ist nicht die Strafbestimmung der Allg. Gew.Ordn. v. 17. Jan. 1845, vielmehr sind nur die eine Steuerstrafe anordnenden Strafbestimmungen des Regl. v. 26. April 1824 §§. 26—28. anwendbar, und es gelten dabei für das Verfahren die Vorschriften der Artt. 135 ff. des Ges. v. 3. Mai 1852, so daß das Rechtsmittel der Nichtigkeitsbeschwerde zulässig ist.

Erk. d. OTrib. vom 12. März 1855. Sen. f. Straff. Plen. Präj. 144. (Präj.-Samml. II. S. 128. Entsch. Bd. 30. S. 470. Bd. 31. S. 298. G.A. III. S. 252. J.M.B. S. 134.) Früher contra: Erk. d. OTrib. v. 20. Oct. 1854. (G.A. III. S. 125. Entsch. Bd. 29. S. 291.)

## XXXI. K.O. v. 29. April 1824; betreffend die den Stadtgemeinden ertheilte Berechtigung zur Einführung einer Hundesteuer. (v. K., Ann. Bd. 21. S. 225.)

1. Der Magistrat einer Stadt, in welcher nach der K.O. vom 29. April 1824 eine Hundesteuer eingeführt worden, ist zur selbständigen Einlegung von Rechtsmitteln gegen die in Contraventionsfällen dieser Art ergangenen Entscheidungen berechtigt, da sich die Artt. 135 ff. des Ges. v. 3. Mai 1852 auf die Zuwiderhandlungen gegen die Vorschriften über die Erhebung aller öffentlichen, nicht bloß landesherrlichen, Abgaben und Gefälle beziehen.

Erk. d. OTrib. v. 15. Sept. 1858. Sen. f. Straff. I. (Entsch. Bd. 39. S. 105. *.)

## XXXII. K.O. v. 13. Ocbr. 1824, betreffend den durch ein Erkenntniß ausgesprochenen Verlust des Nationalabzeichens und dessen Wirkung im bürgerlichen Verhältniß. (G.S. S. 213.)

1. (Zu Nr. 7.) Diese Bestimmung ist nicht aufgehoben, sondern besteht neben §. 105. d. St.G.B.'s.

Oppenhoff ad §. 105. d. St.G.B.'s Nr. 10.

## XXXIII. Ministerial-Instruction, betreffend das Verfahren der Militär-Aushebungsbehörden, vom 13. April 1825. (Amtsblatt der Regierung zu Düsseldorf Beilage Nr. 44.)

1. Die im §. 31. der Min.Instr. v. 13. April 1825 angedrohte Strafe ist weder als polizeiliches Executionsmittel, noch als militärische Disciplinarstrafe, sondern als eine allgemeine vom Richter zu erkennende

Strafe zu betrachten. — Das Ministerium des Innern war zu dieser Strafandrohung befugt.

Erk. d. OTrib. v. 6. März 1856. Sen. f. Straff. II. (J.M.B. S. 153.)

## XXXIV. Instruction vom 13. April 1825 über das Verfahren bei den Ersatzaushebungen (v. K., Ann. Bd. 9, S. 485).

1. (Zu §§. 31. u. 44.) Zur Festsetzung der hier angedrohten Strafen gegen diejenigen Militärpflichtigen, welche sich bei den Militär-Ersatzaushebungen, ergangener Aufforderung ungeachtet, vor der Kreis-Ersatzcommission oder der Departements-Ersatzcommission nicht stellen, sind die Polizeirichter competent.

Rescr. d. Just.-Min. v. 16. Juni 1851. Circ. Vfg. d. Minist. d. Kriegs u. d. Inn. v. 24. Mai 1851 (J.M.B. S. 226).

## XXXV. K.O. v. 14. Mai 1825, betreffs der Schulzucht in den Provinzen, wo das A. L.R. noch nicht eingeführt ist. (G.S. S. 149.)

1. cf. in Betreff der Competenzfrage der Gerichte im Falle der Ueberschreitung des Züchtigungsrechts zu A. L.R. II. 12. §§. 50—53.

## XXXVI. Instruction für die Oberpräsidenten v. 31. Dez. 1825. (G.S. 1826, S. 1.)

1. (Zu §. 1. Nr. III. §§. 11. u. 12). Vor dem Gesetz v. 11. März 1850 konnten die Oberpräsidenten im Auftrage oder mit besonderer Genehmigung des betreffenden Ministeriums für den ganzen Umfang der Provinz solche allgemeine Verbote und Strafbestimmungen in verbindlicher Weise erlassen, wie es sonst nach §. 11. der Regierungsinstruction vom 23. Oct. 1817 den Regierungen zustand.

Erk. d. OTrib. v. 16. Juli 1857. Sen. f. Straff. II. (J.M.B. S. 378. G.A. V. S. 687.)

2. cf. Erk. d. OTrib. v. 28. April 1853 (J.M.B. S. 251) zur Instruction für die Regierungen v. 23. Oct. 1817. (G.S. S. 254.)

## XXXVII. K.O. v. 24. Juli 1826, betreffs der öffentlichen Gültigkeit der ausschließlich durch die Amtsblätter bekannt gemachten Gesetze. (G.S. S. 73.)

1. Die für einzelne Provinzen vor dem Gesetze v. 3. April 1846 (G.S. S. 151) ergangenen, nur in die Amtsblätter aufgenommenen Verordnungen haben Gesetzeskraft.

Erk. d. OTrib. v. 6. Nov. 1856. Sen. f. Straff. I. (G.A. V. S. 87.)

XXXVIII. Verordn. wegen der von den Mennoniten statt des Eides abzugebenden Versicherungen vom 11. März 1827. (G.S. S. 28.)

1. (Zu §. 3.) Für das schwurgerichtliche Verfahren hat die Vorschrift des §. 3., wonach der Mennonit die Versicherung mittelst Handschlags abgeben soll, durch Art. 73. Abs. 3. des Ges. vom 3. Mai 1852 in sofern eine Aenderung erlitten, als danach ganz allgemein für jeden Geschworenen bei der Verpflichtung die Erhebung der rechten Hand vorgeschrieben ist.

Erk. d. OTrib. v. 19. Jan. 1859. Sen. f. Straff. I. (G.A. VII. S. 207.)

XXXIX. K.O. v. 27. März 1828, wonach Inländer, welche ein offenes Gewerbe treiben, die Materialien zu ihrer eigenen Fabrikation durch ihre umherreisenden Gewerbsgehilfen aufkaufen lassen können, und diese keiner anderen Legitimation als einer polizeilichen Bescheinigung bedürfen. (G.S. S. 49.)

1. cf. zum Regul. v. 28. April 1824 (G.S. S. 125.) §. 5. d. Erk. d. OTrib. v. 24. Oct. 1843 (Präj.-Samml. I. S. 348).

XL. K.O. v. 29. März 1828, die Steuern vom inländischen Taback betreffend. (G.S. S. 39.)

1. (Zu §§. 5. 7.) Die allgemeine abgegebene Anzeige eines Tabackpflanzers: daß er die Pflanzung beabsichtige, ohne Angabe des zu bepflanzenden Flächenraums, ist nicht als eine unvollständige, sondern als eine gar nicht vorhandene zu betrachten, da weder die Steuerpflichtigkeit an sich, noch deren Umfang danach bestimmt werden kann.

Erk. d. OTrib. v. 15. Mai 1838. I. Präj. 482. (Präj.-Samml. I. S. 360.)

2. (Zu §. 7.) cf. zur K.O. v. 30. Juli 1842 (G.S. S. 245.) den Beschluß d. OTrib. v. 5. Mai 1855 (G.A. III. S. 681. B.A. I. S. 30).

XLI. K.O. v. 18. Nov. 1828 wegen des Rechtswegs in stempelpflichtigen Angelegenheiten. (G.S. S. 16.)

1. Im Falle einer Stempeldefraudation darf der Strafrichter nicht auf Nachbringung des tarifmäßigen Stempels erkennen.

Erk. d. OTrib. v. 2. Oct. 1856. Sen. f. Straff. II. (J.M.B. S. 350.)

2. cf. d. Erk. d. OTrib. v. 22. Nov. 1855. Sen. f. Strff. II. (G.A. IV. S. 233.) zu §§. 78. 79. II. 14. A. L.R.

## XLII. K.O. v. 17. März 1829 wegen Verwirkung des Militär-Gnadengehalts und Verlustes des Civil-Versorgungsscheins Seitens der im Civildienste angestellten und wegen Verbrechens ihres Amtes entsetzten Invaliden. (G.S. S. 42.)

1. Die Bestimmung des §. 23. des St.G.B.'s findet auch auf Pensionen und Gnadengehalte entlassener Militärinvaliden Anwendung, und die engeren Bestimmungen der K.O. v. 17. März 1828 u. v. 25. April 1835 (G.S. S. 46.) sind dadurch aufgehoben.

Erk. d. OTrib. v. 28. April 1853. Sen. f. Straff. II. Präj. 31. (Entsch. Bd. 26. S. 132. G.A. I. S. 384.) contra: Just.Min.Vfg. v. 29. Dez. 1851 (J.M.B. f. 1852. S. 2.) u. v. 10. Nov. 1852 (Oppenhoff ad §. 23. St.G.B. Nr. 2.); u. Vfg. d. Kriegsminist. v. 1. Febr. 1853 (G.A. I. S. 385), welche letztere, davon ausgehend, daß mit Rücksicht auf das Gesetz v. 15. April 1852. §. 16. (G.S. S. 117.) die Civilgerichte über Aberkennung u. Belassung des Gnadengehalts gar nicht mehr zu erkennen hätten, nähere Vorschriften giebt, in welcher Weise der gänzliche oder theilweise Verlust als Folge einer Verurtheilung eintrete.

## XLIII. K.O. v. 3. Jan. 1830 über die Stempelabgaben beim Verkehr mit Wechseln. (G.S. S. 9.)

1. Die Strafbestimmung der K.O. v. 3. Jan. 1830 Nr. 4., nach welcher Steuercontraventionen bei trocknen Wechseln wie bisher mit dem 4fachen Werth des zu wenig verwendeten Stempels bestraft werden sollen, ist durch das Gesetz betr. die Besteuerung der trocknen Wechsel v. 26. Mai 1852 (G.S. S. 299) aufgehoben, und es findet auf Contraventionen bei trocknen Wechseln die im §. 26. des Stempelgesetzes enthaltene Strafbestimmung auch in Betreff der Höhe der Strafe Anwendung.

Erk. d. OTrib. v. 26. Januar 1857. Sen. f. Straff. Plen. Präj. 226. (Entsch. Bd. 35. S. 255. G.A. V. S. 544. J.M.B. S. 67.) Früher contra: Erk. d. OTrib. v. 14. Dezbr. 1855. Sen. f. Straff. I. Präj. 196. (Entsch. Bd. 31. S. 477. G.A. IV. S. 230.)

2. (Nr. 5.) Bei Anwendung von Nr. 5. muß feststehen, daß der gezogene Wechsel wirklich in mehreren Exemplaren ausgefertigt ist.

Erk. d. OTrib. vom 27. April 1860. Sen. f. Straff. I. (G.A. VIII. S. 551.) cf. dazu Rescr. d. Fin.Minist. v. 5. April 1830, wonach dasjenige Exemplar oder diejenigen Exemplare, welche nicht zum Umlauf und zur Uebertragung des Eigenthums durch Indossiren oder Giriren benutzt werden, stempelfreie Documente sind; der Acceptant kann sie mit Sicherheit stempelfrei acceptiren, sobald die Bestimmung ausschließlich zur Acceptation aus denselben zu entnehmen ist. Werden sie gegen ihre ursprüngliche Bestimmung späterhin in Umlauf gesetzt, so tritt hiermit die Stempelpflichtigkeit ein. (Schmidt, Commentar S. 106. Anmerk. 5.)

## XLIV. K.O. v. 27. April 1830 wegen unfreiwilliger Emeritirung oder Pensionirung in Untersuchung gewesener Geistlichen und Schullehrer. (G.S. S. 81.)

1. Ein evangelischer Geistlicher, welcher seiner Stellung enthoben, aber nicht gleichzeitig cassirt und zur Anstellung als solcher unfähig erklärt ist, ist ordinirter Geistlicher geblieben und an sich zur Tragung der Amtskleidung befugt.

Erk. d. OTrib. v. 9. Juli 1856. Sen. f. Straff. I. (G.A. IV. S. 693. Oppenhoff ad §. 105. d. St.G.B.'s Nr. 11.)

## XLV. K.O. v. 16. Mai 1830 über die Rechtsverhältnisse der Mennoniten in den westlichen Provinzen und Brandenburg in Beziehung auf ihre Militärpflicht. (G.S. S. 82.)

1. Ein Mennonitenprediger ist als Religionsdiener im Sinne des §. 102. d. St.G.B.'s anzusehen.

Erk. d. OTrib. vom 9. Febr. 1859. Sen. f. Straff. I. (Entsch. Bd. 40. S. 11.*. G.A. VII. S. 234.)

## XLVI. K.O. v. 14. April 1832 wegen Abänderung der Bestimmungen in §. 5. litt. a. u. b. des Stempelgesetzes v. 7. März 1822. (G.S. S. 137.)

1. Der §. 5 a. des Stempelgesetzes und die K.O. vom 14. April 1832 unterscheiden nicht zwischen solchen vorbehaltenen Nutzungen und ausbedungenen Leistungen, welche bereits auf dem Grundstücke haften, und solchen, welche durch den errichteten Contract dem Grundstück auferlegt werden. Es sind daher bei Berechnung des Stempels auch die älteren dem Grundstücke bereits inhärirenden Reallasten, welche schon früher bei ihrer Constituirung dem gesetzlichen Stempel unterlegen hatten, zu versteuern.

Erk. d. OTrib. v. 30. Juni 1854. (G.A. II. S. 685.) Rescr. d. J.M. v. 12. März 1842. (J.M.B. S. 108.) Früher contra: Erk. d. OTrib. v. 10. Febr. 1848. (Rechtsfälle Bd. 3. S. 344.)

2. Die in der K.O. vom 14. April 1832 litt. b. enthaltene Bestimmung, wonach bei Verkäufen von Grundstücken an Descendenten der Werth eines vorbehaltenen Altentheils der Stempelabgabe nicht unterworfen sein soll, ist auch auf einen solchen Vertrag anzuwenden, in welchem zwar dem abtretenden Besitzer einer Rusticalstelle ein in Naturalprästationen bestehender Altentheil ausgesetzt, demselben aber gleichzeitig die Wahl gestattet worden, den Altentheil in Natur zu beziehen, oder anstatt der Naturalien eine jährlich feststehende Geldrente zu fordern. Es ist deshalb bei Verträgen über Rusticalstellen auch von einem Altentheil der bezeich-

neten Art, wenn der Verkauf der Stelle an Descendenten geschieht, eine Stempelabgabe nicht zu berechnen.

Allg. Vfg. d. Just.Min. v. 20. Aug. 1858. (J.M.B. S. 258.)

## XLVII. Publicationspatent, die Beschlüsse der deutschen Bundesversammlung v. 5. Juli 1832 über die Maßregeln zur Aufrechterhaltung der gesetzlichen Ordnung und Ruhe in Deutschland betreffend, v. 25. Sept. 1832. (G.S. S. 216.)

1. Ueber die Frage, ob dieser Bundesbeschluß noch gültig, cf. Oppenhoff ad §. 99. d. St.G.B.'s Nr. 1.

## XLVIII. K.O. v. 9. Dez. 1832, wegen des öffentlichen Tabackrauchens in den Städten. (G.S. 1833. S. 1.)

1. Die K.O. v. 9. Dec. 1832 ist noch gültig.

Oppenhoff ad §. 347. d. St.G.B.'s Nr. 12.

2. cf. zu d. Ed. v. 19. Jan. 1764. (N. C. C. III. S. 361.)

## XLIX. Gesetz wegen Ausstellung von Papieren, welche eine Zahlungsverpflichtung an jeden Inhaber enthalten, vom 17. Juni 1833. (G.S. S. 75.)

1. (Zu §§. 1. 5.) In Folge der Bestimmungen der deutschen Wechselordnung (Art. 4. Nr. 3. u. Art. 96. Nr. 3.) wonach es „auf jeden Briefinhaber" ausgestellte Wechsel nicht mehr giebt, kann der in dem zweiten Satze des §. 1. vorgesehene Fall einer Ausnahme von dem Verbote, dessen Uebertretung der §. 5. mit Strafe bedroht, nicht mehr vorkommen.

Erk. d. OTrib. v. 3. Mai 1860. Sen. f. Straff. II. (G.A. VIII. S. 555.)

## L. K.O. v. 23. Juli 1833, die widerrechtliche Zueignung der bei den Uebungen der Artillerie verschossenen Eisenmunition betreffend. (G.S. S. 86.)

1. Durch die Vorschrift des §. 349. Nr. 5. d. St.G.B.'s sind die Strafbestimmungen d. K.O. v. 23. Juli 1833, welche zum Theil weiter gehen, beseitigt.

Oppenhoff ad §. 349. Nr. 5. d. St.G.B.'s Nr. 23.

LI. K.O. v. 9. Oct. 1833, wonach im Falle eines freiwilligen Eingeständnisses des Angeschuldigten nur auf den geringsten Grad der Strafe zu erkennen. (v. K., Jahrb. Bd. 42. S. 445.)

1. Diese K.O. gilt nicht mehr.

Erk. d. OTrib. v. 11. Mai 1854. Sen. f. Straff. II. (G.A. II. S. 582.) Oppenhoff ad Art. II. d. Einf.Gesetzes Nr. 30.

LII. Verordn. über das Verfahren bei eintretender Mobilmachung der Armee zur Herbeischaffung der Pferde durch Landlieferung, v. 24. Febr. 1834. (G.S. S. 56.)

1. (Zu Nr. 10.) Eine Zuwiderhandlung gegen diese Verordnung unterliegt der polizeirichterlichen Competenz.

Erk. d. OTrib. v. 16. Febr. 1860. Sen. f. Straff. II. (J.M.B. S. 240. G.A. V. S. 77. G.A. VIII. S. 546.)

LIII. Verordn. über die Execution in Civilsachen, vom 4. März 1834. (G.S. S. 31.)

1. (Zu §§. 4. u. 6.) Damit, daß eine Execution den §§. 4. resp. 6. zuwider an einem Sonn- oder Festtage oder in der Ferienzeit vorgenommen worden, kann sich der wegen Widerstandsleistung gegen den betreffenden Executor auf Grund des §. 89. d. St.G.B.'s Angeklagte nicht entschuldigen.

Erk. d. OTrib. v. 17. Sept. u. 10. Nov. 1858, u. 8. Juli 1859. Sen. f. Straff. I. (G.A. VII. S. 99. u. 540.)

LIV. Declar. über die Anwendbarkeit der §§. 76. bis 79. II. 10. A. L.R. auf die Anmaßung geistlicher Amtshandlungen, v. 9. März 1834. (G.S. S. 60.)

1. Die Vornahme von Taufen und Trauungen durch Religionsdiener nicht genehmigter Religionsgesellschaften an den Mitgliedern derselben ist weder als unbefugte Ausübung eines öffentlichen Amtes, noch als Anmaßung geistlicher Amtshandlungen strafbar und zwar auch dann nicht, wenn die Betheiligten ihren Austritt aus ihrer bisherigen Kirche noch nicht in gesetzlicher Form erklärt haben.

Erk. d. OTrib. v. 18. März 1853. Sen. f. Straff. I. (Entsch. Bd. 25. S. 220.)

## LV. Verordn. wegen Einführung des Schiedsmanns-Instituts in die Provinz Sachsen v. 11. April 1834. (Merseburger Amtsblatt S. 187.)

1. (Zu §. 17.) Hat in der Provinz Sachsen der Beleidiger in dem vor dem Schiedsmanne angestandenen Sühnetermin das persönliche Erscheinen des Beleidigten statt des erschienenen bevollmächtigten Verwandten desselben nicht verlangt, vielmehr den Vergleichsvorschlag des Bevollmächtigten mit der Erklärung, daß er sich zu keinem Vergleiche herablassen wolle, gänzlich zurückgewiesen, so ist die Vermittelung des Schiedsmannes hier ohne Erfolg vom Beleidigten nachgesucht zu erachten.

Erk. d. OTrib. v. 3. April 1856. Sen. f. Straff. II. (Str.A. XXI. S. 40. Rechtsgrundsätze II. S. 477.)

## LVI. K.O. v. 19. Juni 1834 betr. Erläuterung der Vorschriften des Tarifs zum Stempelges. v. 7. März 1822, wegen Stempelpflichtigkeit der Punctationen. (G.S. S. 81.)

1. Punctationen über zu errichtende Verträge sind nur dann stempelpflichtig, wenn sie die Klage auf Erfüllung von Seiten beider Contrahenten begründen. Entspringt daher aus denselben nur eine zur Zeit einseitige Verhaftung, wie in dem Falle, wenn der eine der Contrahenten Analphabet, oder einem solchen, weil er bloß seinen Namen schreiben, sonst aber weder schreiben, noch lesen kann, gleich zu achten ist, so unterliegt die Punctation dem gesetzlichen Vertragsstempel nicht.

Erk. d. OTrib. v. 19. Oct. 1855. Sen. f. Straff. I. Präj. 179. (Entsch. Bd. 31. S. 300.) und ohne Datum (G.A. IV. S. 230 u. V. S. 842). cf. zur Position „Verträge" im Stempeltarif u. d. folgende Nummer.

2) Vorstehendes Präj. 179. ist durch den anderweitigen Grundsatz des OTrib., daß es bei Beurtheilung der Stempelpflichtigkeit einer Schrift nur auf den Inhalt derselben, d. h. nur auf die Schrift, wie sie vorliegt, ankommt (Erk. d. OTrib. v. 9. März 1857. Plen. G.A. V. S. 221. Entsch. Bd. 36. S. 430.), modificirt worden, dergestalt, daß die Stempelpflichtigkeit einer Punctation nur dann ausgeschlossen ist, wenn aus ihrem sichtbar hervortretenden Inhalt selbst hervorgeht, daß sie nicht die Klage auf Erfüllung von Seiten beider Contrahenten zuläßt.

Erk. d. OTrib. v. 16. Mai 1860. Sen. f. Straff. I. (G.A. VIII. S. 552.)

3. Ist eine Punctation vom Käufer und Verkäufer unterzeichnet, so ist der Einwand, daß der Verkäufer die verkaufte Sache gemeinschaftlich mit einem Dritten (z. B. seiner Ehefrau) besitze, welcher dem Beitritt zum Vertrage verweigere, und diesen nicht unterzeichnet habe, unerheblich, wenn nicht in der Punctation festgestellt worden, daß der Gegenstand des Kaufs als ein gemeinschaftliches Eigenthum verkauft worden, oder die Gültigkeit des Vertrags von der Zustimmung des Dritten abhängig

gemacht ist. Ist letzteres aber der Fall, so ist die Punctation ohne Beitritt und Unterschrift des Dritten zu einer Klage auf Erfüllung, d. h. auf Errichtung eines förmlichen Instruments, in sofern solches erforderlich ist, nicht angethan und daher auch dem Stempel nicht unterworfen.

Erk. d. OTrib. v. 25. Nov. 1853 (G.A. III. S. 636.) u. v. 20. Mai 1859. Sen. f. Straff. I. (G.A. VII. S. 529.) cf. auch das Erk. d. OTrib. v. 5. Dez. 1855. (B.A. I. S. 62. u. 63.)

4. Die Verpflichtung zur Verwendung des Kaufstempels entsteht mit der Existenz eines an sich zu Recht bestehenden klagbaren Kaufvertrags, ganz abgesehen davon, ob die Contrahenten rechtlich im Stande sind, den Contract zu erfüllen.

Erk. d. OTrib. v. 2. Oct. 1856. Sen. f. Straff. II. (J.M.B. S. 350.)

5. cf. zur K.O. vom 24. Nov. 1835 (v. K., Jahrb. Bd. 46. S. 560) d. Erk. d. OTrib. v. 7. März 1860 (G.A. VIII. S. 399).

## LVII. Gesetz über den Waffengebrauch der Grenz-Aufsichtsbeamten v. 28. Juni 1834. (G.S. S. 83.)

1. Das in dem Gesetze über den Waffengebrauch der Grenzaufsichtsbeamten vorgeschriebene Verfahren, insbesondere die Einholung der Erklärung der Provinzial-Steuerbehörde über die Einleitung der Untersuchung (§. 8.) ist durch den Schlußsatz des Art. 97. d. Verfassung v. 31. Jan. 1850 unberührt geblieben.

Erk. des ehemaligen Rh. Rev. u. Cassat.-Hofs vom 8. Oct. 1850. (J.-M.-B. 1851. S. 4.)

## LVIII. Instruction über das Verfahren bei Begnadigungsgesuchen, Aussetzungen, Theilungen oder Umwandlungen rechtskräftig erkannter Strafen v. 30. Juni 1834. (v. K., Jahrb. Bd. 43. S. 642.)

1. Die Befugniß des Justizministers, einer nicht vollstreckbaren Freiheitsstrafe eine Geldstrafe zu substituiren, ist durch die neuere Gesetzgebung nicht aufgehoben. — Bei dieser Umwandlung ist der §. 17. des St.G.B.'s nicht maßgebend, —

Erk. d. OTrib. vom 2. Dez. 1853. Sen. f. Straff. I. (J.-M.-B. 1854. S. 81. G.A. II. S. 107.)

wohl aber kann derselbe analog in Anwendung gebracht werden.

Erk. d. OTrib. v. 17. Oct. 1855. (G.A. II. S. 831.)

2. Die im Gesetze angedrohten Geld- und Gefängnißstrafen sind nicht als Parallelstrafen anzusehen; bei Abmessung der event. zu substituirenden Gefängnißstrafe ist daher die alternativ angedrohte Principal-Gefängnißstrafe nicht maßgebend.

Erk. d. OTrib. v. 17. Oct. 1855. (G.A. II. S. 831.)

## LIX. Verordn. v. 30. Juni 1834 wegen des Geschäftsbetriebes in den Angelegenheiten der Gemeinheitstheilungen, Ablösungen, und Regulirung der gutsherrlich bäuerlichen Verhältnisse. (G.S. S. 96.)

1. (Zu §§. 7. u. 36.) Die Generalcommissionen sind nicht befugt, wegen Uebertretungen, welche in einem dem Auseinandersetzungsverfahren unterliegenden Feld= oder Walddistrict angeblich begangen sind, Strafen festzusetzen, vielmehr steht die Beurtheilung der Strafbarkeit verübter Forstcontraventionen lediglich den Gerichten zu. Ebenso haben die letzteren zu entscheiden, wenn von den Angeschuldigten die Civileinrede erhoben wird, daß sie zu der ihnen als Frevel zur Last gelegten Handlung berechtigt gewesen seien. (Gesetz v. 31. Jan. 1845.)

Erk. d. Compet.Ger.Hofs v. 30. Oct. 1858. (J.M.B. 1859. S. 110.)

## LX. K.O. v. 7. Febr. 1835 in Betreff des Kleinhandels mit Getränken auf dem Lande und des Gast= und Schankwirthschaftsbetriebs überhaupt, für alle Theile der Monarchie. (G.S. S. 18.)

1. (Zu Nr. 1.) Unter „Kleinhandel" ist Kauf zum Wiederverkauf zu verstehen.

C.Rescr. d. Min. d. Inn. u. d. Pol. v. 13. Aug. 1835. (v. K., Ann. Bd. 19. S. 251.)

2. Der Verkauf eigener Fabrikate in kleinen Mengen fällt nicht unter den Begriff des Kleinhandels.

Rescr. d. Min. d. Inn. v. 17. Oct. 1842. (M.Bl. d. i. V. S. 387.)

3. Ueber den Unterschied zwischen „Kleinhandel" und „Schankwirthschaft" in Betreff der Höhe des Steuersatzes cf. d. Erk. d. OTrib. v. 4. Jan. 1855 (J.M.B. S. 96.) zu §§. 18. 26—30. des Gewerbesteuerges. v. 30. Mai 1820. (G.S. S. 147.)

4. Aus Nr. 1. ist zu entnehmen, daß bei dem Kleinhandel eine Flüssigkeit bloß dann als ein Getränk anzusehen ist, wenn sie bei dem Verkaufe entweder sich bereits in einem solchen Zustande befindet, oder in einen solchen Zustand versetzt werden soll, welcher deren Genuß auf der Stelle zuläßt. Daher fällt der Detailverkauf von an sich nicht trinkbarem Alkohol nicht unter den Begriff des Kleinhandels mit Getränken.

Erk. d. OTrib. v. 4. Jan. 1860. Sen. f. Strafs. I. (G.A. VIII. S. 252.)

5. Die Bestimmung im §. 55. d. Ed. v. 7. Sept. 1811 (G.S. S. 269.), wonach derjenige, welcher das Recht zu brauen oder zu brennen hat oder erhält, auch das Recht hat, das fabricirte Getränk innerhalb der Grenzen seines Hofraums im Detail zu verkaufen, ist durch die K.O. v. 7. Febr. 1835 und 21. Juni 1844 (G.S. S. 214.) aufgehoben. Auch

die Producenten von Getränken bedürfen zum Kleinhandel mit dem selbstfabricirten Getränk eines polizeilichen Erlaubnißscheins.

Erk. d. OTrib. v. 24. Juni 1859. Sen. f. Straff. I. (J.M.B. S. 322. G.A. VII. S. 538. B.A. V. S. 13.)

6. Zu dem gesetzlichen Begriff des Schankwirthschaftsbetriebes ist nicht erforderlich, daß das hiezu benutzte Local für diesen Zweck besonders eingerichtet und mit den erforderlichen Geräthschaften versehen, noch auch, daß dasselbe lediglich dazu bestimmt sei, Getränke zum Genuß auf der Stelle oder außerhalb feil zu bieten.

Erk. d. OTrib. v. 5. Febr. 1858. Sen. f. Straff. I. (J.M.B. S. 124.)

7. Wer als bloßer Oeconom oder Administrator einer nicht zu seinen Gunsten simulirten erlaubten geschlossenen Privatgesellschaft deren eigene Getränke nur verwaltet und den Mitgliedern der Gesellschaft verabreicht, bedarf zu dieser Beschäftigung keiner polizeilichen Erlaubniß, weder nach der K.O. v. 7. Febr. 1835, noch nach einem andern Gesetze.

Erk. d. OTrib. v. 1. Dez. 1853. Sen. f. Straff. II. Präj. 71. (Entsch. Bd. 26. S. 431. G.A. II. S. 249.) cf. die folgende Nr.

8. Oeconomen einer Ressource aber bedürfen der polizeilichen Genehmigung, um Speisen und Getränke für eigene Rechnung an die Mitglieder der Gesellschaft in dem Locale derselben zu verabreichen.

Erk. d. OTrib. v. 14. Jan. 1853. (J.M.B. S. 1176. G.A. I. S. 322.) cf. die vorige Nr.

9. (Zu Nr. 5.) Durch die Bestimmung des §. 55. d. A. G.O. v. 17. Jan. 1845, daß an die Stelle der durch d. K.O. v. 7. Febr. 1835 angedrohten Strafen diejenigen der A. G.O. treten sollen, ist die Bestimmung sub Nr. 5. d. K.O. v. 7. Febr. 1835, nach welcher die Prolongation der Concession wegen begründeter Beschwerden versagt werden kann, nicht aufgehoben, da die Versagung der Concession keine Strafe, sondern nur eine Verwaltungsmaßregel ist.

Erk. d. Min. d. Inn. v. 14. Aug. 1845. (Min.Bl. d. i. B. S. 274.)

10. (Zu Nr. 6.) Die Erlaubniß zum Betriebe der Schankwirthschaft kann weder verpachtet, noch sonst von dem Concessionirten auf einen Andern übertragen werden; auch darf der Concessionirte seine Schankwirthschaft nicht durch einen Verwalter oder Stellvertreter führen lassen; doch ist in beiden Fällen nicht der Verlust der Concession Folge der Uebertretung.

Rescr. d. Min. d. Inn. v. 6. Sept. 1835. (v. K., Ann. Bd. 19. S. 257.)

11. (Zu Nr. 9.) An Orten, wo der Betrieb des Schankgewerbes den Bürgern bisher ohne Weiteres gestattet worden, ist nicht anzunehmen, daß alle bürgerlichen Nahrungen dieses Orts mit einer Real-Schankgerechtigkeit versehen seien, vielmehr ist der Nachweis eines besondern Titels erforderlich.

Rescr. d. Min. d. Inn. u. d. Pol. v. 7. Oct. 1835. (v. K., Ann. Bd. 19. S. 257.)

LXI. K.O. v. 25. Apr. 1835 betreffend den gänzlichen Verlust des Gnadengehalts der Militärinvaliden, die eines vor oder nach ihrer Entlassung aus dem Militärdienste begangenen Verbrechens überführt werden, welches während ihres Militärdienstes die Ausstoßung aus dem Soldatenstande zur Folge gehabt haben würde. (G.S. S. 46.)

1. cf. zur K.O. v. 17. März 1829. (G.S. S. 42.)

LXII. K.O. v. 20. Juni 1835 über die Bestrafung eines Verbrechers, der wegen früherer Verbrechen bereits zu einer lebenslänglichen Festungsstrafe verurtheilt ist. (G.S. S. 100.)

1. Diese K.O. ist noch gültig.

Erk. d. OTrib. v. 8. Sept. 1852. (Oppenhoff ad Art. II. d. Einf.Gesetzes Nr. 14.)

LXIII. K.O. v. 8. Aug. 1835 über die Bekräftigungsformel bei den Eiden der katholischen Confessionsverwandten. (G.S. S. 182.)

1. cf. die Erkenntnisse zu d. V. v. 28. Juni 1844. (G.S. S. 249.)

LXIV. K.O. v. 8. Aug. 1835, womit das Regulativ über die sanitätspolizeilichen Vorschriften bei den am häufigsten vorkommenden ansteckenden Krankheiten bestätigt wird. (G.S. S. 240.)

1. Die älteren Gesetze über die in den §§. 306. u. 307. d. St.G.B.'s gedachten Absperrungs- und Aufsichtsmaßregeln, namentlich d. K.O. v. 8. Aug. 1835 mit dem dazu gehörigen Regulativ, das Patent v. 2. Apr. 1803, die V. v. 27. März 1836 (G.S. S. 173.), sind mit ihren Strafbestimmungen, soweit diese besondere sind und nicht bloß auf das A. L.R. verweisen — in welchem Falle jetzt die §§. 306. u. 308. cit. treten — in Kraft geblieben.

Erk. d. OTrib. v. 26. Febr. 1855. Plen. Präj. Nr. 143. (J.M.B. S. 128. Entsch. Bd. 29. S. 474. Bd. 30. S. 314. G.A. III. S. 265. cf. S. 266. in fin.)

2. (Zu §. 9. des Regulativs.) Die Verpflichtung der Familienhäupter, von den in ihrer Familie oder ihrem Hause eingetretenen ansteckenden Krankheitsfällen der Behörde Anzeige zu machen, besteht auch dann, wenn diese Familienhäupter selbst erkrankt sind.

Besch. d. OTrib. v. 24. Febr. 1860. (G.A. VIII. S. 263.)

## LXV. Verordn. zur Aufrechterhaltung der öffentlichen Ordnung aus der dem Gesetze schuldigen Achtung vom 17. Aug. 1835. (G.S. S. 170.)

1. (Zu §. 8.) Diese Vorschrift, welche für die Rheinprovinz bereits durch §. 15. d. V. v. 15. Apr. 1848 (G.S. S. 101.) aufgehoben ist, dürfte durch das Strafgesetzbuch gänzlich beseitigt sein.

Oppenhoff ad §. 92. d. St.G.B.'s Nr. 3.

## LXVI. K.O. v. 24. Nov. 1835 über die Stempelpflichtigkeit der Privatpunctationen. (v. K., Jahrb. Bd. 46. S. 560.)

1. Ist die Punctation innerhalb 14 Tagen nach ihrer Errichtung dem Richter oder Notar mit dem Antrage auf gerichtliche oder notarielle Vollziehung eingereicht, so bleibt, wenn auch kein Stempel verwandt ist, die Verwirkung der Stempelstrafe gegen die Aussteller unter allen Umständen ausgeschlossen und dem Richter oder Notar allein die Verpflichtung, von Amtswegen für die Einziehung des Stempels von den Contrahenten sofort Sorge zu tragen. Es ist hierbei ganz gleichgültig, ob es nachher zu einem wirklichen Contractabschlusse kommt, oder die Punctation zurückgenommen wird.

Erk. d. OTrib. v. 7. März 1860. Sen. f. Straff. I. (G.A. VIII. S. 399.)

2. cf. die Noten zur K.O. v. 19. Juni 1834. (G.S. S. 81.)

## LXVII. Verordn. wegen Abänderung und näherer Bestimmung einiger Vorschriften des Pat. v. 2. Apr. 1803 wegen Abwendung der Viehseuchen, v. 27. März 1836. (G.S. S. 173.)

1. cf. das Erk. d. OTrib. v. 26. Febr. 1855 (J.M.B. S. 128.) zur K.O. v. 8. Aug. 1835. (G.S. S. 240.)

## LXVIII. Reglement, den Debit der Arzneiwaaren betreffend, v. 16. Sept. 1836. (G.S. S. 41.)

1. (Zu Nr. 3.) Der Verkauf und die Anpreisung von als „Geheimmittel" dargebotenen Substanzen ist bloß um deswillen, weil sie in den

Anlagen sub A—C. keine Erwähnung gefunden haben, durch den §. 3. nicht für unbedingt erlaubt zu erachten.

Erk. d. O.Trib. v. 12. Juni 1856. (B.A. II. S. 55.)

2. (Zu Nr. 7.) Schon das gesetzwidrige Feilhalten der betr. Gegenstände begründet den Thatbestand der Uebertretung dieser Bestimmungen.

Rescr. d. Min. d. Inn. u. d. Pol. v. 27. Juli u. 30. Nov. 1841. (M.Bl. d. i. V. S. 339.)

3. Die Confiscation der vorgefundenen Bestände der in unerlaubten Mengen verkauften Artikel neben der hier bestimmten Strafe findet nicht Statt.

Rescr. d. Min. d. Inn. v. 28. Juni 1841. (M.Bl. d. i. V. S. 234.)

## LXIX. Publicationspatent, den in der 16. diesjährigen Bundestagssitzung wegen der Bestrafung von Vergehen gegen den deutschen Bund und wegen Auslieferung politischer Verbrecher auf dem deutschen Bundesgebiete, gefaßten Beschluß betreffend, v. 28. Oct. 1836. (G.S. S. 309.)

1. Diese Vorschrift hat auch jetzt noch Gesetzeskraft. Zu ihrer Anwendung ist nicht erforderlich, daß ein hochverrätherisches Unternehmen gegen alle einzelnen Bundesregierungen gerichtet war.

Oppenhoff zum „Ersten Titel" des Strafgesetzbuchs Thl. II. Nr. 2. Erk. d. O.Trib. v. 6. u. 13. Nov. 1850 (J.M.B. S. 408. 410.); v. 19. Sept. u. 27. Oct. 1851. (Entsch. Bd. 21. S. 101. u. 442.)

## LXX. K.O. v. 31. Dez. 1836 mit Regulativ v. 4. Dez. 1836, den Gewerbebetrieb im Umherziehen betreffend. (G.S. 1837. S. 13.)

1. cf. die Noten zu dem Regul. v. 28. Apr. 1824. (G.S. S. 125.)

## LXXI. K.O. v. 7. Febr. 1837 über die Befugniß der Behörden, durch polizeiliche Bestimmung die äußere Heilighaltung der Sonn- und Festtage zu bewahren. (G.S. S. 19.)

1. Diese K.O. ist durch §. 340. Nr. 8. d. St.G.B.'s nicht aufgehoben, es ist vielmehr nur eine feste Strafandrohung zugefügt, so daß die Regierungen diese nicht mehr selbständig zu bestimmen haben.

Erk. d. O.Trib. v. 2. u. 30. Nov. 1854. Sen. f. Straff. II. (Oppenhoff ad §. 340. Nr. 8. d. St.G.B.'s Nr. 19.) cf. auch Erk. d. O.Trib. v. 26. Oct. 1854. Sen. f. Straff. II. (J.M.B. 1855. S. 12. G.A. II. S. 815.)

## LXXII. Gesetz über den Waffengebrauch der Forst- und Jagdbeamten v. 31. März 1837. (G.S. S. 65.)

1. cf. Instruct. v. 17. Apr. 1837 für die Kgl. Forst- und Jagdbeamten (v. K., Jahrb. Bd. 50. S. 620. Ann. Bd. 21. S. 344.) u. v. 21. Nov. 1837 für die Communal- u. Privat-Forst- u. -Jagdbeamten (v. K., Jahrb. Bd. 50. S. 627. u. Ann. Bd. 21. S. 350.).

2. (Zu §. 1.) Das den Forst- und Jagdbeamten beigelegte Recht zum Waffengebrauche steht ihnen nicht bloß innerhalb des Forstes, sondern auch dann zu, wenn der thätliche Widerstand gegen die Abführung erst auf dem Wege zur Forstbehörde und außerhalb der Forst versucht wird.

Erk. d. Competenzger.-Hofs v. 22. Novbr. 1851. (J.M.B. 1853. S. 351.) Circ. Rescr. d. Fin.-Min. v. 9. Juni 1856. (M.Bl. d. i. B. S. 176.)

Hiemit steht die Ansicht des O.Tribunals:

> daß Widersetzlichkeiten gegen Forst- und Jagdbeamte nach dem Gesetze vom 31. März 1837, betreff. die Widersetzlichkeiten bei Forst- und Jagdverbrechen, nur dann zu strafen sind, wenn die Widersetzlichkeit innerhalb des Forst- oder Jagdreviers statt gehabt hat,

nicht in Widerspruch.

S. die Ausführung der Redaction des Justiz-Ministerial-Blatts in der Anmerkung zu den vorstehenden Erkenntnissen. (J.M.B. 1853. S. 353.)

3. Ein Kgl. Förster darf ein fremdes Jagdrevier nur dann mit Schießgewehr betreten, wenn ihn sein Dienst dazu nöthigt.

Erk. d. O.Trib. v. 25. Oct. 1855. Sen. f. Strafs. II. (Oppenhoff zu §. 347. Nr. 11. d. St.G.B.'s Nr. 32.). Noch allgemeiner sagt das Erk. des Competenzger.-Hofs vom 24. Novbr. 1855 (J.M.B. 1856. S. 59.): Die Forstbeamten sind bei Ausübung ihrer Amtsbefugnisse zur Ueberwachung von Jagdcontraventionen auf das ihnen angewiesene Jagdrevier beschränkt und können sich im Falle der Betretung eines fremden Jagdreviers mit der Schießwaffe nicht auf ihre amtliche Eigenschaft zur Abwendung der Strafe des §. 347. Nr. 11. d. St.G.B.'s berufen.

4. Die verweigerte Herausgabe einer Barte (Axt), als eines nur zur Ausführung des Forstfrevels benutzten Werkzeuges, ist der Androhung eines Angriffs nicht gleich zu achten und rechtfertigt den Gebrauch der Schußwaffe nicht.

Erk. d. Competenzger.-Hofs. v. 18. Apr. 1857. (J.M.B. S. 381.)

5. Welche Instrumente als „gefährliche" zu betrachten ist nicht objectiv zu bestimmen, sondern es kommt auf die Art des Gebrauchs im individuellen Falle an.

Erk. d. Competenzger.-Hofs v. 8. März 1856. (J.M.B. S. 131.)

6. (Zu §. 4.) Der Thatbestand ist von dem betreffenden Civilgerichte, nicht aber von der Polizeibehörde aufzunehmen.

Rescr. d. Min. d. Inn. v. 12. März 1847. (M.Bl. d. i. B. S. 67.)

7. (Zu §. 6.) Ueber die fortdauernde Gültigkeit dieser Bestimmung cf. Erk. d. ehem. Rhein. Rev. u. Cass. Hofs v. 8. Octbr. 1850 (J.M.B. 1851. S. 4.) zu d. Ges. v. 28. Juni 1834 (G.S. S. 83.) u. zu Art. 97. d. Verf.-Urkde.

## LXXIII. Gesetz über die Strafe der Widersetzlichkeiten bei Forst- und Jagdverbrechen v. 31. März 1837. (G.S. S. 67.)

1. Ueber die Beamtenqualität der Forst- und Jagdbeamten und den Umfang ihrer Amtshandlungen namentlich mit Rücksicht auf die §§. 89. 102. 192. d. St.G.B.'s, cf. zu §§. 21. 22. d. Holzdiebstahls-Ges. vom 2. Juni 1852.

2. In dem Falle, wenn von Kgl. Preußischen Unterthanen auf Kaiserlich Russischem resp. Polnischem Gebiete gegen Russische Forstbeamte in der Ausübung ihrer Dienstfunctionen Widersetzlichkeit mit Gewaltthätigkeiten gegen die Person der Beamten und körperliche Verletzung derselben begangen wird, finden die Vorschriften des Gesetzes v. 31. März 1837 (G.S. S. 67.), event. die §§. 89. 91. 192. d. St.G.B.'s Anwendung.

Erk. d. OTrib. v. 16. April 1855. Sen. f. Straff. Plen.Präj. 147. (Entscheid. Bd. 30. S. 305. J.M.B. S. 184. G.A. III. S. 563. Oppenhoff ad §. 4. Nr. 3. d. St.G.B.'s Nr. 20.)

3. Ueber die Fragestellung an die Geschworenen cf. G.A. I. S. 207. 543. II. S. 101. An letzter Stelle wird darauf aufmerksam gemacht, daß die Frage: „schuldig, sich dem Forstaufseher rc. rc. in Ausübung seines Amtes oder Rechts thätlich widersetzt zu haben", oder sogar „in Ausübung seines Rechts", sich nur auf den Fall der Widersetzlichkeit gegen den Waldeigenthümer oder Forst- und Jagdberechtigten selbst, nicht aber auf den der Widersetzlichkeit gegen wirkliche Forst- oder Jagdbeamte bezieht.

4. Das Ges. v. 31. März 1837 (G.S. S. 67.) findet auf Widersetzlichkeiten gegen Forstbeamte nur insofern Anwendung, als diese Widersetzlichkeiten innerhalb des Forstreviers des Forstbeamten verübt worden sind (cf. jedoch die folgende Nro.).

Erk. d. OTrib. vom 25. Mai 1850 (Grundf. II. S. 39.) und vom 22. April 1853. (G.A. I. S. 379.) cf. J.M.B. 1842. S. 109; früher contra: Erk. d. OTrib. v. 2. Jan. 1850 (Grundf. I. S. 39.). Ueber die Anwendbarkeit des Ges. v. 31. März 1837 über den Waffengebrauch der Forst- und Jagdbeamten (G.S. S. 65) außerhalb d. Forst s. zu §. 1. dieses Gesetzes das Erk. d. Competenzgcr.-Hofs v. 22. Novbr. 1851 und die Note der Redaction des JustizMinister.Blatts dazu (J.M.B. 1853. S. 351. 353.).

5. Außerhalb der Forst findet das Gesetz v. 31. März 1837 (G.S. S. 67.) Anwendung, wenn der bei einem Holzdiebstahl innerhalb der Forst Betroffene die Flucht ergreift, von dem Forstbeamten verfolgt wird, und, außerhalb der Forst ergriffen, sich der Pfändung widersetzt.

Erk. des OTrib. v. 11. Juni 1858. Sen. f. Straff. I. (G.A. VI. S. 834. Entsch. Bd. 39. S. 66.". cf. Erk. d. OTrib. v. 10. Septbr. 1858. G.A. VI. S. 694. 695.)

6. Auch bei Widersetzlichkeiten auf Wegen, welche dem Waldeigenthümer zwar nicht ausschließlich gehören, aber durch seine Forst führen, findet das Gesetz v. 31. März 1837 Anwendung, weil dergl. Wege

der Aufsicht des Forstaufsehers, solange sich diese auf den Forstschutz beschränkt, nicht entzogen sind.

Erk. d. OTrib. v. 14. Septbr. 1853 (G.A. I. S. 689.) vom 7. Mai 1858. Sen. f. Straff. I. (G.A. VI. S. 414.)

7. Für die Anwendung des Gesetzes v. 31. März 1837 ist es erforderlich, daß die in den §§. 1. ff. erwähnten thätlichen Widersetzlichkeiten und Drohungen, welche gegen Forst- und Jagdbeamte in Ausübung ihres Amtes verübt werden, sich auf den ausgeübten Forst- und Jagdschutz beziehen.

Erk. d. OTrib. v. 3. Septbr. 1856. Sen. f. Straff. I. (G.A. IV. S. 823.)

8. (Zu §. 3.) Die Widersetzlichkeit gegen Forst- und Jagdbeamte mit Gewalt an der Person, ist nur ein Vergehen und gehört daher nicht vor das Schwurgericht.

Erk. d. OTrib. v. 22. Septbr. 1854. (G.A. II. S. 820.)

9. (Zu §. 4.) Die Anwendbarkeit des §. 4. ist nicht durch die Feststellung der im §. 3. erforderten „Gewalt an der Person" bedingt, beide Paragraphen bezeichnen vielmehr von einander unabhängig einen selbständigen objectiven Thatbestand; der §. 4. kommt daher, sobald körperliche Beschädigung des Forstbeamten oder Waldeigenthümers erwiesen ist, auch da zur Anwendung, wo die Verübung von Gewalt an der Person nicht besonders festgestellt ist.

Erk. d. OTrib. v. 5. Jan. 1855. Präj. 133. (Entscheid. Bd. 29. S. 472.) contra früher Erk. d. OTrib. v. 8. Juni 1853. (G.A. I. S. 543.)

10. Der §. 4. setzt voraus, daß die körperliche Verletzung des Forst- und Jagdbeamten absichtlich erfolgt ist, kann also bei einer Beschädigung aus Fahrlässigkeit nicht angewendet werden.

Erk. d. OTrib. v. 21. Jan. 1852. (Entsch. Bd. 22. S. 82. J.M.B. S. 166.)

11. (Zu §. 5.) Obwohl in den Fällen der §§. 1. 3. 5. eine Arbeits- oder Zuchthausstrafe bis zur Dauer von 6 Jahren vorgeschrieben ist, mithin die dadurch bedrohte Handlung nach Art. VIII. des Einführungsgesetzes v. 14. Apr. 1851 den Character eines Verbrechens im Sinne des Strafgesetzbuchs hat, so ist doch aus diesem Character der strafbaren Handlung und aus dem Umstande, daß dieselbe durch das Gesetz vom 31. März 1837 in den erwähnten §§. ausschließlich mit Arbeits- oder Zuchthausstrafe bedroht ist, nicht herzuleiten, daß sie, und zwar auf Grund des Alinea 1. des Art. IX. d. Einführungsges. nur mit Zuchthausstrafe und nicht unter 2 Jahren gestraft werden müsse, da diese Vorschrift nicht die Aufstellung neuer Strafen, sondern die Hervorbringung einer Uebereinstimmung zwischen den Bestimmungen der in Kraft gebliebenen Specialgesetze und derjenigen des St.G.B.'s bezweckt, und auch die milderen Strafbestimmungen des Gesetzes v. 31. März 1837 nirgends aufgehoben sind. Dem Richter ist daher die Befugniß nicht entzogen, in den fraglichen Fällen auf das geringere Strafmaß des älteren Specialgesetzes unter Berücksichtigung des Alinea 2. des Art. IX. cit. zu erkennen.

Erk. d. OTrib. v. 24. Jan. 1855. (G.A. III. S. 257.)

12. Die Straferhöhung des §. 5. der in den §§. 1—4. wegen Widersetzlichkeit gegen Forst- oder Jagdbeamte resp. ohne Gewalt, mit

Gewalt, oder mit körperlicher Beschädigung angedrohten Strafen um $\frac{1}{4}$ bis $\frac{1}{2}$ ihrer Dauer in dem Falle, wenn die Widersetzlichkeit von zwei oder mehreren Personen gemeinschaftlich verübt ist, tritt nur dann gegen Alle ein, wenn das qualificirende Moment, also z. B. die Gewalt an der Person, von Allen verübt ist, nicht auch, wenn zwar die Widersetzlichkeit, z. B. ohne Gewalt, von Mehreren, dagegen dabei die Gewalt selbst nur von Einem unter ihnen begangen ist.

Erk. d. OTrib. v. 6. Dezbr. 1854. (G.A. III. S. 124.)

13. (Zu §. 10.) Ueber die gegenwärtige Gültigkeit der hier ausgesprochenen Vermuthung cf. G.A. I. S. 617.

## LXXIV. Gesetz über das Mobiliar-Feuerversicherungswesen v. 8. Mai 1837. (G.S. S. 102.)

1. (Zu §. 7.) Die Betreibung von Mobiliar-Feuerversicherung durch concessionirte Agenten außer dem Bezirke ihrer Concession ist straflos.

Erk. d. OTrib. v. 13. Oct. 1858. Sen. f. Straff. I. (G.A. VII. S. 93.) cf. hinsichtlich der Versicherung von Immobilien das Erk. d. OTrib. v. 26. Novbr. 1858 (J.M.B. 1859. S. 50.) zu d. Ges. v. 17. Mai 1853 (G.S. S. 293.) §§. 3. 7.

2. (Zu §§. 7. 29.) Schon in dem bloßen Einholen der Genehmigung der beabsichtigten Versicherung seitens der Orts-Polizeibehörde liegt eine Vermittlung einer Feuerversicherung.

Erk. d. OTrib. v. 13. Octbr. 1858. Sen. f. Straff. I. (G.A. VII. S. 93.)

3. (Zu §§. 17. 28.) Die bösliche Ueberliquidirung des Brandschadens und die Brandstiftung der versicherten Sache bilden, wenn sie von vornherein zugleich beabsichtigt sind, in idealer Concurrenz eine verbrecherische That.

Beschluß d. OTrib. vom 15. Januar 1857. Sen. f. Straff. II. (G.A. V. S. 430. 409.)

4. (Zu §. 28.) Der §. 28. ist noch jetzt geltend, mit der Maßgabe, daß an die Stelle der hier bezogenen §§. des Tit. 20. Thl. II. A. L.R.'s jetzt die Vorschriften des St.G.B.'s über die Bestrafung des Betrugs treten.

Erk. d. OTrib. v. 19. Mai 1855. Sen. f. Straff. II. (Oppenhoff ad Art. II. d. Einf.-Gesetzes v. 14. April 1851. Nr. 16.)

5. Der §. 28. hat nur eine im Ganzen zu hoch aufgestellte Schadensliquidation, keineswegs eine solche vor Augen, in welcher zwar einzelne Positionen zu hoch, andere aber in mindestens gleichem Betrage zu niedrig aufgestellt worden sind.

Erk. d. OTrib. v. 18. Septbr. 1856. Sen. f. Straff. II. (G.A. IV. S. 829.) cf. in Betreff der Berechnung im Falle der strafbaren Ueberversicherung das Erk. d. OTrib. v. 24. März 1859 (G.A. VII. S. 373.) zu §§. 20. 21.

6. (Zu §§. 20. 21.) Die Strafbarkeit wegen wissentlicher Ueberversicherung tritt erst mit dem Abschlusse des Versicherungsvertrages, nicht schon mit dem Antrage auf Versicherung ein.

Erk. d. OTrib. v. 4. Novbr. 1858. Sen. f. Straff. II. (G.A. VII. S. 96.)

7. Die strafbare Ueberversicherung ist nach den einzelnen Gegenständen oder Rubriken und nicht nach der Gesammtsumme der Versicherung zu berechnen.

Erk. d. OTrib. v. 24. März 1859. Sen. f. Straff. II. (G.A. VII. S. 373.) cf. dagegen über den Fall der Liquidation des erlittenen Brandschadens, wo die strafbare Mehrliquidation (nicht Mehrversicherung) nicht nach den einzelnen Positionen, sondern nur nach ihrer Gesammtheit berechnet werden soll, d. Erk. d. OTrib. v. 18. Septbr. 1856 (G.A. IV. S. 829.) zu §§. 17. 28.

8. Die Vorschriften der §§. 20. 21. sind auf die Versicherung gar nicht vorhandener Gegenstände nicht auszudehnen.

Beschl. d. OTrib. v. 3. Septbr. 1858. Sen. f. Straff. I. (G.A. VI. S. 696.)

9. (Zu §. 34.) Die im §. 34. erwähnte Strafcompetenz der Bezirksregierungen besteht nicht mehr, vielmehr tritt auch hier die Zuständigkeit der Gerichte ein.

Rescr. d. Min. d. Inn. v. 7. Juni 1860. I. A. 4165.

## LXXV. Gesetz zum Schutze des Eigenthums an Werken der Wissenschaft und Kunst gegen Nachdruck und Nachbildung v. 11. Juni 1837. (G.S. S. 165.)

1. (Zu §§. 1. 2. 3.) Das Gesetz v. 11. Juni 1837 erfordert zur Anwendung der in demselben vorgeschriebenen Strafen, sowohl beim Nachdrucke selbst als auch bei einem nach §. 3. demselben gleichzuachtenden Abdrucke nachgeschriebener mündlicher Lehrvorträge, eine eigennützige Absicht nicht.

Plen.-Beschl. d. OTrib. v. 13. Febr. 1844. (J.M.B. S. 89.)

2. Nachdruck öffentlicher, wenn auch zugleich im Privatverlag erschienener Gesetze, Verordnungen u. s. w. ist nicht strafbar.

Erk. d. OTrib. v. 29. Octbr. 1857. Sen. f. Straff. II. (G.A. VI. S. 210.) cf. den darauf bezüglichen Aufsatz ibd. S. 204. Entscheid. Bd. 37. Abh. II. S. 48.)

3. Der Autor eines Werks, welcher dem Verleger das ausschließliche Verlagsrecht eingeräumt hat, macht sich durch Veranlassung einer anderweitigen Vervielfältigung dieses Werks des Nachdrucks schuldig. — Das gilt in jenem Falle auch von dem zweiten Verleger, welcher sein Verlagsrecht lediglich von dem Autor herleitet.

Erk. d. OTrib. v. 26. Septbr. 1851. I. (St.A. II. S. 372.) Ebenso: Erk. d. OTrib. v. 6. Juni 1855. (G.A. III. S. 694.)

4. Wenn eine Schrift wegen Ablaufs der in dem Gesetz v. 11. Juni 1837 und in den dasselbe ergänzenden Gesetzen vorgeschriebenen Schutzfristen oder aber nach §§. 1029. 1030. I. 11. A. L.R. Gemeingut geworden ist, und deshalb von dritten Personen eine neue Ausgabe dieser Schrift veranstaltet wird, so kann dadurch an dieser neuen Ausgabe nur in so weit ein gegen Nachdruck geschütztes Autor- oder Verlagsrecht erworben werden, als dieselbe überhaupt nach §. 1012. ibd. als Ausgabe zu betrachten ist, also nur in Beziehung auf das neue Format oder an

diejenigen Veränderungen, welche dadurch der im Uebrigen Gemeingut gebliebenen Schrift hinzugefügt worden sind.

Erk. d. OTrib. v. 1. Juni 1859. Sen. f. Straff. I. Präj. 256. (Entscheid. Bd. 40. S. 481. Bd. 42. S. 82. *. G.A. VII. S. 471. 478.)

5. (Zu §. 4. Nr. 2.) Ueber die Auslegung des §. 4. Nr. 2. in Bezug auf die Aufnahme musicalischer Compositionen in Sammlungen cf. Gutachten des musikalischen Sachverständigen-Vereins v. 4. Dez. 1840. (Crim.Zeitg. 1841. S. 22.)

6. (Zu §. 6.) Die Bestimmung sub Nr. 2. des Bundesbeschlusses v. 19. Juni 1845 ist dahin zu verstehen, daß der Ausdruck: „Erscheinen" nur das „erste" Erscheinen anzeigt, weil sonst die Vorschrift, daß erschienene Werke nur innerhalb 30 Jahre gegen Nachdruck gesichert sein sollen, durch neue Auflagen oder Ausgaben beliebig umgangen werden kann.

Erk. d. Rhein. Cass. Hofs v. 16. Juni 1852. (J.M.B. S. 310.)

7. Der Zweck der Bundesbeschlüsse v. 9. Novbr. 1837, 19. Juni 1845 und 6. November 1856 ging nur dahin, ein Minimum des Schutzes des AutorenRechts gegen den Nachdruck zu gewähren. Dies gilt namentlich auch von dem allegirten Beschlusse v. 6. Novbr. 1856. Daher sind durch denselben weitergehende Begünstigungen der älteren Preußischen Gesetze nicht beseitigt.

Erk. d. OTrib. v. 13. Octbr. 1859. Sen. f. Straff. II. (J.M.B. S. 430.)

8. (Zu §. 10 ff.) Ueber die Behandlung civilrechtlicher Fragen in den Untersuchungen wegen Nachdrucks cf. G.A. VII. S. 479 ff. Der Strafrichter ist so berechtigt als verpflichtet, die zu seiner Cognition durch das Strafurtheil gelangenden, mit demselben unmittelbar verbundenen Civilfragen zu entscheiden.

Erk. d. OTrib. v. 1. Juni 1859. (G.A. VII. S. 485. Entscheid. Bd. 42. S. 82. *.) Dagegen kommt ein Aufsatz „über die Behandlung der Entschädigungsfrage in den Untersuchungen wegen Nachdrucks" (G.A. VIII. S. 73.) zu folgenden Resultaten:

1) ohne einen vom Denuncianten gestellten Antrag auf Entschädigung hat auch der Criminalrichter eine solche nicht auszusprechen, auch nicht im Princip;
2) der Criminalrichter spricht die Festsetzung einer Entschädigung nach §. 11. nur dann aus, wenn sich nach Beschaffenheit der Umstände keine Bedenken gegen eine arbiträre Summe erheben, welche jedoch den Werth von 1000 Exemplaren nicht übersteigen darf;
3) übersteigt die liquidirte Schadensforderung den Werth von 1000 Exemplaren oder sind Anhaltspunkte für die arbiträre Schätzung in der Untersuchung nicht gewonnen worden, so verweist der Criminalrichter die Entschädigungsfrage zum Civilprozeß.

9. a. Die von Seiten des Strafrichters erfolgte Freisprechung von der Beschuldigung unerlaubten Nachdrucks oder unerlaubter Vervielfältigung, wenn sie deshalb erfolgt ist, weil der objective Thatbestand des Begehens nicht feststeht, befreit den Angeschuldigten auch von dem Entschädigungsanspruche; und der Civilrichter ist nicht befugt, die vorgedachte als rechtskräftig entschieden zu betrachtende Frage zur Beurtheilung vor sein Forum zu ziehn.

Erk. d. OTrib. v. 11. Septbr. 1846. II. Präj. 1784. (Entscheid. Bd. 13.

S. 134. Präj.=Samml. I. S. 407.) Erk. d. OTrib. v. 11. Novbr. 1853. I. (St.A. X. S. 290. Rechtsgrundsätze I. S. 454.)

b. Nach Preußischem Rechte ist die Entscheidung des Strafrichters über eine zur Untersuchung gekommene strafbare Handlung für den Civilrichter, welcher über einen Entschädigungsanspruch zu entscheiden hat, in seiner Beurtheilung der Beweisfrage hinsichtlich der zur Begründung dieses Anspruchs dienenden Thatsachen in soweit nicht maßgebend, als besondere gesetzliche Bestimmungen nicht das Gegentheil rechtfertigen.

Plen.=Beschluß d. OTrib. v. 15. Dezbr. 1856. (J.M.B. 1857. S. 59.)

10. Der Einwand des Druckers und Verlegers eines nachgedruckten Werkes, wie er nicht gewußt, daß das ihm von dem angeblichen Autor zum Verlage überlassene Werk einen Nachdruck enthalte, kann denselben von der Entschädigung des Beeinträchtigten nicht befreien.

Erk. d. OTrib. v. 29. Juni 1853. (Entscheid. Bd. 26. S. 80. Präj.=Samml. II. S. 138.)

11. (Zu §. 11.) Ist nur ein Theil nachgedruckt worden, und hat dieser keinen besondern Kaufswerth, so ist die Entschädigung zu arbitriren.

(Gutachten d. litter. Sachverständigen=Vereins v. 31. Octbr. 1838. J. W. 1840. S. 167.)

12. Bei Feststellung der Entschädigung des rechtmäßigen Verlegers ist die Berücksichtigung der abgesetzten Exemplare der unrechtmäßigen Ausgabe nicht ausgeschlossen.

Erk. d. OTrib. v. 26. Septbr. 1851. I. (St.A. II. S. 372. Rechtsgrundsätze I. S. 454.)

13. (Zu §. 13.) cf. Erk. des OTrib. v. 13. Octbr. 1859 (J. M.B. S. 430.) zu §. 38.

14. (Zu §. 15. ff.) Die Entscheidung von Privatstreitigkeiten über den Nachdruck eines Gesangbuchs, welches zum kirchlichen Gebrauche bestimmt ist, gebührt nicht den Kirchenbehörden, sondern den Gerichten.

Erk. d. Competenzger.Hofs v. 8. März 1856. (J.M.B. S. 138.)

15. Als Verletzter im Sinne des §. 15. und deshalb zur Beantragung eines Strafverfahrens wegen Nachdrucks für befugt ist derjenige zu betrachten, welchem in Wahrheit das Vervielfältigungsrecht zusteht, also der Herausgeber selbst dann, wenn er auch sein Recht nach einem Vermerke auf dem Werke auf einen Verleger übertragen haben sollte, sobald nur feststeht, daß dieser letztere doch nur Commissionär ist.

Erk. d. OTrib. v. 13. Mai 1857. Sen. f. Straff. I. (J.M.B. S. 294.)

16. Der Grundsatz des §. 52. d. St.G.B.'s, wonach der Antrag auf Bestrafung nicht getheilt werden kann, findet auch auf den Strafantrag in Nachdruckssachen Anwendung.

Erk. d. OTrib. v. 16. Juni 1859. Sen. f. Straff. II. (G.A. VII. S. 692.)

17. (Zu §. 17.) Die Gerichtsbehörden und Beamten der Staatsanwaltschaft werden an die auf den status causae et controversiae bezüglichen Bestimmungen der Instruct. v. 15. Mai 1838 (G.S. S. 277.) und des Circ.Rescr. vom 25. Febr. 1842 (J.M.B. S. 106.) erinnert und namentlich darauf hingewiesen,

daß, bevor zur Regulirung des status causae geschritten werden kann, sämmtliche Parteien über die Sache selbst vernommen sein müssen;

daß ferner die Regulirung des status causae et controversiae nicht von den Beamten der Staatsanwaltschaft vorgenommen werden kann, vielmehr gerichtlich, und zwar unter Zuziehung der Parteien erfolgen muß;

und daß endlich die Unterzeichnung des regulirten status causae et controversiae als eine wesentliche Förmlichkeit des Verfahrens anzusehen ist.

Allg. Vfg. v. 11. Septbr. 1858. (J.M.B. S. 298.)

18. Der Richter ist in seiner Entscheidung an das Gutachten des Sachverständigen-Vereins nicht gebunden.

Erk. d. OTrib. vom 13. Mai 1857. Sen. f. Straff. I. (J.M.B. S. 294. G.A. V. S. 628.)

19. Die Einholung eines Gutachtens des Sachverständigen-Vereins über die Höhe der wegen Nachdrucks zu leistenden Entschädigung ist nicht wesentlich; wenn in dieser Beziehung von keiner Seite ein Antrag gestellt ist, kann der Instanzrichter davon absehen und die Schätzung selbst vornehmen.

Erk. d. OTrib. v. 13. Octbr. 1859. Sen. f. Straff. II. (J.M.B. S. 430.)

20. Bemerkenswerthe Gutachten des nach der Instruction vom 15. Mai 1838 gebildeten Sachverständigen-Vereins:

a. Es schließt die Competenz des Vereins nicht aus, wenn auch ein oder alle Mitglieder desselben nicht die Kenntniß der Wissenschaft oder Sprache besitzen, welche den zu begutachtenden Fall betreffen; es müssen vielmehr alsdann dem Vereine die nöthigen Momente durch Abhörung Sachverständiger gewährt werden.

Gutachten v. 29. Dezbr. 1840. (J. W. 1841. S. 501.)

b. Wenn ein Aufsatz, welcher von dem Verfasser für eine Zeitschrift geliefert und in dieser abgedruckt ist, von demjenigen, der das Verlagsrecht der Zeitschrift erworben hat, in einer Sammlung von Aufsätzen, ohne des Verfassers Zustimmung, wieder abgedruckt wird, so enthält dies einen verbotenen Nachdruck. Die Entschädigung ist in diesem Falle, wenn der rechtmäßige Abdruck als Theil einer Zeitschrift keinen besondern Verkaufswerth hat, durch Arbitriren zu bestimmen.

Gutachten v. 31. Oct. 1838. (J. W. 1840. S. 161.)

c. An Kirchenliedern, welche von einer bestimmten Religionspartei bei der öffentlichen oder häuslichen Andacht allgemein gebraucht werden, hat Niemand ein Verlagsrecht; es wäre denn an einer Sammlung solcher Lieder mit eigenthümlicher Anordnung und bestimmter Textrecension.

Gutachten v. 15. Jan. 1840. (J. W. S. 609.)

d. Auch Wohnungsanzeigen und ähnliche statistische Nachweisungen, deren Bearbeitung wissenschaftliche oder Kunstkenntnisse nicht erfordert, sind als schriftstellerische Arbeiten anzusehen, bei denen ein Nachdruck möglich ist.

Gutachten v. 28. Febr. 1840. (J. W. S. 661.)

e. Die Zusammenstellung eines Werks aus einzelnen Stellen eines andern, wenngleich mit Auslassungen, einzelnen Aenderungen und Zusätzen, sowie mit Abweichungen in der Ordnung und Verbindung ist als ein verbotener Nachdruck anzusehen. Es ist auch ein Nachdruck von Werken möglich, welche, wie z. B. Kochbücher, bekannte, auf allgemeiner Erfahrung beruhende Regeln und Vorschriften enthalten.

Gutachten v. 16. Septbr. 1840. (J. W. S. 861.)

f. Die Herstellung eines gleichförmigen Textes von klassischen Werken durch kritische Thätigkeit ist nicht dergestalt als ein freies schriftstellerisches Product zu betrachten, daß dem Verfasser für diese Bearbeitung des fremden Textes dieselben Rechte zustehen, wie einem Autor für ein von ihm verfaßtes Original-Werk. Er hat deshalb kein Widerspruchsrecht gegen die Vervielfältigung in seiner Textherstellung.

Gutachten v. 27. Juni 1841 und Erk. d. Stadtgerichts zu Berlin v. 20. Juli 1841. (J. W. 1842. S. 149.)

g. Die Nachbildung eines Kupferstichs durch die Photographie im Sinne des §. 29. muß lediglich als ein „rein mechanisches Verfahren" betrachtet werden.

Gutachten, ohne Datum, (G.A. V. S. 626.) cf. Erk. d. OTrib. v. 13. Mai 1857 (G.A. V. S. 619.) zu §. 29.

h. Nachbildungen von Zeichnungen und Gemälden als Vignetten auf Schriften sind unerlaubt.

Gutachten, ohne Datum, (G.A. VI. S. 691.) cf. dagegen Erk. d. OTrib. v. 23. Juni 1858 (G.A. VI. S. 692.) zu §. 21.

21. (Zu §. 18.) Musterzeichnungen genießen den Schutz gegen Nachdruck.

Erk. d. Stadtgerichts zu Berlin v. 8. Jan. 1857. contra: Erk. d. Kammergerichts v. 28. Apr. 1857. (G.A. V. S. 628. 629.)

22. (Zu §. 21.) Nachbildungen von Zeichnungen und Gemälden, als Vignetten auf Schriften sind nur dann strafbar, wenn damit ein solches Werk hervorgebracht wird, dessen man sich an Stelle des Vorbildes bedienen kann, was sich von einer kleinen Titel-Vignette nicht behaupten läßt.

Erk. d. OTrib. v. 23. Juni 1858. Sen. f. Straff. I. (G.A. VI. S. 692.) cf. contra: Gutachten g. h. zu §. 17.

23. (Zu §. 25.) Hat Jemand ein Originalkunstwerk nicht nur als Muster zu den Erzeugnissen seines Handwerks benutzt, sondern das Kunstwerk selbst nachgebildet und mit jenen Erzeugnissen, wenn auch verbunden mit denselben (z. B. als Medaillons auf Pappkasten), verkauft, so steht ihm der §. 25. nicht zur Seite.

Erk. d. OTrib. v. 20. Mai 1859. Sen. f. Straff. I. (G.A. VII. S. 530.)

24. (Zu §. 27.) Ueber die Anwendung von Kunstwerken auf Grund des §. 27. cf. Bekanntmachung des artistischen Sachverständigen-Vereins v. 13. Apr. 1852. (M.Bl. d. i. V. S. 87.)

25. (Zu §. 29.) a. Die Bestimmung des §. 29. ist als eine unbestimmte Frist, d. h. als Gestattung eines Rechts bis zum Eintritte eines unbestimmten Ereignisses zu betrachten. Ihre fortdauernde Wirksamkeit

kann erst dann in Frage kommen, wenn die bestimmte Schutzfrist der Bundesgesetze (30 Jahre, cf. Bundesbeschluß X. vom 19. Juni 1845) abgelaufen ist und es sich davon handelt, ob über sie hinaus die unbestimmte Frist des §. 29. noch laufe.

b. Die Platte eines Kupferstichs behält ihre Nutzbarkeit auch dann, wenn einzelne von ihr auf galvanoplastischem Wege entnommene Tochterplatten auch diese Nutzbarkeit bereits eingebüßt haben sollten.

Erk. d. OTrib. vom 13. Mai 1857. Sen. f. Straff. I. J.M.B. S. 294. (G.A. V. S. 619.) u. Erk. d. OTrib. v. 20. Mai 1859. Sen. f. Straff. I. (G.A. VII. S. 531.)

26. (Zu §. 32.) Der Schriftsteller, welcher sein dramatisches Werk nicht durch den Druck öffentlich bekannt gemacht hat, ist berechtigt, jede ohne seine Genehmigung zu veranstaltende theatralische Aufführung seines Werks zu verhindern, und falls solche geschehen, Entschädigung zu fordern, welches Recht jedoch nicht die Befugniß enthält, von der Theater-Direction Rechnungslegung über die Tageseinnahme und Herausgabe derselben nach Abzug der Auslagen zu verlangen.

Erk. d. OTrib. v. 6. April 1835. (Simon's R. Bd. 4. S. 223.)

27. (Zu §. 38.) a. Das Gesetz v. 11. Juni 1837 findet zufolge §. 38. auf die in einem fremden Staate erschienenen Werke bloß in dem Maße statt, als die in demselben festgestellten Rechte den in Preußischen Landen erschienenen Werken durch die Gesetze dieses Staats ebenfalls gewährt werden, was z. B. in Frankreich nicht der Fall ist.

b. Das Gesetz selbst hat die Merkmale des Erscheinens nicht näher bestimmt; es ist dabei nach dem Geiste des ganzen Gesetzes sowie nach dem internationalen Territorialprincip hauptsächlich Nationalität und Wohnsitz desjenigen, der die Erscheinung bewirkt, für maßgebend zu erachten.

Erk. d. OTrib. v. 4. Juni 1856. Sen. f. Straff. I. (G.A. IV. S. 685.)

28. Der Herausgeber eines Werks der Kunst, welcher in einem Bundesstaate den Schutz gegen Nachdruck dadurch erlangt hat, daß er die dort vorgeschriebenen Bedingungen erfüllte, hat sich alsdann in allen deutschen Bundesländern eines gleichen Schutzes zu erfreuen, wie ihn die Bundesbeschlüsse allgemein anordnen, oder wie die einzelnen Bundesländer ihn besonders gewähren. Dieses so für ganz Deutschland erworbene Recht kann derselbe sodann durch einen Verlagsvertrag auf einen in einem andern Bundesstaat wohnenden Verleger übertragen, so daß dieser nicht mehr nöthig hat, in seinem Staat jenes Recht durch Erfüllung der hier vorgeschriebenen Bedingungen zu erwerben.

Erk. d. OTrib. v. 13. Mai 1857. Sen. f. Straff. I. (J.M.B. S. 294.)

29. Straflosigkeit eines Falles der Nachbildung, die zwar in Preußen aber nach einem Englischen Original erfolgt war, dessen Englischer Eigenthümer jedoch die Bedingungen des Schutzes des Preußisch-Englischen Staatsvertrags vom $\frac{13.\ \text{Mai}}{16\ \text{Juni}}$ 1846 nicht erfüllt hatte, — während in Preußen gleichfalls ein Eigenthümer dieses Musters existirte.

Erk. d. OTrib. vom 15. Juli 1857. Sen. f. Straff. I. (G.A. V. S. 631.)

30. Im Falle des §. 13. ist die Frage, ob ein Werk „widerrechtlich vervielfältigt", nur nach Preußischem Rechte zu entscheiden; das Verbot des Verkaufs solcher Werke bezieht sich daher auch auf die im Auslande gedruckten Werke, sobald sie nur nach Preußischen Gesetzen für Nachdruck zu halten sind, sollte dies auch am Orte ihres Erscheinens nicht der Fall sein.

Erk. d. ObTrib. v. 13. Octbr. 1859. Sen. f. Straff. II. (J.M.B. S. 430.)

## LXXVI. K.O. v. 17. Juni 1837 über die Befugnisse der Wundärzte. (Horn, Medizinal-Wesen II. S. 94. v. Rönne, Medizinal-Wesen I. S. 517.)

1. Wundärzte erster Klasse sind an sich zur Betreibung der innern Heilkunde qualificirt, und der §. 199. des St.G.B.'s, welcher den Mangel einer Approbation voraussetzt, ist auf sie nicht anwendbar. — Die K.O. vom 17. Juni 1837 ist in Verbindung mit der Min.Verfg. vom 24. August 1825 (K.O. v. 28. Aug. 1825) und v. 30. Juni 1837 (v. K., Ann. Bd. 21. S. 558.) dahin auszulegen, daß den Wundärzten erster Klasse nicht die Heilung innerer Krankheiten, sondern nur bei Verlust ihrer Approbation, die Domizilirung in Orten, in welchen ein promovirter Arzt wohnt, untersagt ist. Erst wenn in einem solchen Falle nach Ordnung der cit. Verfg. v. 30. Juni 1837 ihre Approbation in die eines Wundarztes zweiter Klasse umgeschrieben worden ist, beginnt mit dem Mangel der Approbation zur ärztlichen Praxis auch die Strafbarkeit nach §. 199. des St.G.B.'s. Folgerichtig steht es „den Wundärzten erster Klasse, welche sich an einem Orte niederlassen, an welchem ein promovirter und nicht approbirter Arzt nicht ansässig ist, zu, von diesem Orte aus, auch an solchen Orten, an welchen approbirte und promovirte Aerzte ansässig sind, die innere ärztliche Praxis zu betreiben".

Oppenhoff ad §. 199. des St.G.B.'s Nr. 6. Erk. d. ObTrib. v. 10. Febr. 1853. Sen. f. Straff. II. Präj. 17. und v. 27. Septbr 1853 (Entscheid. Bd. 24. S. 495. Bd. 25. S. 243. G.A. I. S. 244.) cf. Erk. d. ObTrib. v. 20. Octbr. 1853. Sen. f. Straff. II. (G.A. II. S. 121.)

2. Der zur Ausübung der innern Heilkunde berechtigte Wundarzt erster Klasse, welcher sich „practischer Arzt" nennt, macht sich des Vergehens gegen §. 105. d. St.G.B.'s nicht schuldig. Dasselbe gilt von der Bezeichnung „Wundarzt" durch eine als solcher nicht approbirte Person.

Erk. d. ObTrib. v. 21. Juni 1855. Sen. f. Straff. II. u. v. 30. Juni 1852. (Oppenhoff ad §. 105. d. St.G.B.'s Nr. 13. 14.)

## LXXVII. K.O. v. 27. Juni 1837 betreffend das Verbot des Verkehrs mit Promessen zu den Prämienscheinen der Seehandlung oder zu ausländischen, mit einer ähnlichen Prämienverloosung verbundenen Staatsanleihen. (G.S. S. 129.)

1. Die K.O. v. 27. Juni 1837 ist durch das Straf-Gesetz-Buch nicht aufgehoben.

Oppenhoff ad §. 268. d. St.G.B.'s Nr. 8. und die dort citirten Erkenntnisse d. OTribunals. Contra: Wenzel, Ergänzg. S. 246.

2. In wiefern ist das öffentliche Ausgebot von Loosen zu der Prämienverloosung einer auswärtigen Staatsanleihe als strafbare Aufforderung zu einer auswärtigen Lotterie anzusehen?

Erk. d. OTrib. v. 8. Octbr. 1858. Sen. f. Straff. I. (J.M.B. S. 351.)

3. Unter „Promesse" im Sinne der K.O. v. 27. Juni 1837 ist das schriftliche Versprechen zu verstehen, durch welches der Aussteller derselben in Beziehung auf einen bestimmten Prämienschein und für eine bestimmte Prämienziehung einem Dritten gegen eine von demselben zu bezahlende bestimmte Summe die Zusicherung ertheilt, demselben für den Fall, daß dieser Schein in der gedachten Ziehung gezogen wird, entweder diesen Schein behufs eigener Realisirung des darauf gefallenen Gewinns zu verschaffen, oder selbst die Auszahlung des letzteren zu bewirken.

Erk. d. OTrib. v. 3. Febr. 1859. Sen. f. Straff. II. (J.M.B. S. 91.)

## LXXVIII. Publicationspatent über den von der deutschen Bundesversammlung unter dem 9. Novbr. d. J. gefaßten Beschluß wegen gleichförmiger Grundsätze zum Schutze des schriftstellerischen und künstlerischen Eigenthums gegen Nachdruck und unbefugte Nachbildung v. 29. Novbr. 1837. (G.S. S. 161.)

1. cf. d. Erk. d. OTrib. v. 13. Octbr. 1859 (J.M.B. S. 430.) zu §. 6. d. Ges. v. 11. Juni 1837. (G.S. S. 165.).

## LXXIX. Gesetz über die Bestrafung von Studentenverbindungen v. 7. Januar 1838. (G.S. S. 13.)

1. Ueber die Frage, ob dieses Gesetz noch jetzt gültig, cf. Oppenhoff ad §. 98. d. St.G.B.'s Nr. 3.

## LXXX. Zollgesetz v. 23. Januar 1838. (G.S. S. 34.)

1. (Zu §. 3.) Der Minister des Innern ist zum Erlaß von Ausfuhrverboten (z. B. von Pferden) aus polizeilichen Rücksichten befugt und sind Uebertretungen eines solchen Verbots strafbar.

Erk. d. OTrib. v. 26. Juni 1856. Sen. f. Straff. II. (G.A. IV. S. 825.)

2. (Zu §. 29.) Dieser §. setzt voraus, daß derjenige, welcher von dem Verbote betroffen werden soll, Waaren in dem Augenblicke, wo er die Zolllinie passirt, mit sich führt. Derjenige, welcher früher Waaren bei sich geführt, sie aber außerhalb der Zolllinie zurückgelassen hat, wenn er von der vorgeschriebenen Zolllinie abweicht, sei es um zu landen, oder zur See durch Anlanden an nicht dazu bezeichneten Landungsplätzen, ist hiernach nicht strafbar.

Erk. d. OTrib. v. 4. Nov. 1853 u. 27. Oct. 1854. (G.A. II. S 111. u. 817.)

3. cf. d. Erk. d. OTrib. v. 18. Juni 1858 (G.A. IV. S. 518) zu §. 82$^{b}$. d. Zollordnung.

4. (Zu §. 41.) Die hier und im §. 76. der Zollordnung vorgeschriebene Controlen müssen auch dann stattfinden, wenn ein Inländer inländische Erzeugnisse in das Ausland mitnimmt, und dieselben bei seiner Rückkehr aus dem Auslande zurückbringt, weil es nicht sowohl auf die Versendung von inländischen Erzeugnissen, als auf das Ausführen und Einbringen von Gegenständen ankommt, welche, wenn dieselben aus dem Auslande eingebracht werden, zollpflichtig sind. Die Zollfreiheit kann mithin für solche Gegenstände nur dann in Anspruch genommen werden, wenn erwiesen wird, daß dieselben ausgeführt worden, und ihrer Bestimmung nach wieder zurückgebracht werden sollen.

Erk. d. OTrib. vom 4. Juni 1856. Sen. f. Straff. I. (G.A. IV. S. 687.)

## LXXXI. Zollordnung v. 23. Jan. 1838. (G.S. S. 42.)

1. (Zu §. 1.) cf. Erk. d. OTrib. v. 4. Nov. 1853 u. 27. Oct. 1854 (G.A. II. S. 111 u. 817.) zu §. 29. d. Zollgesetzes.

2. (Zu §. 11.) a. Reisende, welche im Sinne des §. 11. keine Gewerbtreibenden sind und welche bei dem Eintritt in das Zollvereins-Gebiet die Gegenstände, welche sie bei sich führen, den Zollbeamten zur Revision gestellt haben, sind als Defraudanten auch dann nicht zu bestrafen, wenn sie wissen, daß sie zollpflichtige Gegenstände bei sich führen, und diese ohne Entrichtung des Zolls einbringen, vorausgesetzt, daß sie durch getroffene Anstalten Gegenstände bei der Revision zu verheimlichen nicht bemüht gewesen sind.

b. Unter gewerbtreibenden Reisenden können nur solche verstanden werden, welche reisen, um mit den bei sich führenden Waaren ihr Gewerbe zu treiben, bei welchen mithin die Einbringung und der Absatz der Waaren oder deren Durchbringung als Reisezweck erscheint.

Erk. d. OTrib. vom 22. Dez. 1854. Sen. f. Straff. I. (Entsch. Bd. 29. S. 429. Präj.-Samml. II. S. 139. G.A. III. S. 410).

3. Bei nicht gewerbtreibenden Reisenden ist die wahrheitswidrige

Verneinung des Besitzes zollpflichtiger Gegenstände, wenn sonst die Gegenstände des Transports zur Revision gestellt werden, weder als eine getroffene Anstalt zur Verheimlichung, noch als eine Verheimlichung anzusehen.

Erk. d. OTrib. v. 7. Oct. 1857. Sen. f. Straff. I. (G.A. VI. S. 410.)

4. (Zu §. 76.) cf. Erk. d. OTrib. v. 4. Juni 1856 (G.A. IV. S. 687.) zu §. 41. des Zollgesetzes.

5. (Zu §. 82$^b$.) Strandgüter ausländischer Schiffe, welche nach §. 82$^b$. behandelt werden, sind an dem Orte, an welchem sie unter Aufsicht des Zollbeamten geborgen sind, wenn auch im Inlande, dennoch als im Auslande befindlich zu betrachten; so lange sie sich mithin unter seiner Bewachung befinden, sind sie im Sinne des Zollgesetzes noch nicht eingeführt.

Erk. d. OTrib. vom 18. Juni 1858. Sen. f. Straff. I. (G.A. IV. S. 548. Entsch. Bd. 39. S. 72.*)

6. (Zu §§. 83. 86. 87.) Wer eine Ortsbehörde durch Täuschung veranlaßt, eine thatsächlich unrichtige Versendungs-Legitimationsbescheinigung nach Anleitung der cit. §§. auszustellen, ist dem §. 252. d. St.G.B.'s verfallen.

Erk. d. OTrib. v. 14. Dez. 1854. Sen. f. Straff. II. (G.A. III. S. 137.)

## LXXXII. Gesetz wegen Untersuchung und Bestrafung der Zollvergehen v. 23. Jan. 1838. (G.S. S. 78.)

1. (Zu §. 1.) Der Minister des Innern ist zum Erlaß von Ausfuhr-Verboten (z. B. von Pferden) aus polizeilichen Rücksichten nach §. 3. des Zollgesetzes befugt und sind Uebertretungen eines solchen Verbots strafbar.

Erk. d. OTrib. v. 26. Juni 1856. Sen. f. Straff. II. (G.A. IV. S. 825.)

2. Der Versuch einer Zolldefraude ist straflos: die Worte im §. 1.: „wer es unternimmt" deuten nicht einen Versuch zur Einbringung zollpflichtiger Waaren mit Umgehung der Zollstraße, im Sinne des §. 31. d. St.G.B.'s, an, sondern die Einbringung resp. die Umgehung des Zolls selbst, mithin das consummirte Vergehen an.

Erk. d. OTrib. v. 27. Sept. 1854. (G.A. II. S. 822.)

3. Bei Zolldefrauden könnte der Grundsatz des Art. IV. des Einf. Gesetzes zum Strafgesetzbuch nur dann angerufen werden, wenn das neue Gesetz überhaupt das Umgehen der Zollgefälle für straflos erklärte, oder wenn es die Strafe oder den Thatbestand der strafbaren Handlung anders bestimmte, nicht aber, wenn es einen bisher beim Einbringen zu verzollenden Gegenstand für zollfrei erklärt, oder wenn nur eine einzelne bestimmte Zollschranke z. B. durch den Anschluß eines Nachbarstaates an den Zollverein, wegfällt.

Erk. d. OTrib. vom 24. Nov. 1853. Sen. f. Straff. II. (G.A. II. S. 112.) Erk. d. OTrib. vom 1. Dez. 1853. Sen. f. Straff. II. (Entsch. Bd. 26. S. 478.) Oppenhoff ad Art. IV. d. Einf.Gesetzes Nr. 2.

4. (Zu §§. 3—5.) Bei Zollvergehen darf, auch im Falle, daß

mehrere dergleichen Vergehen in einer und derselben oder in mehreren auf einander folgenden Untersuchungen zur Erörterung gelangen, die den mehreren respectiven Geldstrafen für den Fall des Unvermögens zu substituirende Gefängnißstrafe im Ganzen die Dauer eines Jahres, im Rückfalle die Dauer von 2 Jahren nicht übersteigen.

Erk. d. OTrib. v. 25. Mai 1853. (Entsch. Bd. 25. S. 270. G.A. I. S. 559.) Präj.-Samml. II. S. 139. Erk. d. OTrib. v. 9. Mai 1855. (G.A. III. S. 683.)

5. Der §. 60 des St.G.B.'s über die 10jährige Rückfallsverjährung kommt auch bei Zolldefrauden zur Anwendung, und macht es keinen Unterschied, ob die That vor oder nach dem 1. Juli 1851 begangen war.

Erk. d. OTrib. vom 25. Mai 1853. Sen. f. Straff. I. (G.A. I. S. 564.) Oppenhoff ad §. 60. d. St.G.B.'s Nr. 6.

6. (Zu §. 4.) Im Falle des §. 4. liegt wegen des angedrohten Verlusts des Rechts zum Gewerbebetriebe stets ein Vergehen vor; Competenz und Umwandlung der Geldbuße richten sich daher nach den für Vergehen geltenden Grundsätzen.

Oppenhoff ad Art. VIII. d. Einf.Gesetzes vom 14. April 1851. Nr. 5.

7. Mit Rücksicht auf Art. IX. des Einf.Ges. v. 14. April 1851 kann im Falle des §. 4. statt der Geldbuße nicht auf Zuchthaus oder Festungsarrest, sondern nur auf Gefängniß erkannt werden.

Oppenhoff ad §. 17. d. St.G.B.'s Nr. 3.

8. (Zu §. 6. Nr. 1$^a$.) Wenn auch der §. 6. Nr. 1$^a$. den Fall berührt, wo die Gewerbtreibenden die zu verzollenden Waaren in das Zollgebiet selbst eingeführt haben, so ist doch die Anwendung des Gesetzes in dem Falle nicht ausgeschlossen, wenn der inländische Empfänger zollpflichtiger Waaren zur Declaration verstattet worden ist und unrichtig declarirt hat.

Erk. d. OTrib. vom 22. April 1857. Sen. f. Straff. I. (G.A. V. S. 546.)

9. Procuristen der Gewerbtreibenden sind selbst als Gewerbtreibende bei der Declaration zu betrachten.

Erk. d. OTrib. v. 22. April 1857. Sen. f. Straff. I. (G.A. V. S. 546.)

10. Unter „Frachtführer" ist nicht jeder Waarenführer (§§. 2. ff. d. Zollordnung), (der Ausdruck hat vielmehr seine besondere Bedeutung, begreift Fuhrleute, Schiffer u. dergl.), und ist nicht etwa für einen Waarenführer im Gegensatz von einem Reisenden zu verstehen.

Erk. d. OTrib. v. 1. Nov. 1854. (G.A. III. S. 127.)

11. Zugführer der Eisenbahnen sind nicht als Frachtführer anzusehen.

Erk. d. OTrib. v. 4. Nov. 1853. (G.A. I. S. 110.)

12. a. Die Verpflichtung, die eingehenden abgabenpflichtigen Waaren zu declariren, besteht auch in Ansehung der mittelst der Eisenbahnen eingeführten Waaren.

b. Es liegt in den Befugnissen des Finanzministers, unter den verschiedenen einen Zug begleitenden Eisenbahnbeamten denjenigen zu bezeichnen, welcher als der Frachtführer zu betrachten sei.

c. Der als Frachtführer bezeichnete Beamte einer Privat- oder auch einer königl. Eisenbahn ist für die Vollständigkeit und Richtigkeit der von ihm abgegebenen Declaration unbedingt persönlich verantwortlich, und zwar auch dann, wenn er von dem Inhalte der verschlossenen Behältnisse, in welchen sich die Waaren befanden, keine Kenntniß erhalten konnte.

Erk. d. OTrib. vom 30. Oct. 1857. Sen. f. Straff. I. (J.M.B. S. 435. G.A. V. S. 846.) cf. Erk. d. OTrib. vom 28. October 1858. (G.A. V. S. 43.)

13. (Zu §. 6. Nr. 1 b.) a. Das Strafgesetz ist auf einen Reisenden, welcher zu declariren nicht verpflichtet ist und abgabenpflichtige Gegenstände nicht declarirt hat, nicht anzuwenden; dabei ist gleichgültig, ob der Reisende gewußt hat, daß er zollpflichtige Gegenstände bei sich führe oder nicht, vorausgesetzt, daß er durch getroffene Anstalten Gegenstände bei der Revision zu verheimlichen nicht bemüht gewesen ist.

b. Unter gewerbtreibenden Reisenden (§. 11. d. Zollordn.) können nur solche verstanden werden, welche reisen, um mit den bei sich führenden Waaren ihr Gewerbe zu treiben, bei welchen mithin die Einbringung und der Absatz der Waaren oder deren Durchbringung als Reisezweck erscheint.

Erk. d. OTrib. vom 22. Dez. 1854. (G.A. III. S. 409. Entsch. Bd. 29. S. 429. Präj.-Samml. II. S. 139.)

14. (Zu §. 6. Nr. 4.) Hier ist zur Begründung der Annahme einer Zolldefraudation zwar nur der Fall erwähnt, wo durch das Vorfinden der zollpflichtigen Gegenstände deren Einbringung in den Grenzbezirk erwiesen wird, dadurch ist aber nicht ausgeschlossen, die Einbringung auch auf andere Art darzuthun, und es liegt, wenn dieser Beweis geführt wird, kein Grund vor, die im §. 6. Nr. 4. aufgestellte Vermuthung der Defraude auch rücksichtlich solcher bei der Revision nicht vorgefundenen Gegenstände eintreten zu lassen.

Erk. d. OTrib. vom 21. April 1854. (G.A. II. S. 683.) Erk. d. OTrib. vom 11. Mai 1855. (G.A. III. S. 559.)

15. Ein Vergehen gegen §. 6. Nr. 4. begründet weder bei einer nachfolgenden Defraudation eine Rückfallsstrafe (§. 9.), noch kann ein dieserhalb Angeklagter, auch wenn er schon früher wegen Zolldefraudation bestraft ist, jetzt mit der Rückfallsstrafe belegt werden.

Erk. d. OTrib. v. 10. Jan. 1855. (G.A. III. S. 254.)

16. (Zu §. 11.) Bei Anwendung des §. 11. kann eine subsidiarisch zu erkennende Freiheitsstrafe gemäß dem im §. 11. bezogenen §. 4. bis zum Maximum von 4 Jahren erkannt werden.

Erk. d. OTrib. vom 10. Nov. 1855 ad 3. Sen. f. Straff. II. Präj. 187. (Entsch. Bd. 31. S. 260.)

17. (Zu §. 11. Nr. 1.) Diese Vorschrift kann nur da Anwendung finden, wo festgestellt ist, daß auf dem Transport bei dem Einbringen in das Land die verbotenen Gegenstände in der hier angegebenen Art verborgen worden waren.

Erk. d. OTrib. v. 29. Nov. 1855. Sen. f. Straff. II. (G.A. IV. S. 237.)

18. (Zu §. 13.) Zum Begriffe der Gemeinschaftlichkeit einer Zolldefraude im Sinne des §. 13. genügt es nicht, wenn drei oder mehrere

defraudirende Personen beisammen sind, und jede von der andern weiß, daß sie zollpflichtige Waaren zum Zwecke der Defraudation bei sich führe; es muß vielmehr zu diesen Thatsachen noch hinzu kommen, daß Jeder der Defraudanten an der von dem Andern verübten Defraudation mindestens in der Art Theil nehme, daß von ihm beabsichtigt sei, dieselbe wenn auch nur durch seine Gegenwart und seine Bereitwilligkeit der Hülfeleistung zu unterstützen und zu befördern.

Erk. d. OTrib. v. 9. Febr. 1860. Sen. f. Straff. II. (J.M.B. S. 173.) Erk. d. OTrib. vom 21. Oct. 1853. (G.A. II. S. 110.) cf. Erk. des OTrib. v. 27. Nov. 1843 (Präj.-Samml. I. S. 408.): Der Eintritt der in dem §. 13. angeordneten selbständigen Gefängnißstrafe gegen solche Zolldefraudanten, die in Gesellschaft mehrerer Personen bei Verübung eines dergleichen Vergehens betroffen sind, beruht lediglich auf der Thatsache des Zusammenbetroffenseins. Eine Miturheberschaft wird dadurch allein noch nicht festgestellt; vielmehr ist in Bezug auf die eigentliche Defraudationsstrafe nach den allgemeinen Strafgesetzen in jedem einzelnen Falle zu entscheiden, ob eine solche vorhanden sei, oder nicht.

19. (Zu §. 19.) In Betreff der subsidiarischen Verhaftung cf. die Noten zu §. 83. der Steuerordnung, namentlich das Plen.-Erk. des OTrib. v. 25. Mai 1857 (Entsch. Bd. 36. S. 443. G.A. V. S. 531. J.M.B. S. 275.) und v. 12. November 1855. (G.A. IV. S. 238.) Der §. 19. spricht die subsidiarische Verhaftung der Gewerbtreibenden für die Personen, welche in ihrem Dienste stehen, nur in dem Falle aus, wenn diese Personen bei Ausführung der ihnen von dem subsidiarisch Verhafteten übertragenen Verrichtungen die bei diesen Verrichtungen zu beobachtenden, zollgesetzlichen oder Zoll-Verwaltungsvorschriften nicht beobachtet haben. Eisenbahngesellschaften sind daher auch für die Zoll-Defraudationsstrafen ihrer Beamten nur dann verhaftet, wenn diesen von der Gesellschaft solche Verrichtungen aufgetragen waren, bei denen sie jene Vorschriften zu beobachten hatten.

Erk. d. OTrib. v. 20. Sept. 1854. (G.A. II. S. 816.)

20. Für die von den betreffenden Eisenbahnbeamten durch unrichtige Declaration verwirkten Geldbußen sind die Directoren der Eisenbahnen nicht persönlich, sondern nur in ihrer Eigenschaft als Vertreter der Eisenbahnen verantwortlich.

Erk. d. OTrib. vom 30. Oct. 1857. Sen. f. Straff. I. (J.M.B. S. 435. G.A. V. S. 846.)

21. (Zu §. 20.) Die Confiscation der Gegenstände, in Beziehung auf welche die Defraudation verübt ist, resp. die Erlegung des Werths derselben, in den Fällen, wo solche gesetzlich Platz greift, muß in allen Fällen ausgesprochen werden, wo auf Strafe gegen den Defraudanten erkannt wird; wenn auch diese Strafe nur eine außerordentliche und die Defraudation selbst nur soweit, als zur Anwendung einer solchen gesetzlich erforderlich, festgestellt ist.

Erk. d. OTrib. v. 24. Jan. 1845. (Präj.-Samml. I. S. 408.) cf. dagegen des Erk. d. OTrib. vom 14. Juni 1854 (G.A. II. S 545.) zu §. 17. d. Mahl- u. Schlachtsteuergesetzes v. 30. Mai 1820 (G.S. S. 143.) und Oppenhoff ad §. 19. d. St.G.B.'s Nr. 9. in Betreff des Falls, wo der Angeklagte wegen mangelnden Unterscheidungsvermögens freigesprochen wird, aber dennoch auf Confiscation erkannt werden muß.

22. Nach §. 20. ist der Absender der Waare schuldig, den Waarenführer in den Stand zu setzen, die Ladung vorschriftsmäßig, also wahrheitsgemäß und genau zu declariren. Ist der Absender der Waaren dieser Obliegenheit nachgekommen, so kann derselbe nicht verantwortlich gemacht werden, wenn ohne sein Wissen und seine Theilnahme der Waagenführer gegen besseres Wissen Summe und Beschaffenheit der geladenen Waaren unrichtig angegeben hat. Es kann daher gegen den Eigenthümer in einem solchen Falle auf Confiscation der Waaren nicht erkannt werden.

Erk. d. OTrib. vom 15. Mai 1850. (Grundsätze II. S. 40.)

23. (Zu §§. 20. 21.) Für den Werth der Confiscation haften die Theilnehmer an der Defraudation solidarisch.

Erk. d. OTrib. vom 12. April 1854. (G.A. II. S. 544.)

24. Auch dann sind Defraudanten in die Confiscationsstrafe (§. 21.) zu verurtheilen, wenn sie nicht Eigenthümer der Waaren sind.

Erk. d. OTrib. vom 20. Sept. 1854. (G.A. II. S. 545.)

25. Begeht ein Dieb mit gestohlenen Sachen eine Zolldefraude, so ist die Confiscation dieser Sachen nicht auszusprechen.

Erk. d. OTrib. vom 15. Juli 1857. Sen. f. Straff. I. (G.A. V. S. 686.) Erk. d. OTrib. v. 18. Juni 1858. Sen. f. Straff. I. (G.A. VI. S. 548. Entsch. Bd. 39. S. 72. *.)

26. Da der §. 21. gleichzeitig den Fall vor Augen hat, daß auf Confiscation wegen der Nichtbetheiligung des Eigenthümers nicht erkannt werden kann, so kann auch der für solchen Fall vorgeschriebene Werthsersatz oder die an dessen Stelle tretende Geldstrafe gleichfalls den Eigenthümer nicht treffen, sondern ist gegen den dritten Defraudanten zu erkennen.

Erk. d. OTrib. v. 18. Juni 1858. Sen. f. Straff. I. (G.A. VI. S. 548. Entsch. Bd. 39. S. 72. *.)

27. (Zu §§. 20. 23.) Trifft eine Zolldefraude ideell mit einem andern Vergehen (z. B. Diebstahl der eingeschwärzten Sache) zusammen, so erleidet der Grundsatz des §. 55. des St.G.B.'s nach §. 23. des Zoll-Strafgesetzes keine Anwendung, und beide Strafen sind nebeneinander zu verhängen.

Erk. d. OTrib. v. 18. März 1857. Sen. f. Straff. I. (G.A. V. S. 416.) Erk. d. OTrib. v. 18. Juni 1858. Sen. f. Straff. I. (G.A. VI. S. 548. Entsch. Bd. 39. S. 72. *.)

28. (Zu §. 25.) Der §. 25. ist durch §. 311. des St.G.B.'s. nicht aufgehoben. Bestechungsversuche der Zollbeamten sind daher nur nach §. 25. l. c., und nicht etwa cumulativ auch mit der Strafe des §. 311. cit. zu belegen. Der §. 25. umfaßt übrigens nicht nur das Schenken oder Anbieten von Geschenken ohne Rücksicht auf den Zweck, sondern auch das Haben oder Anbieten von Geschenken zum Zwecke einer Verleitung zu Pflichtwidrigkeiten, also den Fall der Bestechung im Sinne des §. 311. des St.G.B.'s.

Erk. d. OTrib. v. 17. April 1856. Sen. f. Straff. II. (J.M.B. S. 175. G.A. IV. S. 686.)

29. (Zu §. 26.) Die Vorschriften über die Widersetzlichkeiten

gegen die Zollbeamten sind neben §. 89. des St.G.B's. in Kraft geblieben.

Oppenhoff ad §. 89. d. St.G.B.'s. Nr. 54.

30. (Zu §§. 28 ff.) In Betreff des Verfahrens bei Contraventionen cf. die Noten zu §§. 91 ff. der Steuerordnung v. 8. Febr. 1819. (G.S. S. 102.)

31. (Zu §§. 28—30.) Zolldefraudationen ziehen die Confiscation der Transportmittel als Strafe nicht nach sich.

Erk. d. OTrib. vom 20. Jan. 1859. Sen. f. Straff. II. (J.M.B. S. 82. G.A. VII. S. 228.)

32. (Zu §§. 50. 53.) In Betreff der Sistirung, resp. Vollstreckung gerichtlich erkannter Zoll- und Steuerstrafen cf. Allg. Verf. des Just. Min. v. 10. Sept. 1857 (J.M.B. S. 302.) und v. 6. Februar und 4. Mai 1852 (J.M.B. S. 95. u. 178.) zu §. 95. der Steuerordnung v. 8. Febr. 1819. (G.S. S. 102.)

33. (Zu §§. 59. 19.) Die im §. 59. gedachte, abgesondert von der Untersuchung wider den eigentlichen Contravenienten zur gerichtlichen Cognition gelangende subsidiarische Verhaftung — §. 19. — wird nicht im Civilprozeßverfahren, sondern im Untersuchungsverfahren nach Artt. 136—146. d. Ges. v. 3. Mai 1852 erörtert und entschieden.

Erk. d. OTrib. v. 27. Oct. 1853. Sen. f. Straff. II. Präj. 59. (Entsch. Bd. 26. S. 435. Präj.-Samml. II. S. 140. G.A. II. S. 111.) Bsg. d. OTrib. v. 10. Nov. 1853. (J.M.B. 1854. S. 82.)

34. (Zu §. 62.) In Zoll- und Steuersachen wird die Verjährung **nicht** schon durch das administrative Strafverfahren unterbrochen.

Erk. d. OTrib. vom 31. März 1856. Sen. f. Straff. Plen. Präj. 201. (Entsch. Bd. 32. S. 477. Bd. 33. S. 192. G.A. IV. S. 345.) Früher contra: Erk. d. OTrib. vom 13. Juni 1855. Sen. f. Straff. I. Präj. 159. (Entscheid. Bd. 30. S. 472.) cf. Oppenhoff ad §. 48. des St.G.B.'s. Nr. 15.

35. Der §. 62. ist auch für die Zeit von Einführung des Strafgesetzbuchs bis zur Emanation des Gesetzes v. 22. Mai 1852 (Art. V.) in Kraft geblieben.

Erk. d. OTrib. v. 28. März 1855. Sen. f. Straff. I. (Entscheid. Bd. 31. S. 304.)

## LXXXIII. Verordnung wegen Einführung eines gleichmäßigen Verfahrens bei der Insinuation der richterlichen Erkenntnisse und bei Einlegung der Rechtsmittel vom 5. Mai 1838. (G.S. S. 273.)

1. (Zu §. 3[a].) Im Strafverfahren findet auf mehrere Angeklagte die Bestimmung des §. 3[a]., nach welcher beim Vorhandensein von Litisconsorten nur Einem derselben Ausfertigung des Erkenntnisses zuzustellen

ist, und die übrigen Theilnehmer hiervon unter Beifügung einer Abschrift des Tenors der Entscheidung zu benachrichtigen sind, keine Anwendung.

Erk. d. OTrib. vom 3. Mai 1855. Sen. f. Straff. II. Präj. 153. (Entsch. Bd. 30. S. 472. und Bd. 32. S. 292. G.A. III. S. 677.)

2. (Zu §. 3b.) Die Vorschrift des §. 3b., daß, wenn der Aufenthaltsort einer Partei unbekannt ist, die Publication des Urtels durch einen öffentlichen Aushang während 14 Tage erfolgen soll, ist auch in Untersuchungssachen maßgebend.

Erk. d. OTrib. v. 27. Juni 1855. (G.A. III. S. 678.)

3. Vergl. den Beschl. d. OTrib. vom 10. August 1858 (G.A. VI. S. 681.) zur K.O. vom 27. April 1842. (J.M.B. S. 196.)

## LXXXIV. Instruction d. Kgl. Staatsminist. vom 15. Mai 1838 zur Bildung der in den §§. 17. u. 31. des Gesetzes zum Schutze des Eigenthums an Werken der Wissenschaft und Kunst gegen Nachdruck und Nachbildung vom 11. Juni 1837 erwähnten Vereine von Sachverständigen. (G.S. S. 277.)

1. cf. die Noten zu d. Ges. v. 11. Juni 1837 (G.S. S. 165.) §. 17.

## LXXXV. Regulativ über die Beschäftigung jugendlicher Arbeiter in Fabriken v. 9. März 1839. (G.S. S. 156.)

1. cf. zu dem Ges. v. 16. Mai 1853. (G.S. S. 225.)

2. Zuwiderhandlungen gegen dies Regulativ, welche nach §. 8. durch Strafen von 1 — 5 Thlrn. für jedes vorschriftswidrig beschäftigte Kind geahndet werden, bleiben Uebertretungen, wenn auch mehr als 10 Kinder gleichzeitig vorschriftswidrig beschäftigt sind, weil das Gesetz selbst andeutet, daß in Betreff jedes Kindes ein selbständiger Straffall anzunehmen sei.

Oppenhoff ad §. 1. des St.G.B.'s. Nr. 9.

## LXXXVI. Verordnung den Verkehr auf Kunststraßen betreffend v. 17. März 1839. (G.S. S. 80.)

1. (Zu §. 1.) Ueber den Begriff des gewerbsmäßig betriebenen Frachtfuhrwerks:

1) Unter Frachtfuhrwerk sind alle zum Lastfahren dienende Fuhrwerke zu verstehen.

2) Zu dem gewerbsmäßig betriebenen Fuhrwerk gehören:

a) alle Lastfuhrwerke der Fuhrleute, deren eigentliches Gewerbe in der Uebernahme von Lohnfuhren besteht;

b) die eigenen Fuhrwerke der Gewerbtreibenden aller Art, welche zu den mit ihrem Gewerbe in Verbindung stehenden Lastfuhren, namentlich zur An- oder Abfuhr der bei dem Betriebe des Gewerbes benöthigten oder gewonnenen Materialien, Producte, Fabrikate u. s. w. dienen.

3) Die Fuhrwerke der Landwirthe und Ackerbürger, welche mit ihrem Wirthschaftsgespanne neben dem Betriebe der Landwirthschaft fortgesetzt oder zu gewissen Zeiten wiederkehrend das Lastfahren um Lohn betreiben.

Circ.-Rescr. d. Fin. Min. v. 16. Februar 1840. (M.Bl. d. i. V. S. 130.)

2. (Zu §§. 1. 7.) a. Der Begriff des gewerbsmäßig betriebenen Frachtfuhrwerks im Sinne des §. 1., wie derselbe in d. Circ.-Vfg. des Fin. Min. v. 16. Febr. 1840 (s. oben) festgestellt worden ist, entspricht vollkommen dem Zwecke der Verordnung v. 17. März 1839 und widerspricht nicht den Worten des Gesetzes, verdient deshalb auch Berücksichtigung.

b. Die Auslegung des §. 1., wie sie durch das Circ.-Rescr. vom 16. Febr. 1840 erfolgt ist, und die demgemäße Anwendbarkeit des §. 1. auf die von den Gewerbetreibenden mit eigenem Fuhrwerk betriebenen, mit ihrem Gewerbe in Verbindung stehenden Lastfuhren und auf die von den Landwirthen und von den Ackerbürgern mit ihrem Wirthschaftsgespann unternommenen Lohnfuhren wird auch durch die K.O. v. 12. April 1840 gebilligt, und wird durch diese ausgesprochen, daß nicht allein zur Begünstigung der vorstehend gedachten Fuhrwerke, sondern auch für das sonstige gewerbsmäßig betriebene Frachtfuhrwerk eine Beschränkung des §. 1. dahin eintreten soll, daß auf dergl. vierrädrigen Fuhrwerken, welche nur mit 20 Ctrn. beladen sind, Lasten transportirt werden dürfen, wenn auch die Räder die in jenem Gesetze vorgeschriebene Radfelgenbreite nicht haben.

c. Die Lastfuhrwerke der Gewerbtreibenden und Landwirthe und Ackerbürger sind daher den gewerbsmäßig betriebenen Frachtfuhrwerken in der alleg. K.O. nicht allein ausdrücklich gleichgestellt, sondern es können auch erstere die Bestimmung des §. 7. nicht für sich in Anspruch nehmen, weil, wenn dieselben nach diesem Gesetze beurtheilt werden sollen, ihnen durch die cit. K.O., welche sich namentlich auf sie bezieht, keine Begünstigung, sondern eine Beeinträchtigung der durch den §. 7. ihnen zugestandenen Rechte zu Theil geworden wäre.

Erk. des OTrib. vom 22. Oct. 1852. (J.M.B. 1853. S. 160. G.A. I. S. 382.)

3. (Zu §§. 11. u. 17.) Die ausschließlich von Landstraßen handelnden singulären Vorschriften der §§. 11. und 17. lassen eine analoge Anwendung auf öffentliche Flüsse nicht zu.

Erk. d. OTrib. v. 25. Febr. 1858. (Str. A. XXIX. S. 153.)

4. (Zu §. 14.) Die in §. 14. erwähnten Beamten haben auch

auf die vorschriftsmäßige Länge und Anbringung der Hemmstangen, deren Uebertretung mit Geldbuße von 1 Thlr. bestraft wird, zu wachen.

Rescr. d. Min. d. Inn. u. d. Poliz. vom 31. Oct. 1843. (M.Bl. d. i. V. S. 318.)

## LXXXVII. Verordn. betr. die Controle der Hölzer, welche unverarbeitet transportirt werden, vom 30. Juni 1839. (G.S. S. 223.)

1. cf. d. Erk. d. OTrib. v. 13. Juni 1857 (G.A. V. S. 683.) zu §§. 44—48. d. Holzdiebstahls-Gesetzes v. 2. Juni 1852.

## LXXXVIII. K.O. v. 8. Febr. 1840, die Art der Publication kreis- und localpolizeilicher Verordnungen betreffend. (G.S. S. 32.)

1. cf. d. Beschl. d. OTrib. v. 5. Dez. 1855 (G.A. IV. S. 224) zu §. 5. des Gesetzes v. 11. März 1850. (G.S. S. 258.)

## LXXXIX. K.O. v. 29. Febr. 1840, den Tarif zur Erhebung der Chausseegelder auf den Staatschausseen betreffend. (G.S. S. 95.)

1. Vergl. die Noten zum Regul. vom 7. Juni 1844. (G.S. S. 167.)

2. (Zu A. I. II. d. Tarifs.) Bei der Unterscheidung zwischen „Fuhrwerk zum Fortschaffen von Personen" und „zum Fortschaffen von Lasten" kommt es nicht auf den jedesmaligen Gebrauch des Fuhrwerks, ob es auf der in Rede stehenden Fahrt zufällig zum Fortschaffen von Personen oder von Sachen benutzt wird, an, sondern nur auf den allgemeinen Character des Fuhrwerks, nämlich ob es seiner Natur nach wesentlich und hauptsächlich zum Fortschaffen von Personen oder Lasten bestimmt ist, dergestalt, daß bei einem im Allgemeinen und vorzugsweise zum Fortschaffen von Personen bestimmten Fuhrwerke es für den zu entrichtenden Tarifsatz gleichgültig ist, wenn sich auch Sachen darauf befinden, sowie umgekehrt.

Erk. d. OTrib. v. 16. Dez. 1859. Sen. f. Straff. I. (J.M.B. 1860. S 154.)

3. (Zu A. II. 1. des Tarifs.) Bei der Frage, ob ein Fuhrwerk zur Fortschaffung von Lasten ein beladenes oder unbeladenes ist, bleiben die darauf etwa befindlichen Personen ganz unberücksichtigt.

Erk. d. OTrib. vom 14. Sept. 1859. (G.A. V. S. 58.)

4. (Zu Nr. 5. ib.) Jedes einzelne Umfahren einer Chausseegeld-Hebestelle, und überhaupt jedes einzelne Unternehmen, sich der Ent-

richtung des Chausseegeldes zu entziehen, ist selbständig mit der vorgeschriebenen Strafe zu belegen.

Erk. d. OTrib. vom 20. Sept. 1855. Sen. f. Straff. I. (J.M.B. S. 383. B.A. I. S. 68.)

5. Die Nr. 5. setzt die Weigerung der Zahlung einer Abgabe voraus, welche die Steuerbehörde rechtmäßig zu fordern hat.

Erk. d. OTrib. vom 25. Nov. 1857. Sen. f. Straff. I. (G.A. VI. S. 105. B.A. III. S. 52.)

6. (Zu §. 7. c. des Tarifs.) cf. Rescr. d. Fin. Min. vom 10. Juni 1845 (M.Bl. d. i. V. S. 328.) über die Befreiung der kleinen Ackerbesitzer.

7. (Zu Nr. 16.) Unter „Ackern" ist jedes Bestellen eines Feldes mittelst Auflockern des Bodens zu verstehen, gleichviel, ob dieses Auflockern mittelst eines Pflugs, oder mittelst Spaten oder Hacken erfolgt.

Erk. d. OTrib. (Datum constirt nicht) (B.A. IV. S. 67.)

8. (Zu Nr. 19.) Diese Vorschrift besteht neben dem §. 282. d. St.G.B's. fort.

Erk. d. OTrib. v. 5. Jan. 1850. Sen. f. Straff. II. (G.A. VIII. S. 571.)

9. (Zu den zusätzlichen Vorschriften.) Die hier folgenden Strafbestimmungen sind an die Stelle der dem früheren Tarif v. 28. April 1828 angehängten Vorschriften getreten und finden auf alle öffentliche chaussirte Wege Anwendung.

Erk. d. OTrib. v. 5. Oct. 1854. Sen. f. Straff. II. (J.M.B. S. 417.)

## XC. Verordn. die Verbindlichkeit zur Anwendung gestempelter Maße und Gewichte betreffend, vom 13. Mai 1840. (G.S. S. 127.)

1. Die V. v. 13. Mai 1840 gestattet den Gewerbtreibenden nicht, fremde Maße ihrem Detailgeschäft zu Grunde zu legen.

Erk. d. OTrib. v. 10. Jan. 1856. Sen. f. Straff. II. (G.A. IV. S. 272. Oppenhoff ad §. 348. Nr. 2. d. St.G.B's. Nr. 8.)

2. (Zu §. 1.) Die Vorschrift des §. 1. d. V. v. 13. Mai 1840, wonach Privatpersonen, wenn sie nach Maß und Gewicht etwas verkaufen, sich hierbei nur gestempelter Maße und Gewichte bedienen dürfen, ist durch §. 348. Nr. 2. d. St.G.B.'s., Art. II. des Einf. Gesetzes v. 14. April 1851 nicht beseitigt.

Erk. d. OTrib. v. 15. April 1859. Sen. f. Straff. I. (G.A. VII. S. 375.)

3. Der §. 1. findet auch Anwendung auf den Verkauf des Leuchtgases.

Rescr. d. Handels-Min. v. 10. Juli 1853. (M.Bl. d. i. V. S. 176.)

4. (Zu §. 2.) An Stelle der in §. 2. d. V. v. 13. Mai 1840 angedrohten Strafe ist die des §. 348. Nr. 2. d. St.G.B.'s. getreten.

Oppenhoff ad §. 348. Nr. 2. d. St.G.B.'s. Nr. 15.

5. cf. übrigens zum Gesetz v. 24. Mai 1853. (G.S. S. 589.)

## XCI. Min. Vfg. vom 27. Mai 1840 über den Zeitpunkt, von welchem ab die Vollstreckung einer Freiheitsstrafe zu rechnen ist. (J.M.B. S. 190.)

1. Wenn auch eine ausdrückliche Erklärung des zur Gefängnißstrafe Verurtheilten über die Einlegung des zulässigen Rechtsmittels vorliegt, so ist dennoch der Strafantritt vom Tage der Publication des Erkenntnisses an zu rechnen.

Erk. d. OTrib. v. 14. Juni 1854. (G.A. II. S. 820.)

2. Ist der Verhaftete zu der Audienz in II. Instanz nicht vorgeführt, derselbe also bei der Publication des Erkenntnisses nicht zugegen gewesen, so ist der Strafantritt, wenn auf Gefängniß erkannt ist, dennoch von dem Tage der Publication ab zu rechnen.

Beschl. d. OTrib. v. 1. Oct. 1856. (G.A. IV. S. 816.) Dasselbe gilt für die Nichtigkeitsinstanz. Beschl. des OTrib. v. 20. Juli 1859. (G.A. VII. S. 500.)

3. Der Aufenthalt in einer öffentlichen Krankenanstalt, in welche der im Gerichtsgefängnisse seine Gefängnißstrafe bereits verbüßende Verurtheilte auf Anordnung der Behörde gebracht worden war, ist demselben auf die Dauer seiner Strafe anzurechnen.

Beschl. d. OTrib. v. 17. Febr. 1859. (G.A. VII. S. 231.)

4. Bei Zuchthausstrafe datirt der Strafantritt lediglich vom Tage der Einlieferung in die Strafanstalt.

Beschl. d. OTrib. v. 8. Febr. 1856. (G.A. IV. S. 387.)

5. Auch in dem Falle, wo die Ablieferung eines verhafteten Angeklagten zum Zuchthaus wegen Krankheit desselben nicht erfolgen kann, beginnt der Anfang der Strafzeit erst mit dem Tage der wirklichen Einlieferung zum Zuchthause.

Beschl. d. OTrib. v. 27. Juni 1859. Sen. f. Straff. Plen. Präj. 258. (Entsch. Bd. 42. S. 137 *. G.A. VII. S. 505.) Beschl. d. OTrib. v. 6. Sept. 1854. (G.A. II. S. 686.)

## XCII. Gesetz zum Schutz der Waarenbezeichnungen, vom 4. Juli 1840. (G.S. S. 244.)

1. Der §. 269. d. St.G.B.'s., welcher aus dem Gesetz v. 4. Juli 1840 übernommen ist, dehnt den den auswärtigen Unterthanen gewährten Schutz weiter aus, indem er ihn auch auf solche Staaten erstreckt, welche ohne durch Verträge gebunden zu sein, durch ihre Gesetzgebung den diesseitigen Unterthanen gleichen Schutz gewähren; das unbedingte Erforderniß einer Uebereinkunft zwischen den beiderseitigen Regierungen und mithin auch das einer Bekanntmachung, wie sie unter der Herrschaft des Ges. v. 4. Juli 1840 stattgefunden hat, besteht daher nicht mehr.

Erk. d. OTrib. vom 12. Oct. 1854. Sen. f. Straff. II. (G.A. III. S. 93. J.M.B. 1855. S. 4.)

## XCIII. Gesetz vom 4. Juli 1840, betreffend die Befugniß zum Uebersetzen vom linken zum rechten Rheinufer. (G.S. S. 227.)

1. Unter der Herrschaft des alle ausschließlichen Fährgerechtsame beseitigenden französischen Gesetzes v. 28. Aug. 1792 konnte eine privative Fährgerechtsame nicht bestehen, und ein durch das Gesetz v. 18. Dez. 1831 (G.S. 1832. S. 3.) dem Fiscus gegenüber rechtlich geschützter Besitzstand sich nicht bilden, daher darf die Anwendbarkeit des Gesetzes v. 4. Juli 1840 nicht von der Entscheidung der Vorfrage durch den competenten Richter abhängig gemacht werden, ob Jemand beim Erlasse des Ges. v. 4. Juli 1840 das Ueberfahrtsrecht als ein privatives wirklich gehabt habe.

Erk. d. OTrib. v. 18. Dez. 1856. Sen. f. Straff. II. (J.M.B. 1857 S. 53).

## XCIV. K.O. v. 12. Dez. 1840, betreffend die Modification des §. 1. der V. v. 17. März 1839 wegen des Verkehrs auf den Kunststraßen. (G.S. 1840. S. 108.)

1. cf. zu d. V. v. 17. März 1839. (G.S. S. 80.)

## XCV. Gesetz zur Aufrechthaltung der Mannszucht auf Seeschiffen vom 31. März 1841. (G.S. S. 64.)

1. Das Gesetz v. 31. März 1841 ist nicht etwa lediglich zur Aufrechthaltung der Mannszucht auf Preußischen Schiffen bestimmt und nur gegen die hierauf befindlichen Schiffsleute anwendbar; unbedenklich steht also auch ein Preuße, welcher auf fremdländischen Schiffen Handlungen begeht, die unter das gedachte Gesetz fallen, unter den Strafbestimmungen desselben, wiefern deren Anwendbarkeit nicht durch besondere Rücksichten verhindert wird.

Erk. d. OTrib. v. 16. März 1859. Sen. f. Straff. I. (G.A. VII. S. 344. Entsch. Bd. 42. S. 7. *.)

## XCVI. Verordnung über die Disciplinarbestrafung in der Armee v. 21. Oct. 1841. (G.S. S. 325.)

1. Militärische Disciplinarstrafen erlöschen nicht durch Verjährung.

Erk. d. Rhein. Rev. u. Cass.Hfs. vom 16. März 1852. (J.M.B. S. 164.)

## XCVII. K.O. vom 18. Dezember 1841, über verletzende Aeußerungen über Behörden und Beamte, welche in Immediat-Bittschriften und Beschwerden enthalten sind. (J.M.B. 1842. S. 53.)

1. Diese K.O. bezieht sich nur auf Immediateingaben, nicht auf solche Eingaben, welche an höhere Behörden gerichtet sind.

Erk. O.Trib. vom 16. März 1853. Sen. f. Straff. I. (Oppenhoff ad §. 102. d. St.G.B.'s. Nr. 38.)

## XCVIII. K.O. vom 27. April 1842, betreffend die Frage, ob die erste in einem Prozesse an den Verklagten erlassene Vorladung, wenn sie während dessen Abwesenheit in seiner Wohnung insinuirt worden, das Contumacialverfahren nach sich zieht? (J.M.B. S. 196.)

1. In Strafsachen ist das durch die K.O. v. 27. April 1842 für Civilprozesse zugelassene Contumacialverfahren für den Fall nicht gerechtfertigt, wenn der Aufenthalt des Abwesenden seinen Angehörigen, denen die Vorladung insinuirt worden, in der ganzen Zeit von deren Zustellung bis zu dem Termine unbekannt gewesen ist, so daß derselbe für eine mündliche oder schriftliche Mittheilung jener Vorladung überhaupt nicht erreichbar war.

Beschl. d. O.Trib. vom 10. Aug. 1858. (G.A. VI. S. 681.)

2. Vergl. zur V. v. 5. Mai 1838. (G.S. S. 273.)

## XCIX. Gesetz über die Zulässigkeit des Rechtswegs in Beziehung auf polizeiliche Verfügungen v. 11. Mai 1842. (G.S. S. 192.)

1. Eine Entscheidung über die Gesetzmäßigkeit, Nothwendigkeit oder Zweckmäßigkeit einer polizeilichen Beschlagnahme steht nicht den Gerichten, sondern der vorgesetzten Dienstbehörde des verfügenden Beamten zu, und nur erst, wenn diese im Wege der Beschwerde die angefochtene polizeiliche Beschlagnahme als gesetzwidrig oder unzulässig aufgehoben hat, kann nach §. 6. des Ges. v. 11. Mai 1842 die Schadensklage zugelassen werden.

Erk. d. Compet.Ger.Hfs. vom 26. Nov. 1853. (J.M.B. 1854. S. 16.)

2. Der Art. 136. d. Ges. v. 3. Mai 1852 (G.S. S. 209.) begründet nicht die Befugniß zur Provocation auf gerichtliche Entscheidung gegen Strafverbote der Polizeibehörden. Vielmehr ist gegen solche Verbote der Rechtsweg unzulässig.

Erk. d. Compet.Ger.Hfs. vom 14. Januar 1854. (J.M.B. S. 164.)

## C. K.O. vom 21. Juli und Reglement v. 15. Juni 1842, über die Errichtung und Verwaltung von Wasserheilanstalten. (G.S. S. 243.)

1. Personen, welche die Approbation als practischer Arzt nicht besitzen, können nur ausnahmsweise die Erlaubniß erhalten, Wasserkuren innerhalb der von ihnen errichteten Anstalten anzuwenden. Außerhalb der Anstalt ist diesen Personen die gesetzliche Erlaubniß zur Anwendung von Wasserkuren gänzlich versagt. Eine Zuwiderhandlung fällt unter die Bestimmungen des §. 199. des St.G.B.'s.

Erk. d. OTrib. vom 4. Januar 1856. Sen. f. Straff. I. (J.M.B. S. 42. Oppenhoff ad §. 199. d. Str.G.B.'s. Nr. 7.)

## CI. K.O. v. 30. Juli 1842, zur Abänderung der Strafbestimmungen bei Uebertretungen gegen die Steuer vom inländischen Tabacksbau. (G.S. S. 245.)

1. Die Vorschrift des §. 7. d. K.O. vom 29. März 1828 (G.S. S. 39.) hat durch die K.O. v. 30. Juli 1842 nur insoweit eine Abänderung erfahren, als die unrichtige Angabe der Grundfläche für die Folgezeit nur mit einer Ordnungsstrafe belegt werden soll; bei der Verhängung der vollen Defraudationsstrafe gegen diejenigen, welche „die vorschriftsmäßige Anzeige ganz unterlassen haben", ist es dagegen ganz in der Weise, wie solches im §. 7. cit. vorgeschrieben war, belassen worden.

Beschl. d. OTrib. v. 5. Mai 1855. (G.A. III. S. 681. B.A. I. S. 30.)

2. cf. zur K.O. vom 29. März 1828 (G.S. S. 39.) §§. 5. 7. das Erk. d. OTrib. v. 15. Mai 1838. (Präj.-Samml. I. S. 360.)

## CII. Gesetz über die Annahme neu anziehender Personen v. 31. Dez. 1842. (G.S. 1843. S. 5.)

1. (Zu §. 2. Nr. 2.) Die hier der Landes-Polizeibehörde ertheilte Befugniß ist durch die §§. 27. 28. des St.G.B.'s. ersetzt, und jene Bestimmung daher, insofern sie weiter ging, als aufgehoben zu erachten.

Oppenhoff ad §. 27. d. St.G.B.'s Nr. 9.

2. (Zu §§. 8. 9.) Die unterlassene Meldung neu anziehender Beamten ist straflos.

Erk. d. OTrib. vom 22. April 1857. I. (G.A. V. S. 412.)

## CIII. Gesetz vom 31. Dez. 1842, über die Erwerbung und den Verlust der Eigenschaft als Preußischer Unterthan, sowie über den Eintritt in fremde Staatsdienste. (G.S. 1843. S. 15.)

1. (Zu §. 11.) Die Eigenschaft eines Preußen kann gemäß §§. 1. 5. 6. nur durch Verleihung mittelst einer Naturalisationsurkunde oder durch Eintritt in den Kgl. Staatsdienst erlangt, und nicht etwa auch aus §. 11. abgeleitet werden, da kein Gesetz an den Erwerb von Grundstücken, namentlich auch von Rittergütern im Königreich Preußen, und an den Homagialeid alle Rechte und Pflichten eines Preußen oder das Indigenat knüpft, vielmehr auch Ausländern, obgleich sie Ausländer bleiben, die besondere Erlaubniß zum Erwerbe solcher Güter gegen Ableistung des Homagialeides ertheilt werden kann. Es erlangen daher Ausländer, welche in Preußen Grundbesitz, namentlich Rittergüter erworben und den Homagialeid geleistet haben, dadurch noch nicht die Eigenschaft eines Preußen, und können somit auch nicht zu Geschworenen berufen werden.

Erk. d. OTrib. vom 7. Dez. 1859. Sen. f. Straff. I. (G.A. VIII. S. 86. J.M.B. 1860. S. 120.)

2. (Zu §. 15. Nr. 3. §. 23.) a. Ein Preuße, welcher vor der Gesetzeskraft des Ges. v. 31. Dez. 1842 ohne Erlaubniß der Bezirksregierung ausgewandert ist, hat auf Grund des §. 23. dieses Gesetzes die Eigenschaft eines Preußen erst mit dem Ablauf von 10 Jahren seit der Gesetzeskraft dieses Gesetzes verloren.

b. Ein Preuße, welcher, seitdem die Verf.-Urkunden vom 5. Dez. 1848 und 31. Jan. 1850 die Auswanderung allgemein gestatten, ohne ausdrückliche Entlassung aus dem Unterthanenverbande ausgewandert ist, verliert die Eigenschaft eines Preußen erst mit Ablauf von 10 Jahren seit seiner Auswanderung.

c. Ist der unter a. und b. gedachte 10jährige Zeitraum bei Vollendung des 20sten Lebensjahres des ausgewanderten Preußen noch nicht abgelaufen, so tritt mit dieser Vollendung seine Verpflichtung zum Eintritt in das stehende Heer ein.

Erk. d. OTrib. vom 11. Dezember 1856. Sen. f. Straff. II. Präj. 222. (Entsch. Bd. 34. S. 362. G.A. V. S. 265. cf. Erk. vom 27. März 1856. G.A. IV. S. 558.)

3. (Zu §. 17.) Durch den Art. 11. der Verf.-Urkunde ist in den besondern gesetzlich bestehenden Verpflichtungen der diesseitigen Staatsangehörigen und daher auch in den auf die Militärverhältnisse derselben sich beziehenden Beschränkungen, welche der §. 17. vorschreibt, nichts geändert worden.

Circ. Rescr. d. Min. d. Inn. vom 4. März 1849. (M.Bl. d. i. V. S. 43.)

4. (Zu §. 20.) Ist die Entlassungsurkunde bereits ausgefertigt aber noch nicht ausgehändigt, so kommt es, wenn es sich um die Anwendbarkeit des §. 110. d. St.G.B.'s. handelt, darauf an, ob sich

annehmen läßt, daß der zu Entlassende nicht in der Absicht, sich dem Eintritte in den Heeresdienst zu entziehen, die Kgl. Lande verlassen habe. Ist dies der Fall, so ist der Ausgetretene straflos.

Erk. d. OTrib. vom 2. Dez. 1858. Sen. f. Straff. II. (G.A. VII. S. 103.)

5. Ein Geschworner, welcher durch Ertheilung der Entlassungsurkunde die Eigenschaft als Preuße verloren hat, macht durch seine Theilnahme an der Verhandlung das Verfahren nichtig.

Erk. d. OTrib. vom 16. Juni 1859. Sen. f. Straff. II. (G.A. VII. S. 680.)

## CIV. Verordn. betreff. die Legitimationsatteste bei Veräußerung von Pferden in den östlichen Provinzen der Monarchie, vom 13. Febr. 1843. (G.S. S. 75.)

1. Die nach dieser Verordnung ausgestellten Pferde=Legitimationsatteste sind keine Urkunden im Sinne des §. 247. d. St.G.B.'s., sondern gehören zu den im §. 254. l. c. gedachten amtlichen Zeugnissen.

Erk. d. OTrib. vom 1. Juni 1855. Sen. f. Straff. I. (G.A. III. S. 570. cf. G.A. V. S. 574.) Dabei ist indeß zu bemerken, daß in Beziehung auf die ausstellenden Beamten auch den im §. 254. cit. erwähnten Schriftstücken der Character einer Urkunde im Sinne des §. 247. cit. zuerkannt werden, und daß geeigneten Falls die Strafe des §. 323. l. c. eintreten muß, weil hier die milderen Rücksichten nicht obwalten, welche den Gesetzgeber veranlaßt haben, gegen Private eine mildere Strafe anzudrohen.

Oppenhoff ad §. 323. d. St.G.B.'s. Nr. 4. Erk. d. OTrib. v. 29. April 1857. Sen. f. Straff. I. (G.A. V. S. 575.)

## CV. K.O. v. 11. Juli 1843, über die Befugniß der approbirten Medizinalpersonen zum Selbstdispensiren der, nach homöopathischen Grundsätzen bereiteten Arzneimittel nebst Reglement. (G.S. S. 305.)

1. (Zu §. 8.) Unter dem im §. 8. des Reglements v. 20. Juni 1843 für strafbar erklärten Selbstdispensiren homöopathischer Aerzte, welche dazu die vorschriftsmäßige Befugniß nicht erlangt haben, ist auch die bloße Verabreichung der zwar in einer Apotheke, aber nicht für den bestimmten Kranken, dem sie verabreicht wurde, bereiteten Arznei, ohne sonstige Behandlung desselben zu verstehen, und daher nach §. 345. Nr. 2. d. St.G.B.'s. zu ahnden.

Erk. d. OTrib. vom 24. Febr. 1853. Sen. f. Straff. II. Präj. 18. (Entsch. Bd. 24. S. 495. Bd. 25. S. 263. Präj.=Samml. II. S. 104.)

2. Ueber den Begriff des Selbstdispensirens homöopathischer Aerzte vergl. d. Gutachten vom 4. Nov. 1851 und 28. Jan. 1852. (J.M.B. 1852. S. 173.)

## CVI. K.O. v. 8. Dezember 1843, betreffend den Verkehr der, behufs des Suchens von Waarenbestellungen und des Waarenaufkaufs umherreisenden Personen. (G.S. 1844. S. 15.)

1. Auf Zuwiderhandlungen gegen die V. vom 8. Dez. 1843 ist, hinsichtlich der Verjährung, der Art. V. des Ges. v. 22. Mai 1852 anwendbar, da der Art. V. cit. nicht zwischen solchen Vergehen und Uebertretungen unterscheidet, welche direct zum Zweck der Defraude einer Steuer begangen worden, und solchen, welche bloß eine Verletzung allgemeiner im Interesse der Steuerverwaltung erlassener Vorschriften involviren.

Erk. d. OTrib. v. 18. Oct. 1855. Sen. f. Straff. II. (G.A. IV. S. 236.)

## CVII. K.O. v. 1. März 1844, über die Strafe der Beleidigungen zwischen Militär- und Civilpersonen. (G.S. S. 69.)

1. Ueber die Frage, ob diese K.O. noch gültig ist, cf. Oppenhoff ad §. 102. d. St.G.B.'s. Nr. 37.

## CVIII. Gesetz, betreffend das gerichtliche und Disciplinar-Strafverfahren gegen Beamte, vom 29. März 1844. (G.S. S. 77.)

1. (Zu §. 9.) Der §. 9. des Gesetzes vom 29. März 1844 hat, abgesehen von den gegen die andauernde Anwendbarkeit dieses Gesetzes erhobenen Zweifeln, offenbar nur wegen der im bürgerlichen Gesetze mit Strafe bedrohten Amtsvergehen und keineswegs wegen aller Verbrechen und Vergehen der Geistlichen dem Min. d. geistl. Angelegenheiten das Recht zur Beantragung einer gerichtlichen Untersuchung ertheilt und bezüglich vorbehalten. Unter einem Amtsvergehen im Sinne des §. 9. kann nur die mit besonderer Strafe bedrohte Verletzung einer durch das Amt auferlegten Pflicht und nicht jedes im Amte oder bei Gelegenheit desselben ausgeübte Vergehen verstanden werden, am wenigsten solche gemeine Verbrechen oder Vergehen, die nur in Beziehung auf das Amt stehen oder aus Anlaß einer amtlichen Stellung verübt sind.

Erk. d. OTrib. vom 15. October 1856. (Hahn, Strafverfahren S. 18. Nr. 6.)

2. Der §. 9. ist zwar durch kein späteres Specialgesetz aufgehoben, gleichwohl ist der allgemeinen Vorschrift im zweiten Satze des Art. 97. der Verfassungsurkunde vom 31. Januar 1850 auch die Anwendung auf Geistliche, obwohl dieselben nicht eigentlich in der Kategorie der Civilbeamten sich befinden, nicht zu versagen, sobald es sich um die gerichtliche Verfolgung von Vergehen handelt, welche sie bei Verrichtung ihrer mit

bürgerlicher Wirkung und bürgerlichem Glauben bekleideten geistlichen Amtshandlungen sich haben zu Schulden kommen lassen.

Erlaß d. Evang. Ober-Kirchenraths vom 14. Nov. 1850, publ. durch Allgem. Verf. vom 24. Dez. 1850. (J.M.B. 1851. S. 3.)

3. Soll gegen einen Geistlichen wegen einer in Ausübung oder in Veranlassung der Ausübung seines Amts vorgenommenen Handlung, dieselbe sei als Amtsverbrechen oder Vergehen in den gemeinen Strafgesetzen vorgesehen oder nicht, Anklage erhoben, oder eine gerichtliche Voruntersuchung herbeigeführt werden, so hat der Staatsanwalt, falls ein hierauf gerichteter Antrag des Cultus-Ministers nicht vorliegt, die Verhandlungen dem Oberstaatsanwalt zur Einsicht vorzulegen. Will dieser nicht von der Verfolgung Abstand nehmen, so hat er unter Beifügung der Acten an den Justiz-Minister zu berichten und dessen Ermächtigung zur Verfolgung des Denunciaten abzuwarten. — Die vorstehenden Bestimmungen schließen solche vorläufige Ermittelungen, welche ohne gerichtliche Voruntersuchung stattfinden können, sowie die Ergreifung derjenigen Maßregeln, welche durch eine obwaltende Gefahr im Verzuge geboten werden, nicht aus.

Rescr. d. Just. Min. vom 16. August 1854. (Hahn, Strafverfahren S. 18. Nr. 6.)

## CIX. Provinzialrecht für Westpreußen v. 19. April 1844. (G.S. S. 103.)

1. (Zu §§. 73. 74.) In Westpreußen ist nur der am Meeresstrande gefundene Bernstein Regal.

Erk. d. OTrib. vom 7. April 1852. (Entsch. Bd. 22. S. 464.)

## CX. K.O. vom 24. Mai 1844, wegen Verwandlung der Stempelstrafen in Freiheitsstrafen. (G.S. S. 238.)

1. Diese K.O. ist neben §. 17. d. St.G.B.'s. in Kraft geblieben.

Erk. d. OTrib. vom 16. Januar 1857. Sen. f. Straff. I. (Oppenhoff ad §. 117. d. St.G.B.'s. Nr. 4.)

## CXI. Regulativ vom 7. Juni 1844, das Verfahren bei Chausseepolizei- und Chausseegeld-Uebertretungen betreffend. (G.S. S. 167.)

1. In Betreff des Verfahrens bei Contraventionen vergl. die Noten zu §§. 91 ff. der Steuerordnung v. 8. Febr. 1819. (G.S. S. 102.)

2. Die in den Artt. 135—146. des Gesetzes vom 3. Mai 1852 (G.S. S. 209.) gegebenen Bestimmungen hinsichtlich des Untersuchungsverfahrens bei Zuwiderhandlungen gegen die Vorschriften über die Erhebung öffentlicher Abgaben und Gefälle, namentlich auch der Communications-

abgaben, finden auch Anwendung auf Chausseegeld-Contraventionen auf den bevorrechteten Privatchausseen.

Erk. d. ObTrib. vom 16. Februar 1855. (G.A. III. S. 404.)

3. (Zu §. 10. u. §. 21.) cf. die Allg. Vfg. des Min. d. Handels, d. Fin. und d. Just. v. 3. Mai 1850 (J.-M.-B. S. 71.), welche zur Beseitigung der Zweifel, welche von mehreren Regierungen in Betreff des Einflusses d. V. v. 2. u. 3. Jan. 1849 auf das bisherige Verfahren in Betreff der Untersuchung von Chausseepolizei- und Chausseegeld-Contraventionen und auf die Verrechnung der für solche Contraventionen eingehenden Strafgelder angeregt sind, erlassen ist.

## CXII. K.O. v. 21. Juni 1844, betreffend den Kleinhandel mit Getränken und den Gast- und Schankwirthschaftsbetrieb. (G.S. S. 214.)

1. cf. die Noten zur K.O. v. 7. Febr. 1835. (G.S. S. 18.)

2. Die K.O. vom 21. Juni 1844 ist, wie ihre Fassung ergiebt, nicht auf Beschränkung der schon bestehenden Kleinhandlungen mit geistigen Getränken gerichtet, vielmehr ist für diese die Nr. 5. der K.O. vom 7. Febr. 1835 (G.S. S. 18.) anzuwenden.

C. Rescr. d. Min. d. Inn. vom 8. Juli 1844. (M.Bl. d. i. V. S. 210.)

3. Destillateurs in den Städten als solche sind zum Kleinhandel mit Getränken nicht berechtigt, bedürfen vielmehr dazu der polizeilichen Erlaubniß.

Rescr. d. Min. d. Inn. vom 15. October 1844 und 4. Juli 1852. (M.Bl. d. i. V. S. 313 und S. 164.)

## CXIII. Verordnung wegen Abänderung der Eidesformeln für Zeugen und Sachverständige, sowie der Formel des Ignoranzeides v. 28. Juni 1844. (G.S. S. 249.)

1. Wenn ein Sachverständiger nur mit dem Zeugeneide und nicht mit dem Sachverständigeneide belegt ist, so ist dadurch keine wesentliche Vorschrift des Verfahrens verletzt, da auch der Zeugeneid nach seiner Fassung, wenn nicht besondere Umstände vorliegen, die formale Gewißheit von der Richtigkeit des fraglichen Gutachtens liefern kann.

Erk. d. ObTrib. vom 16. Dez. 1858. Sen. f. Straff. II. (G.A. VII. S. 83.)

2. Der Umstand, daß ein Zeuge irrthümlich nach katholischem Ritus statt nach evangelischem beeidigt worden, begründet keine Nichtigkeit.

Erk. d. ObTrib. vom 15. Sept. 1853. (G.A. I. S. 697.)

3. Der von Sachverständigen nach §. 2. zu leistende Eid bezieht sich nur auf das erforderte Gutachten, nicht auf die Beantwortung von

**Generalfragen über gewisse Thatsachen und Verhältnisse, welche die Glaubwürdigkeit des Sachkundigen betreffen.**

Erk. d. OTrib. vom 4. Mai 1853. Sen. f. Straff. I. (Oppenhoff ad §. 127. d. St.G.B.'s. Nr. 1.)

## CXIV. Verordnung betreffend den Schutz gegen Nachdruck für die vor Publication des Gesetzes v. 11. Juni 1837 erschienenen Werke, v. 5. Juli 1844. (G.S. S. 261.)

1. Unter den im §. 1. erwähnten „damals gültigen Gesetzen" sind nicht die Bestimmungen des Bundesbeschlusses vom 9. Nov. 1837, sondern die Vorschriften des ältern Rechts zu verstehen.

Erk. d. OTrib. vom 22. April 1856. V. (Str.A. XX. S. 339. Rechtsgrundf. II. S. 507).

## CXV. Allgemeine Gewerbeordnung v. 17. Januar 1845. (G.S. S. 41.)

1. (Zu §. 14.) Bei dem Betriebe eines Gewerbes im Umherziehen und namentlich des Hausirhandels ohne Gewerbschein ist nicht die Strafbestimmung der A. G.O. v. 17. Jan. 1845, vielmehr sind nur die eine Steuerstrafe anordnenden Strafbestimmungen des Regl. v. 28. April 1824 §§. 26—28. anwendbar und es gelten dabei für das Verfahren die Vorschriften der Art. 125 ff. des Gesetzes vom 3. Mai 1852, so daß das Rechtsmittel der Nichtigkeitsbeschwerde zulässig ist.

Erk. d. OTrib. vom 12. März 1855. Sen. f. Straff. Plen. Präj. 144. (Entsch. Bd. 30. S. 470. Bd. 31. S. 298.) Präj.-Samml. II. S. 128. J.M.B. S. 134. G.A. III. S. 252. contra: Erk. d. OTrib. vom 20. Oct. 1854. Sen. f. Straff. I. (Entsch. Bd. 28. S. 476. Bd. 29. S. 291. G.A. III. S. 125.)

**Es kommt daher auch die im §. 26. des Hausir-Reglements angedrohte Strafe der Confiscation nach wie vor zur Anwendung.**

Erk. d. OTrib. v. 16. März 1855. (J.M.B. S. 135. Anm.)

2. (Zu §. 15.) Der §. 15. will nur einen solchen, den Erfordernissen dieses Gesetzes nicht genügenden Gewerbetreibenden von dem Betriebe seines Gewerbes nicht ausgeschlossen wissen, der schon damals, bei Emanation der Gewerbeordnung, zu solchem Gewerbebetriebe berechtigt war.

Erk. d. OTrib. v. 22. Sept. 1859. (B.A. V. S. 37.)

3. (Zu §. 16.) In Betreff des Nachweises eines festen Wohnsitzes zum selbständigen Betrieb eines stehenden Gewerbes genügt die ausdrücklich erklärte Absicht eines selbständigen preußischen Unterthans, an einem bestimmten Orte seinen selbständigen Wohnsitz nehmen zu wollen, in Verbindung mit der factischen Wohnsitznahme an diesem Orte, mithin hat auch derjenige, welcher auf diese Weise den Wohnsitz erworben, damit der Bedingung des §. 16$^{b}$. ein Genüge geleistet.

Rescr. d. Min. d. Fin. u. d. Inn. vom 13. April 1847. (M.Bl. d. i. V. S. 102.)

4. (Zu §. 17).) Ehefrauen bedürfen der förmlichen Einwilligung des Ehemannes; unverheirathete, weder in väterlicher Gewalt, noch unter Vormundschaft stehende Frauenspersonen bedürfen keiner Genehmigung.

Rescr. d. Min. d. Fin. u. d. Inn. v. 23. Januar 1846. (M.Bl. d. i. V. S. 44.)

5. (Zu §§. 22—25.) Die Frage, ob der selbständige Gewerbebetrieb von der Verwaltungsbehörde mit Recht oder Unrecht versagt worden, kann nicht Gegenstand richterlicher Beurtheilung und Entscheidung sein, weil nach §§. 22—25. die Communen resp. Polizeibehörden darüber zu befinden haben, ob der selbständige Gewerbebetrieb dem sich Meldenden zu gestatten oder zu untersagen ist, weil ferner Beschwerden über die erfolgte Untersuchung bei den Verwaltungsbehörden anzubringen sind, und der Rechtsweg dagegen nicht stattfindet.

Erk. d. OTrib. v. 23. März 1853. Sen. f. Straff. I. (J.M.B. S. 260. B.A. II. S. 29.)

6. (Zu §. 27.) Feld-Ziegelöfen oder Feldbrände, welche nicht zur dauernden Ziegeleibrennerei dienen, sondern nur zur vorübergehenden Verarbeitung des im Felde vorgefundenen Materials zu Ziegeln errichtet und unternommen werden, bedürfen keiner polizeilichen Genehmigung.

Rescr. d. Min. d. Fin. u. d. Inn. v. 14. August 1845. (M.Bl. d. i. V. S. 263.)

7. Unter „Schlachthäusern" werden hier nur öffentliche und solche Privatschlachthäuser verstanden, welche zum Schlachten für andere Gewerbetreibende bestimmt sind, nicht aber die Schlächtereien der einzelnen Gewerbetreibenden.

Rescr. d. Min. d. Inn. u. d. Fin. vom 14. April 1848. (M.Bl. d. i. V. S. 166.)

8. Färbereianlagen erfordern nur dann eine besondere polizeiliche Genehmigung, wenn es sich bei ihrer Einrichtung um die Anlage von Dampfkesseln u. s. w. handelt; indeß kommen die allgemeinen Feuer- und baupolizeilichen Vorschriften auch bei Färbereien zur Berücksichtigung.

Rescr. d. Min. d. Fin. u. d. Inn. v. 13. Juli u. 30. Sept. 1845. (M.Bl. d. i. V. S. 307.)

9. Destillieranstalten bedürfen der besondern Genehmigung.

Rescr. d. Min. d. Inn. u. d. Fin. vom 18. Jan. 1847. (M.B. d. i. V. S. 63.)

10. (Zu §. 36.) Die Bestimmung des 1sten Absatzes des §. 36. ist auch auf alle schon mit polizeilicher Genehmigung errichteten Anlagen in Anwendung zu bringen.

Rescr. d. Min. d. Inn. v. 21. Juni 1845. (M.Bl. d. i. V. S. 181.)

11. In Betreff der Ertheilung der polizeilichen Genehmigung zu Veränderungen gewerblicher Anlagen cf. Rescr. d. Min. d. Inn. u. d. Fin. v. 28. Sept. 1846 (M.Bl. d. i. V. S. 211).

12. Die Vorschriften dieses Rescripts kommen auch dann zur Anwendung, wenn Einwendungen gegen die Anlage von Seiten der Nachbarn nicht zu erwarten sind.

Rescr. d. Min. d. Inn. u. d. Fin. v. 19. Januar 1847. (M.Bl. d. i. V. S. 62.)

13. (Zu §. 38.) Zur Anlegung einer Mühle, welche mit thierischen Kräften oder mit Dampf getrieben wird, bedarf es in Gemäßheit der neben den §§. 27. 28. 38. 41. d. A. G.O. zur Anwendung zu bringenden Bestimmung des §. 7. des Mahl- und Schlachtsteuer-Gesetzes vom 30. Mai 1820 in Städten, welche der Mahlsteuer unterliegen, der Genehmigung des Prov.Steuer-Directors, nach deren Ertheilung erst das Verfahren nach §§. 28. ff. d. A. G.O. einzuleiten ist;

Circ.-Rescr. d. Min. d. Fin. u. d. Inn. v. 21. April 1846. (M.Bl. d. i. V. S. 96.)

ist aber diese Genehmigung ertheilt, so ist das in d. A. G.O. vorgeschriebene Verfahren nicht in allen Fällen, sondern nur in denjenigen, wo es nach denselben ausdrücklich angeordnet ist, einzuleiten.

Rescr. derselb. Min. v. 28. Juni 1846. (M.Bl. d. i. V. S. 115.)

14. Wo, wie bei den durch thierische Kraft getriebenen Mühlen, eine Genehmigung der Regierung nicht vorgeschrieben ist, bedarf es derselben nicht.

Rescr. d. Min. d. Fin. u. d. Inn. vom 23. Juli 1846. (M.Bl. d. i. V. S. 144.)

15. (Zu §. 40.) Nur für den Fall, wenn durch den Gewerbebetrieb eine Störung der bestimmungsmäßigen Benutzung öffentlicher Gebäude zu befürchten ist, bedarf es nach §. 40$^{b}$. der Erlaubniß der Regierung, wogegen für alle andern Fälle eine besondere polizeiliche Genehmigung der Anlage nicht erforderlich ist.

Rescr. d. Min. d. Inn. u. d. Fin. vom 14. Sept. 1847. (M.Bl. d. i. V. S. 265.)

16. (Zu §. 45.) Das Reinigen der Schornsteine darf nur von Schornsteinfegern ausgeübt werden.

Rescr. d. Min. d. Inn. v. 19. Juni 1845. (M.Bl. d. i. V. S. 181.)

17. Auch die Hühneraugen-Operateure müssen sich durch ein Befähigungszeugniß ausweisen und einer Prüfung unterwerfen.

Rescr. d. Min. d. Inn. v. 25. April 1845. (M.Bl. d. i. V. S. 300.)

18. (Zu §. 49.) Die Concessionen der im §. 49. gedachten Gewerbtreibenden gelten nur für den Verwaltungsbezirk, von dessen Behörde sie ertheilt worden sind.

Rescr. d. Min. d. Fin. u. d. Inn. v. 7. Mai 1846. (M.Bl. d. i. V. S. 95.)

19. Zur Abhaltung außergerichtlicher Immobilien-Versteigerungen sind die zum Gewerbebetrieb als Commissionäre concessionirten Personen nicht befugt.

Rescr. d. Handelsminist. v. 25. Nov. 1848. (M.Bl. d. i. V. S. 384.)

20. Ueber den Umfang der Befugniß zur Vermittelung kaufmännischer Geschäfte.

Rescr. d. Min. d. Fin. v. 4. Oct. 1847. (M.Bl. d. i. V. S. 263.)

21. (Zu §. 51.) Zu außergerichtlichen Immobiliar-Versteigerungen, welche zwar auch Auctionen, d. i. öffentliche Versteigerungen sind, sind Auctionatoren nach §. 1. des Regl. für außergerichtliche Auctionatoren vom 15. August 1848 ohne besondere ausdrückliche Concession nicht berechtigt.

Rescr. d. Handelsminist. v. 25. Nov. 1848. (M.Bl. d. i. V. S. 384.)

22. Notare sind vermöge ihres Amts zur Abhaltung außergerichtlicher Mobiliarauctionen berechtigt, ohne hierzu einer Genehmigung der Verwaltungsbehörde zu bedürfen.

Rescr. d. Just.-Min. vom 18. October 1849 nebst Gutachten d. OTrib. vom 5. Sept. 1849. (J.-M.-B. S. 420.)

23. Generalbevollmächtigte sind außergerichtliche Auctionen für ihre Machtgeber ohne Zuziehung von Auctionscommissarien selbst abzuhalten befugt.

Erk. d. OTrib. vom 11. Januar 1855. Sen. f. Straff. II. Präj. 129. (Entsch. Bd. 29. S. 457. Präj.-Samml. II. S. 151. G.A. III. S. 255.)

24. Ueber den Begriff und die Strafbarkeit der unbefugten Mäkler cf. G.A. I. S. 485. ff.

25. (Zu §. 55.) cf. zur K.O. v. 7. Febr. 1835 (G.S. S. 18.) zu Nr. 5.

26. (Zu §. 61.) Die Vorschrift des §. 61. ist nicht anders zu verstehen, als daß der Stellvertreter für seinen stellvertretenden Gewerbebetrieb dieselben Erfordernisse erfüllen muß, welche für das in Rede stehende Gewerbe dem Inhaber selbst obliegen, d. h. wenn es sich um die im §. 49. genannten Gewerbe handelt, daß er für seine Stellvertretung die polizeiliche Genehmigung oder Erlaubniß haben muß.

Erk. d. OTrib. v. 9. Nov. 1859. Sen. f. Straff. I. (G.A. VIII. S. 140.)

27. (Zu §§. 71—74). Ueber die Concessions-Entziehungen und Suspensionen bei den im §. 1. des Preßgesetzes vom 12. Mai 1851 (G.S. S. 273.) genannten Gewerbtreibenden vor dem Gesetze vom 21. April 1860 (G.S. S. 185.) cf. Rescr. des Min. d. Inn. v. 2. Mai 1852. (M.Bl. d. i. V. S. 867.)

28. (Zu §. 74.) Gegen die von der Verwaltungsbehörde verfügte Suspension des Gewerbebetriebs der Buchdruckerei ist der Rechtsweg unzulässig.

Erk. d. Compet.-Ger.-Hofs v. 6. März 1852. (J.-M.-B. S. 237.)

29. (Zu §§. 75. ff.) cf. zu §. 187.

30. (Zu §. 80.) Der Vor- und Aufkauf ist auch vor den Thoren verboten.

Rescr. d. Min. d. Inn. u. d. Fin. vom 17. Nov. 1846. (M.Bl. d. i. V. S. 21.)

31. Die Strafbestimmungen d. Ed. v. 20. Nov. 1810 sind durch den §. 80. für aufgehoben zu erachten.

Rescr. d. Min. d. Inn. v. 7. Febr. 1847. (M.Bl. d. i. V. S. 22.)

32. (Zu §§. 146. 147.) cf. d. Erk. d. OTrib. vom 14. Sept. 1855 (G.A. IV. S. 684.) zu §. 44. d. V. v. 9. Febr. 1849. (G.S. S. 93.)

33. (Zu §. 151.) Die Ueberschreitung des Züchtigungsrechts ist nach §. 187. d. St.G.B.'s strafbar.

Erk. d. OTrib. v. 8. Dez. 1852. (Oppenhoff ad §. 187. d. St.G.B.'s Nr. 3.)

34. (Zu §. 171.) In Betreff der Entziehung der Gewerbecon-

cession bei Bauhandwerken cf. Rescr. d. Handelsminist. vom 9. Oct. 1853. (M.Bl. d. i. V. S. 244.)

35. (Zu §§. 173. 174.) Der Verlust von Concessionsberechtigungen ist beim Strafverfahren nach denselben Grundsätzen zu behandeln, wie der der bürgerlichen Ehrenrechte; mithin darf beim Wegfall der letzteren auch jener wegfallen. Wird daher ein Gewerbtreibender, wie sie §. 174. im Sinne hat, zwar wegen Betrugs aus §. 243. Nr. 6. des St.G.B.'s, jedoch unter Annahme mildernder Umstände und ohne Ehrenstrafen verurtheilt, so ist nicht nothwendig, auch auf Concessionsverlust zu erkennen.

Erk. d. OTrib. vom 19. Januar 1860. Sen. f. Straff. II. (G.A. VIII. S. 425).

36. Die Strafbestimmungen der §§. 173. 174. d. A. G.O. können nach §. 15. l. c. gegen Hausirhändler nicht in Betracht gezogen werden. Daher kann durch Erkenntniß die Untersagung des selbständigen Betriebes des Hausirhandels nicht verhängt werden, wenn der Hausirhändler wegen eines den Verlust der Ausübung der bürgerlichen Ehrenrechte nach sich ziehenden Verbrechens oder Vergehens bestraft wird.

Erk. d. OTrib. vom 9. Juli 1858. Sen. f. Straff. I. (Entsch. Bd. 39. S. 25. *.)

37. Gegen einen wegen Hehlerei bestraften Zimmermeister kann nicht zugleich auf Verlust des Gewerbebetriebs als Zimmermeister nach §. 174. erkannt werden.

Erk. d. OTrib. v. 19. Jan. 1855. (G.A. III. S. 686.)

38. (Zu §. 177.) Die Vorschrift des §. 49. d. A. G.O., wonach das gewerbsmäßige Anfertigen von Schriftsätzen für Andere nur mit polizeilicher Erlaubniß statt finden darf, findet auch auf diejenigen Anwendung, welche dies Geschäft schon vor dem Erlasse der Gewerbeordnung betrieben haben.

Erk. d. OTrib. v. 23. März 1854. (J.M.B. S. 262.)

39. Der §. 49. der A. G.O., welcher die gewerbsmäßige Abfassung von schriftlichen Aufsätzen für Andere nur nach Erwerbung einer polizeilichen Erlaubniß gestattet, unterscheidet auch zwischen Schriften in gerichtlichen und außergerichtlichen Angelegenheiten. Gewerbsmäßige Abfassung solcher Schriften in gerichtlichen Angelegenheiten unterliegt daher der Strafe des §. 177., wenngleich für diese allein Concessionen gar nicht ertheilt werden.

Erk. d. OTrib. v. 27. Jan. 1859. Sen. f. Straff. II. (J.M.B. S. 83.)

40. Da der gewerbsmäßigen Vermittelung von Geschäften für Andere vor Erlaß der A. G.O. der Character eines Gewerbes im gesetzlichen Sinne nicht beigelegt, auch dieselbe einer vorherigen Anzeige bei der Ortscommunalbehörde nach dem Abgabengesetze v. 30. Mai 1820 nicht unterworfen war, so trifft die Vorschrift des §. 49. d. A. G.O., wonach die gewerbsmäßige Uebernahme von Aufträgen nur mit polizeilicher Erlaubniß stattfinden darf, auch denjenigen, welcher schon vor Erlaß dieses Gesetzes jenes Geschäft betrieben hat, indem die Ausnahmebestimmung des §. 15. Abs. 2. ibid. nur von solchen Gewerben handelt, welche schon früher als Gewerbe im Sinne des Gesetzes gegolten haben.

Erk. d. OTrib. v. 20. Jan. 1859. Sen. f. Straff. II. (G.A. VII. S. 229.)

41. Bei dem Betriebe eines **bedingt** verbotenen Gewerbes (z. B. Handel mit Theaterbillets auf öffentlichen Straßen u. s. w. ohne polizeiliche Erlaubniß nach d. Pol.Verordn. zu Berlin v. 24. Febr. 1845) wird nicht nur eine Gewerbepolizei-Contravention, sondern gleichzeitig auch eine Gewerbesteuer-Contravention begangen: beide Thatbestände schließen sich nicht aus, sondern concurriren ideell mit einander.

Erk. d. OTrib. v. 30. März 1859. Sen. f. Straff. I. (G.A. VII. S. 230.) cf. Erk. d. OTrib. v. 22. Juni 1859. (B.A. V. S. 26.)

42. Die Bestimmung des §. 177., soweit sie nach §. 42. das ärztliche Personal betrifft, ist durch den §. 199. d. St.G.B.'s ersetzt.

Erk. d. OTrib. v. 4. Jan. 1856. Sen. f. Straff. I. (J.M.B. S. 42.)

43. Zur Ausübung der Thierheilkunde bedarf es einer Approbation nicht, indem die Gewerbeordnung die thierärztliche Praxis ganz freigeben wollte. Ausübung dieser Heilkunde ist daher weder nach §. 177., noch nach §. 199. d. St.G.B.'s strafbar.

Verf. d. Min. d. Med.Angel. v. 31. März 1847. (M.Bl. d. i. V. S. 52.) Oppenhoff ad §. 199. d. St.G.B.'s Nr. 8.

44. Die Strafvorschriften der A. G.O. in Betreff des ohne Erlaubniß betriebenen Pfandleihgewerbes sind durch §. 264. d. St.G.B.'s aufgehoben, und der §. 264. setzt nicht etwa nur ein im Geheimen und ohne Vorwissen der Polizeibehörde betriebenes Pfandleihgeschäft voraus.

Erk. d. OTrib. v. 26. Jan. 1859. Sen. f. Straff. I. (G.A. VII. S. 412.) cf. Erk. d. OTrib. v. 6. Nov. 1859 (G.A. VIII. S. 140.) zu §. 179.

45. Es liegt zwar im Begriff der Gewerbsmäßigkeit, daß die mehreren Einzelhandlungen, durch welche ein Gewerbe unbefugterweise betrieben ist, nicht als ebenso viele selbständige strafbare Handlungen angesehen werden können, sie vielmehr alle zusammen an und für sich nur als **eine** strafbare Handlung zu betrachten sind; dieser Grundsatz ist jedoch nicht so weit auszudehnen, daß auch diejenigen Handlungen, welche einen Gewerbebetrieb involviren, und die erst **nach** Abfassung des Straferkenntnisses I. Instanz wegen des unbefugten Gewerbebetriebs, wenn auch **vor** beschrittener Rechtskraft des Urtels, begangen sind, durch das ergangene Urtel für mitgeahndet zu erachten. In einem solchen Falle liegt allerdings eine neu zu bestrafende Handlung vor; bei Festsetzung des Strafmaßes ist jedoch ihr Zusammenhang mit den schon früher abgeurtheilten Einzelhandlungen in Betracht zu ziehen.

Erk. d. OTrib. v. 29. Apr. 1857. Sen. f. Straff. I. (G.A. V. S. 686. J.M.B. S. 274. cf. Oppenhoff ad §. 56. d. St.G.B.'s Nr. 19.)

46. Der §. 177. bedroht nur denjenigen mit Strafe, welcher den **selbständigen** Betrieb eines Gewerbes, zu dessen Beginn eine besondere polizeiliche Genehmigung erforderlich ist, ohne diese Genehmigung unternimmt oder fortsetzt; Zuwiderhandlungen von Lehrlingen und Gehilfen im Dienste des Principals sind als ein solcher selbständiger Gewerbebetrieb nicht anzusehen.

Erk. d. OTrib. v. 9. Nov. 1858. Sen. f. Straff. I. (G.A. VII. S. 88.)

47. Der Fall des 2. Absatzes des §. 177. ist auch dann vorhanden, wenn ein besteuerter Kleinhändler in Getränken zugleich Schankwirthschaft

ohne polizeiliche Erlaubniß treibt: denn Kleinhandel und Schankwirthschaft sind nicht gleich besteuert; letztere ist vielmehr für die 3. Abth. mit 6 Thlrn., jener nur mit 4 Thlrn. im Mittelsatze belegt; daher begeht der besteuerte Kleinhändler, welcher ohne Anmeldung und Erlaubniß Schankwirthschaft betreibt, nicht nur eine Gewerbepolizei-, sondern auch eine Gewerbesteuer-Contravention.

Erk. d. OTrib. v. 4. Jan. 1855. (J.M.B. S. 96.)

48. Für die nach §. 177. zu bestrafenden Gewerbepolizei-Uebertretungen ist der Einzelrichter auch dann competent, wenn die Handlung des Contravenienten zugleich ein Steuervergehen enthält; auch ist in einem solchen Falle von dem Erkenntnisse des Einzelrichters nur der Recurs und kein ferneres Rechtsmittel zulässig.

Erk. d. OTrib. v. 11. Febr. 1853. (Entsch. Bd. 24. S. 457. Präj.Samml. II. S. 152. G.A. I. S. 229.)

49. Der Art. 136. d. Ges. v. 3. Mai 1852 hat nur dasjenige administrative Strafverfahren aufrecht erhalten, welches für die im Art. 135. erwähnten Zuwiderhandlungen gegen die Vorschriften über die Erhebung öffentlicher Abgabengefälle u. s. w. eingeführt worden ist; jene Vorschrift bezieht sich nicht auf die früher allgemein bestehende oder speciell angeordnete Strafgewalt der Polizeibehörden, z. B. nicht auf die nach §. 177. d. A. G.O. zu bestrafenden Gewerbepolizei-Uebertretungen; diese unterliegen vielmehr jetzt nur noch der richterlichen Cognition.

Erk. d. OTrib. v. 30. Oct. 1856. (J.M.B. S. 368. G.A. V. S. 85.) cf. Erk. d. OTrib. v. 11. Febr. 1853. (Entsch. Bd. 24. S. 457. G.A. I. S. 229.) Beschl. d. OTrib. v. 11. Sept. 1856. (G.A. IV. S. 824.)

50. Untersuchungen wegen unbefugten Betriebs solcher Gewerbe, zu deren Beginn eine besondere polizeiliche Genehmigung erforderlich ist, gehören zwar zur Competenz der Polizeirichter, dergl. Contraventionen sind jedoch nicht als bloße Uebertretungen, sondern als Vergehen zu betrachten und verjähren daher erst in drei Jahren.

Erk. d. OTrib. v. 5. Apr. 1854. (J.M.B. S. 269.)

51. Im Falle des 2. Absatzes d. §. 177. muß die zu verhängende Strafe höher sein, als die verwirkte Steuerstrafe, nur mit der Einschränkung, daß das im §. 177. bestimmte Strafmaß nicht überschritten werden darf.

Erk. d. OTrib. v. 6. u. 25. Oct. 1854. (J.M.B. S. 411. G.A. II. S. 819.)

52. Den Gensd'armen steht bei Gewerbepolizei-Uebertretungen ein Denunciantenantheil nicht zu, auch in den Fällen nicht, wo gleichzeitig eine Gewerbesteuer-Contravention vorliegt; und es ist deshalb gemäß §. 177. die durch die Gewerbepolizei-Contravention verwirkte Strafe zu verschärfen.

Allg. Verf. v. 20. Dez. 1857. (J.M.B. S. 446.)

53. (Zu §. 179.) Der §. 179. ist, soweit es sich um das Pfandleihgewerbe handelt, durch den §. 264. d. St.G.B.'s aufgehoben resp. ersetzt.

Erk. d. OTrib. v. 9. Nov. 1859. Sen. f. Straff. I. (G.A. VIII. S. 140.) cf. Beschl. d. OTrib. v. 26. Jan. 1859 (G.A. VII. S. 412.) zu §. 177.

54. (Zu §. 180.) Wenn die Betriebsstätte eines der im §. 26, 1. d. A. G.O. gedachten Gewerbe ohne polizeiliche Genehmigung verändert wird, so beginnt zwar die Strafbarkeit dieser Handlung erst in dem Augenblicke, wo das so veränderte Werk in Betrieb gesetzt wird; es ist dann aber mit diesem Inbetriebsetzen die strafbare Handlung abgeschlossen und der Lauf der Verjährungsfrist beginnt, ohne daß sie durch einen fortgesetzten Betrieb ausgeschlossen würde.

Erk. d. OTrib. v. 14. Oct. 1858. Sen. f. Straff. II. (J.M.B. S. 359. G.A. VI. S. 831.)

55. Die in den §§. 8. u. 9. d. Ges. v. 15. Nov. 1811 (G.S. S. 352.) enthaltene Bestimmung, wonach den Mühlenbesitzern bei 20 bis 50 Thlrn. Strafe untersagt ist, den Wasserstand über die durch den Markpfahl festgesetzte Höhe aufzustauen, findet auch dann Anwendung, wenn der Wasserstand auf Grund der Allg. Gewerbeordn. im Verwaltungswege regulirt worden ist.

Erk. d. OTrib. v. 15. Juni 1855. Sen. f. Straff. I. (J.M.B. S. 355.)

56. (Zu §. 182.) Aufforderung zur Arbeitseinstellung steht der Verabredung zur Arbeitseinstellung oder der Aufforderung zur Verabredung der letzteren nicht gleich, ist daher an sich straflos.

Erk. d. OTrib. v. 29. Sept. 1859. Sen. f. Straff. II. (G.A. VII. S. 813.)

57. (Zu §. 187.) Bei Uebertretung der im §. 80. enthaltenen Bestimmungen trifft die Strafe des §. 187. nicht bloß diejenigen, welche an Markttagen außerhalb der für den Marktverkehr bestimmten Plätze zum Marktverkehr gehörende Waaren gekauft haben, sondern auch die Verkäufer.

Rescr. d. Min. d. Inn. u. d. Fin. v. 31. Jan. 1848. (M.Bl. d. i. B. S. 54.)

58. Derjenige, welcher Gegenstände des Wochenmarktverkehrs (z. B. Mühlenfabrikate) nur auf solchen Märkten und nicht stehend an seinem Wohnorte feil hält, treibt weder einen gewerbsteuerpflichtigen Handel, im Sinne des Gewerbesteuergesetzes, noch auch Hausirhandel, sollte er auch selbst das Korn, aus welchem das Mehl gemahlen worden, seinerseits (auf Märkten) aufgekauft haben.

Erk. d. OTrib. v. 29. Sept. 1859. Sen. f. Straff. II. (J.M.B. S. 354.)

59. (Zu §. 188.) Diese Vorschrift bezieht sich auf den Stellvertreter eines Gewerbetreibenden, d. h. nach §§. 61. 62. auf denjenigen, welcher die Befugniß eines zum selbständigen Gewerbebetrieb Berechtigten Namens desselben ausübt; findet also auf Lehrlinge und sonstige Gewerbegehilfen keine Anwendung.

Erk. d. OTrib. v. 19. Nov. 1858. Sen. f. Straff. I. (G.A. VII. S. 88.)

## CXVI. Gesetz über das Verfahren in Wald-, Feld- und Jagdfrevelsachen bei Civileinreden im Bezirk des Appellationsgerichtshofs zu Cöln v. 31. Jan. 1845. (G.S. S. 95.)

1. Das Gesetz ist nicht analog auf Fischereifrevel anzuwenden.

Erk. d. OTrib. v. 1. Juni 1859. Sen. f. Straff. I. (G.A. VII. S. 526.) contra: Oppenhoff ad §. 273. d. St.G.B.'s Nr. 12.

2. cf. Erk. d. Compet.Ger.Hofs v. 30. Oct. 1858 (J.M.B. 1859. S. 110.) zur Verordn. v. 30. Juni 1834. (G.S. S. 96.)

3. Als „Feldfrevel" im Sinne des §. 1. ist jede Uebertretung einer feldpolizeilichen Vorschrift zu verstehen, ohne Unterschied, ob die betreffende Strafvorschrift sich in der Feldpolizei-Ordnung, im Strafgesetzbuch oder in einer sonstigen auf die Feldpolizei bezüglichen gesetzlichen Verfügung befindet.

Erk. d. OTrib. v. 8. Dez. 1859. Sen. f. Straff. II. (J.M.B. 1860. S. 112. G.A. VIII. S. 257.)

## CXVII. Fischereiordnung für die Binnengewässer der Provinz Preußen v. 7. März 1845. (G.S. S. 114.)

1. (Zu §. 30.) Die im §. 30. ausgesprochene Confiscation der bei Contraventionen gegen die Vorschriften dieser Ordnung oder gegen die auf Grund derselben von den betreffenden Behörden erlassenen Bestimmungen, „etwa gebrauchten vorschriftswidrigen Netze oder Gezeuge", findet nur auf solche Netze und Gezeuge Anwendung, die an und für sich vorschriftswidrig sind, d. h. die den über die Einrichtung und Construction der Netze und Gezeuge bestehenden Vorschriften nicht entsprechen.

Erk. d. OTrib. v. 18. Nov. 1853. Sen. f. Straff. I. Präj. 63. (Entsch. Bd. 26. S. 437.)

## CXVIII. Strafgesetzbuch für das Heer v. 3. Apr. 1845. (G.S. S. 287.) Thl. II. (Strafgerichtsordnung.)

1. (Zu §§. 2. 229 ff.) Der Gerichtsstand der Militärpersonen in Injuriensachen ist bei den Militärgerichten.

Erk. d. OTrib. v. 11. Nov. 1850. (J.M.B. 1851. S. 30.)

2. (Zu §§. 7. 13.) Gegen Militärpersonen, welche zum beurlaubten Stande gehören und zum Kriege, zu einer außerordentlichen Zusammenziehung der Truppen oder zu den größeren militärischen Uebungen einberufen werden, kann während der Dauer ihrer militärischen Dienstleistung die Strafgerichtsbarkeit der Civilgerichte der Regel nach nicht ausgeübt werden. Die 14tägigen Landwehrübungen gehören zu den vorgedachten größern Uebungen.

Erk. d. OTrib. v. 18. Sept. 1857. Sen. f. Straff. I. (J.M.B. S. 420. G.A. V. S. 843.)

3. (Zu §§. 9. 10. 11.) In dem Falle, daß ein Angeklagter, gegen den eine nicht länger als dreimonatliche Gefängnißstrafe in contumaciam erkannt ist, nach der Publication dieses Civilurtels, aber vor dessen Insinuation, in das Heer eingestellt worden, sind die Militärgerichte nicht für competent zu erachten, weil die Unabänderlichkeit eines Urtheils, abgesehen von dem Instanzenzuge, nach jetziger Lage der Gesetzgebung, bereits durch dessen Verkündigung in öffentlicher Sitzung auch ohne persönliche Eröffnung an den Angeklagten und vor derselben durch

Insinuation des schriftlichen Urtels eintritt, das Militär-Strafgesetzbuch aber unzweifelhaft davon ausgeht, daß die Untersuchung derjenigen Jurisdiction verbleiben muß, welche insoweit bereits unabänderlich erkannt hat, als nur noch eine Anfechtung in den Instanzen zulässig ist.

Beschl. d. OTrib. v. 18. Apr. 1856. Sen. f. Strafs. I. (G.A. IV. S. 551.)

4. (Zu §. 11.) Auch dann, wenn das erste Erkenntniß ein freisprechendes war und von der Staatsanwaltschaft dagegen appellirt ist, ist das Civilgericht im Falle des §. 11. competent.

Erk. d. OTrib. v. 16. Apr. 1858. Sen. f. Strafs. I. (G.A. VI. S. 407.)

5. (Zu §. 15.) Der Ausdruck „zur Sprache kommen" im §. 15. soll nicht diejenigen Fälle von der Competenz der Civilgerichte ausschließen, wo das während des Dienststandes begangene Verbrechen damals bloß angezeigt worden, sondern nur diejenigen Fälle, wo dasselbe zum Gegenstande einer Untersuchung gemacht worden ist.

Erk. d. OTrib. v. 30. Sept. 1854. (G.A. II. S. 815.)

6. (Zu §. 41.) cf. Allg. Verf. v. 23. Juli 1859 betreffs der Requisitionen der Militärbehörden an die Civilgerichte wegen Ermittelung und Feststellung der Todesart von Militärpersonen (J.M.B. S. 258.).

7. (Zu §§. 52. 53.) Die im Art. 147. des Ges. v. 3. Mai 1852 ausgesprochene Aufhebung des §. 79. d. Cr.O. ist auf die fast gleichlautenden Bestimmungen der §§. 52. 53. d. Mil.St.Ger.Ordn. nicht auszudehnen; die letztere ist vielmehr in Kraft geblieben.

Beschl. d. OTrib. v. 5. Mai 1858. Rescr. d. Just.Min. v. 13. Jan. 1857. (J.M.B. 1858. S. 186. G.A. VI. S. 405.)

## CXIX. Beschluß der deutschen Bundesversammlung vom 19. Juni 1845 wegen Erweiterung des Schutzes für Werke der Litteratur und Kunst gegen Nachdruck und mechanische Vervielfältigung. (G.S. 1846. S. 149.)

1. Die §§. 1. u. 2. der Bundesbeschlüsse v. 19. Juni 1845 haben nur die in dem Bundesbeschlusse v. 9. Nov. 1837 zum Schutze gegen Nachdruck festgesetzte Frist erweitert, nicht aber die Bestimmung des §. 1. d. V. v. 5. Juli 1844 (G.S. S. 261.) darüber, welche der vor Publication des Ges. v. 11. Juni 1837 (G.S. S. 165.) erschienenen Schriften zu schützen, abgeändert.

Erk. d. OTrib. v. 22. Apr. 1856. V. (St. A. XX. S. 339. Rechtsgrundsätze II. S. 509.)

2. cf. d. Erk. d. OTrib. v. 22. Apr. 1856 (Str. A. XX. S. 339.) zur V. v. 5. Juli 1844. (G.S. S. 261.)

3. cf. d. Erk. d. ehem. Rhein. Cass.Hofs v. 16. Juni 1852 (J.M.B. S. 310.) u. d. OTrib. v. 13. Oct. 1859 (J.M.B. S. 430.) zu §. 6. d. Ges. v. 11. Juni 1837. (G.S. S. 165.)

## CXX. Staatsvertrag zwischen Frankreich und Preußen wegen gegenseitiger Auslieferung flüchtiger gemeiner Verbrecher v. 21. Juni / 26. August 1845. (G.S. S. 579.)

1. (Zu Art. VIII. u. XII.) Der zwischen Frankreich und Preußen abgeschlossene Auslieferungsvertrag steht dem nicht entgegen, daß die wegen eines bestimmten Verbrechens ausgelieferte Person diesseits von dem competenten Richter auch wegen anderer strafbaren Handlungen selbst dann abgeurtheilt wird, wenn sie auch wegen des Verbrechens, welches die Auslieferung begründet hat, später freigesprochen oder außer Verfolgung gesetzt werden sollte.

Erk. d. OTrib. v. 10. Nov. 1855. Sen. f. Straff. II. (G.A. IV. S. 232.)

## CXXI. Gesetz, betreffend die Publication der Gesetze v. 3. Apr. 1846. (G.S. S. 151.)

1. cf. d. Erk. d. OTrib. v. 6. Nov. 1856 (G.A. V. S. 87.) zur K.O. v. 24. Juli 1826. (G.S. S. 73.)

## CXXII. Verordn., die Besteuerung des im Inlande erzeugten Rübenzuckers betreffend, v. 7. Aug. 1846. (G.S. S. 335.)

1. (Zur Instruction des General-Steuerdirect. vom 19. Aug. 1846. M.Bl. d. i. V. S. 169.)

a. Unter „Urkunde" im Sinne des §. 323. d. St.G.B.'s ist jede durch einen Beamten auf Grund seiner Amtspflicht erfolgte Beurkundung über Verhandlungen, Erklärungen und Thatsachen zu verstehen, welche für Rechte und Rechtsverhältnisse von Erheblichkeit sind. Dies gilt auch von den amtlichen Eintragungen in Bücher und Register über geschehene Thatsachen, insofern sie nicht bloß zum Zwecke des innern amtlichen Verkehrs der Behörden erfolgen, sondern auf Grund ihrer amtlichen Aufnahme dritten Personen gegenüber verbindliche Kraft haben; z. B. von den Notirbüchern der Steuerbeamten, welche mit der Verwiegung der zur Zuckerbereitung bestimmten Runkelrüben beauftragt sind.

b. Eine falsche Aufnahme solcher Register liegt auch da vor, wo Eintragungen, welche erfolgen sollen, unterlassen worden sind, indem auch dann den Registern ein unrichtiger Inhalt gegeben wird.

c. Für die urkundliche Bedeutung solcher Register und Bücher ist es ohne Bedeutung, ob sie von dem betreffenden Beamten unterschrieben werden müssen, wenn davon die beweisende Kraft nicht abhängig gemacht worden ist.

Erk. d. OTrib. v. 26. Apr. 1860. Sen. f. Straff. II. (J.M.B. S. 362.)

2. (Zu §§. 17. Nr. 1. 18.) Dem §. 17. Nr. 1. wohnt eine unwiderlegliche Vermuthung der hier bezeichneten Defraudation bei; das damit begangene Vergehen aber ist ein rein formales, mit dem Augenblick der absichtlichen falschen Declaration vollendetes, und das Object der Defraudation das ganze absichtlich verschwiegene Rübenquantum, wobei jede spätere Veränderung dieses Objects unerheblich erscheint.

Erk. d. OTrib. v. 1. Juli 1859. Sen. f. Strafs. I. (G.A. VII. S. 664. Entsch. Bd. 42. S. 72. *.)

3. cf. d. Erk. d. OTrib. v. 1. Juli 1859 (G.A. VII. S. 666.) u. Erk. d. OTrib. v. 26. Apr. 1860 (J.M.B. S. 362.) zu d. Ges. v. 12. Febr. 1855. (G.S. S. 70.)

## CXXIII. K.O. v. 16. Nov. 1846, betreffs des Verbots des Betriebs der Schank- oder Gastwirthschaft, ingleichen des Kleinhandels mit Getränken am Fabrikorte selbst oder im Umkreise einer Meile seitens der Fabrikinhaber und Fabrikanten, u. s. w., sowie der von ihnen abhängigen Personen. (G.S. S. 484.)

1. cf. das Erk. d. OTrib. v. 24. Juni 1859 (J.M.B. S. 322.) zu §. 55. d. Ges. v. 7. Sept. 1811.

## CXXIV. Gesetz über das Verfahren bei Competenzconflicten zwischen den Gerichten und Verwaltungsbehörden v. 8. Apr. 1847. (G.S. S. 170.)

1. Das Ges. v. 8. Apr. 1847 findet nicht bloß in Civilprocessen, sondern auch in Untersuchungssachen Anwendung.

Erk. d. Compet.Ger.Hofs v. 8. März 1856. (J.M.B. S. 138.)

2. Ueber den Unterschied zwischen den Competenzconflicten auf Grund des Ges. v. 8. Apr. 1847 und den Conflicten, welche auf Grund des Ges. v. 13. Febr. 1854 (G.S. S. 86.) erhoben werden, cf. d. Erk. d. Compet.Ger.Hofs v. 6. Oct. 1855 (J.M.B. S. 407.) zu d. Ges. v. 13. Febr. 1854.

3. Die Oberstaatsanwälte gehören zu den Provinzial-Verwaltungsbehörden; sie sind daher zur Einlegung der Competenzconflicte auf Grund des §. 3. d. Ges. v. 8. Apr. 1847 berechtigt, wenn ein Staats- oder Polizeianwalt wegen einer der richterlichen Cognition entzogenen Amtshandlung in Anspruch genommen wird.

Erk. d. Compet.Ger.Hofs v. 26. Nov. 1853. (J.M.B. 1854. S. 16.) Rescr. d. Just.Min. v. 5. März 1853. (G.A. I. S. 369.)

## CXXV. Verordn. über die Bildung eines Ehrenraths unter den Justizcommissarien, Advocaten und Notarien v. 30. Apr. 1847. (G.S. S. 196.)

1. (Zu §. 2.) Ueber die Frage, ob ein Notar, ohne die durch den Anstand bedingten Pflichten seines Standes zu verletzen, seine Amtsgeschäfte gegen geringere Gebühren, als die taxmäßigen, verrichten darf, cf. Erk. d. OTrib. v. 27. Juni 1859. Sen. f. Straff. I. (J.M.B. S. 339. Entsch. Bd. 42. S. 1.*)

2. (Zu §. 3.) Ein Rechtsanwalt oder Notar, welcher von der vorgesetzten Dienstbehörde wegen Nichterledigung ihrer Verfügungen mehrmals mit Ordnungsstrafen belegt ist, kann von dem Ehrenrathe wegen derselben sämtlich schon bestraften Dienstvernachlässigungen nicht nochmals mit einer solchen Disciplinarstrafe und auch nicht aus dem Grunde belegt werden, weil er sich jene Dienstwidrigkeiten zur Gewohnheit habe werden lassen.

Erk. d. OTrib. v. 27. Juni 1853. (Entsch. Bd. 25. S. 368.)

3. (Zu §. 5.) Auf Dienstentlassung eines Rechtsanwalts u. s. w. kann nicht erkannt werden, wenn nicht im Eröffnungsbeschlusse ausdrücklich gesagt ist, daß die Untersuchung auf Dienstentlassung gerichtet sei. — Wenn das Landes-Justizcollegium oder der Staatsanwalt die Sache darnach angethan gefunden hat, daß die Untersuchung auf Dienstentlassung gerichtet werde, so ist der Ehrenrath genöthigt, die Untersuchung in dieser Richtung zu eröffnen.

Erk. d. OTrib. v. 4. März 1859. Sen. f. Straff. I. (J.M.B. S. 130. Entsch. Bd. 40. S. 1. *.)

4. (Zu §. 12.) In Fällen, wo ein Rechtsanwalt oder Notar die Eidesleistung auf die Verfassung verweigert, ist auf Dienstentlassung zu erkennen.

Erk. d. OTrib. v. 27. Mai 1850. (J.M.B. S. 222.)

5. (Zu §§. 15. u. 17.) cf. zu §§. 74. u. 75. d. Ges. v. 21. Juli 1852. (G.S. S. 465.)

## CXXVI. K.O. v. 30. Apr. 1847, betreff. den Stempel zu Kauf- und Lieferungsverträgen im kaufmännischen Verkehr. (G.S. S. 201.)

1. Der geringere Procentsatz des Stempels ist davon nicht abhängig, daß die Sache ganz in der nämlichen Beschaffenheit weiter verkauft werden soll, und unterscheidet die K.O. v. 30. Apr. 1847 keineswegs zwischen primitiven Kaufgeschäften, aus denen sich der Waaren- und kaufmännische Verkehr erst weiterhin durch Verarbeitung der erkauften Gegenstände entwickeln soll, und andern Kaufgeschäften.

Erk. d. OTrib. v. 26. Sept. 1856. Sen. f. Straff. I. (G.A. IV. S. 822.)

2. cf. die Zusätze zu der Position: „Kauf- und Lieferungsverträge" im Tarif zum Stempelgesetz.

## CXXVII. Verordn., betreffend das Spiel in auswärtigen Lotterien, sowie die Unternehmung öffentlicher Lotterien oder Ausspielung durch Privatlotterien, v. 5. Juli 1847. (G.S. S. 261.)

1. Durch §. 268. d. St.G.B.'s ist die V. v. 5. Juli 1847, soweit sich diese auf das Spielen in auswärtigen, nicht durch Königl. Genehmigung in Preußen zugelassenen Lotterien bezog, nicht aufgehoben worden.

Beschl. d. Cass.Hofs v. 9. Jan. 1852. (Entsch. Bd. 22. S. 74. J.M.B. S. 103.) Erk. d. Rhein. Cass.Hofs v. 9. Juni 1852. (J.M.B. S. 314.) Verf. d. Min. d. Inn. u. d. Fin. v. 4. Sept. 1851. (M.Bl. d. i. V. S. 214.) contra: Wenzel, Ergänz. S. 246. cf. Oppenhoff ad §. 268. d. St.G.B.'s Nr. 8.

2. Der §. 268. d. St.G.B.'s spricht zwar nur von einer obrigkeitlichen Erlaubniß, diese ist aber nur von den Ministerien selbst einzuholen.

Rescr. d. Min. d. Inn. u. d. Fin. v. 6. Dez. 1852. (M.Bl. d. i. V. 1853. S. 39.)

3. Wenn auswärtige Lotterieloose bestellt werden, so ist mit dem Augenblick der Absendung der Loose an den Inländer das Vergehen vollendet, es ist kein bloßer Versuch mehr.

Erk. d. OTrib. v. 23. Jan. 1850. V. (Grundsätze I. S. 41.)

4. Das Errichten und Halten einer Glücksbude fällt, selbst wenn dabei dem gewinnenden Spieler die Wahl gelassen wird, statt der gewonnenen Sache einen festgestellten Betrag in Geld zu fordern, und wenn auch dabei kein eigentliches Ausspielen unter mehreren Spielern stattfindet, bei ihrem Betriebe vielmehr derjenige, der sie hält, in der That mit jedem einzelnen Spieler wettet, nicht unter den Begriff des Haltens eines Hazardspiels, sondern unter den Begriff der Veranstaltung einer öffentlichen Lotterie.

Erk. d. OTrib. v. 27. Oct. 1859. Sen. f. Straff. II. (J.M.B. 1860. S. 23. G.A. VIII. S. 568.) Erk. d. OTrib. v. 24. Mai 1854. (G.A. II. S. 834.) Oppenhoff ad §. 268. d. St.G.B.'s Nr. 4. Nach den Verff. d. Min. d. Inn. u. d. Fin. v. 18. Mai u. 2. Juli 1852 (M.Bl. d. i. V. S. 120. u. 222.) können Würfelspiele um Eßwaaren und andere unbedeutende Gegenstände in Verbindung mit einem Kleinhandel auf Jahrmärkten u. dergl. von der Ortspolizeibehörde gestattet werden.

5. Ueber die Frage, inwiefern das öffentliche Ausgebot von Loosen zu der Prämienverloosung einer auswärtigen Staatsanleihe als strafbare Aufforderung zu einer auswärtigen Lotterie anzusehen ist, cf. Erk. d. OTrib. v. 8. Oct. 1858. Sen. f. Straff. I. (J.M.B. S. 351.)

## CXXVIII. Gesetz über die Verhältnisse der Juden v. 23. Juli 1847. (G.S. S. 263.)

1. (Zu §. 6.) Die Bestimmung des §. 6., daß Juden in eine Strafe verfallen, wenn sie der Vorschrift dieses Gesetzes, daß sie sich bei

Abfassung von Verträgen und rechtlichen Willenserklärungen, sowie bei allen vorkommenden schriftlichen Verhandlungen nur der deutschen oder einer andern lebenden Sprache, und der deutschen oder lateinischen Schriftzüge zu bedienen haben — zuwiderhandeln, ist als mit dem Art. 4. u. 12. d. V.U. unvereinbar nach Art. 109. ibid. für aufgehoben zu achten.

Erk. d. OTrib. v. 12. Oct. 1855. Präj. 184. Sen. f. Straff. I. (Entsch. Bd. 31. S. 475.)

2. (Zu §. 71.) Die Bezeichnung der hier angedrohten Strafe als einer fiscalischen kann nicht genügen, um die polizeigerichtliche Competenz über das Maß der Polizeistrafe hinaus zu begründen.

Erk. d. OTrib. v. 1. Oct. 1856. Sen. f. Straff. I. (Oppenhoff ad Art. XX. d. Einf.Gesetzes v. 14. Apr. 1851 Nr. 5. B.A. II. S. 76.)

## CXXIX. Verordn. zum Schutze der Fabrikzeichen an Eisen- und Stahlwaaren in der Provinz Westphalen und der Rheinprovinz v. 18. Aug. 1847. (G.S. S. 335.)

1. Bei Untersuchungen wegen unerlaubter Nachahmung von Fabrikzeichen in der Rheinprovinz und in Westphalen muß der Appellationsrichter, wenn er Bedenken trägt, dem in erster Instanz abgegebenen Gutachten beizutreten, ein anderweitiges Gutachten von demjenigen Gericht, welches die zweite Instanz für das Gewerbegericht bildet, erfordern, und dasselbe bei seiner Entscheidung zur Richtschnur nehmen.

Erk. d. OTrib. v. 5. Jan. 1854. Sen. f. Straff. II. (J.M.B. S. 99. G.A. II. S. 249.)

## CXXX. Feldpolizeiordnung vom 1. Nov. 1847 (G.S. S. 376.), nebst Gesetz v. 13. Apr. 1856, betreffs der Abänderung der §§. 41—46. d. F.P.O. (G.S. S. 205.)

1. (Zu §. 1.) Auch die innerhalb der Grenzen einer Forst belegenen, aber nicht forstwirthschaftlich, sondern landwirthschaftlich genutzten Grundstücke sind den Bestimmungen der F.P.O. unterworfen.

Rescr. d. Min. d. Handels u. d. Finanzen v. 8. Mai 1848. (M.Bl. d. i. B. S. 241.)

2. (Zu §. 4.) Ueber die Anwendung der Vorschriften der F.P.O., namentlich wegen des Pfandgeldes, auf Beschädigungen des Eisenbahnkörpers, der Chausseen und Chausseegräben durch weidendes Vieh: Rescr. d. Handels-Min. v. 30. Oct. 1855. (M.Bl. d. i. B. S. 215.)

3. (Zu §§. 11. 56. 58. 67. 68.) Bei einer nach der F.P.O. zur Pfändung berechtigenden Uebertretung gebührt die Entscheidung des Streits über die Rechtmäßigkeit der Pfändung und die Klage wegen des Pfandgeldes dem Civilrichter und nicht dem Strafrichter.

Erk. d. OTrib. v. 21. Sept. 1855. Sen. f. Straff. I. Präj. 170. (J.M.B. S. 375. G.A. III. S. 831. Entsch. Bd. 31. S. 310. Präj.-Samml. II. S. 157.)

4. (Zu §§. 41—43. 45.) Daß in den Fällen der §§. 41—43., neuerer Fassung, eine Wegnahme in gewinnsüchtiger Absicht stattgefunden hat, liegt noch nicht in der Feststellung, daß die Wegnahme in der Absicht rechtswidriger Zueignung geschehen sei.

Erk. d. OTrib. v. 11. Sept. 1856. Sen. f. Straff. II. Präj. 215. (Entsch. Bd. 33. S. 481. G.A. V. S. 80.) Erk. d. OTrib. v. 27. März 1860. Sen. f. Straff. II. (G.A. VIII. S. 549.) cf. Oppenhoff ad §. 215. d. St.G.B.'s Nr. 58. u. 68.

5. Die in der F.P.O. oder dem Rh. Ruralgesetze vorgesehenen Entwendungen unterliegen den Strafen dieser Specialgesetze auch dann, wenn sie unter den Umständen des schweren Diebstahls begangen sind.

Beschl. d. OTrib. v. 22. Juni 1853. Sen. f. Straff. I. Erk. d. OTrib. v. 8. Febr. 1854. Sen. f. Straff. I. (bei Oppenhoff cit. Nr. 67.)

6. Ueber die Praxis des OTrib. vor dem Gesetze v. 13. Apr. 1856 cf. die Erk. d. OTrib. v. 12. Jan. 1853 (J.M.B. S. 172. Entsch. Bd. 24. S. 438. G.A. I. S. 377.), v. 12. Dez. 1853. Plen. (J.M.B. 1854. S. 92. Entsch. Bd. 26. S. 440.), v. 17. Mai 1854 (G.A. II. S. 685.), v. 8. Febr. 1854 (J.M.B. S. 151.) u. 10. März 1854 (G.A. II. S. 417.). Nach den letzten Erk. war das Ausreißen eines Baumes oder Strauchs mit der Wurzel aus dem Boden Diebstahl. — Die durch das Gesetz v. 13. Apr. 1856 bewirkte Abänderung der §§. 41—43. 45. d. F.P.O. bezweckte ausdrücklich die Beseitigung jener Auffassung; die Anwendbarkeit der Diebstahlsstrafe ist jetzt durch das Vorhandensein der gewinnsüchtigen Absicht bedingt.

Beschl. d. OTrib. v. 5. Juni u. 9. Oct. 1856. (Oppenhoff ad §. 215. d. St.G.B.'s Nr. 70.)

7. (Zu §. 41. Nr. 1.) Der Abs. 2. §. 230. d. St.G.B.'s setzt einen wirklichen Diebstahl voraus, auf das unbefugte Halten einer Nachlese findet er daher keine Anwendung, und es ist unerheblich, ob diese Handlung alle im §. 215. d. St.G.B.'s angegebenen Kriterien des Diebstahls in sich vereinigt, da sie durch den §. 41. Nr. 1. d. F.P.O. aus dem Begriff des Diebstahls ausgeschieden worden ist.

Erk. d. OTrib. v. 21. Mai 1852. (G.A. I. S. 95. Oppenhoff ad §. 230. d. St.G.B.'s Nr. 19.)

8. (Zu §. 42. Nr. 2.) Hier wird eine That vorausgesetzt, welche an und für sich nach dem im §. 215. d. St.G.B.'s gegebenen Begriffe des Diebstahls unter denselben zu subsumiren sein würde, bei welcher jedoch die Absicht der rechtswidrigen Zueignung nicht zugleich auf einen bleibenden Gewinn gerichtet war.

Erk. d. OTrib. v. 29. März 1855. Sen. f. Straff. II. (G.A. III. S. 556.)

Handelt es sich daher von der Entwendung von Feldfrüchten, so rechtfertigt der festgestellte Thatbestand des §. 215. die Anwendung der Diebstahlsstrafe und die Ausschließung der Strafen der F.P.O. noch nicht; es bedarf dann vielmehr auch noch der ferneren Feststellung, daß nicht die besondern Umstände vorliegen, unter denen die F.P.O. eine geringere Strafe androhte, oder aber, daß die im §. 45. d. F.P.O. erwähnte gewinnsüchtige Absicht obwaltete.

(Oppenhoff ad §. 215. d. St.G.B.'s Nr. 68. Erk. d. OTrib. v. 9. Apr. 1856. Sen. f. Straff. I. G.A. IV. S. 365.)

9. (Zu §. 42. Nr. 2.) Die Vermuthung, daß die Absicht der rechtswidrigen Zueignung zugleich auf rechtswidrigen Gewinn gerichtet gewesen, erscheint auch alsdann schon begründet, wenn eine auch nur quantitative oder nur dem Werthe nach nicht unbedeutende Entwendung vorliegt. Der §. 42. Nr. 2. ist daher nicht bloß alsdann, wenn der Werth und die Quantität der entwendeten Früchte nicht unbedeutend sind, sondern auch in dem Falle, wenn nur die Quantität oder nur der Werth nicht unbeträchtlich sind, ausgeschlossen.

Erk. d. OTrib. v. 29. März 1860. Sen. f. Strafr. II. (G.A. VIII. S. 549.)

10. Der Unterschied des §. 42. Nr. 2. d. F.P.O. und des §. 349. Nr. 3. d. St.G.B.'s besteht darin, daß jener nicht nur auf Früchte, sondern auf alle Bodenerzeugnisse, auch die nicht genießbaren, anwendbar, daß er dagegen in Betreff des Orts der Entwendung auf die dort speciell aufgezählten beschränkt ist, sowie, daß er auch dadurch nicht ausgeschlossen wird, wenn die Entwendung unter einem der erschwerenden Umstände des §. 218. d. St.G.B.'s verübt wird.

(Oppenhoff ad §. 349. Nr. 4. d. St.G.B.'s.)

11. Auf die Entwendung bereits geernteter Bodenerzeugnisse in geringer Quantität oder von unbedeutendem Werthe von Feldern oder Wiesen, oder aus Gärten, findet, wenn die Wegnahme nicht in gewinnsüchtiger Absicht stattgefunden hat, nicht der §. 217. Nr. 2. d. St.G.B.'s, sondern der §. 42. Nr. 2. d. F.P.O. Anwendung.

Erk. d. OTrib. v. 30. Nov. 1857. Sen. f. Straff. Plen. Präj. Nr. 242. (J.M.B. 1858. S. 45. Entsch. Bd. 37. Abth. 2. S. 1. G.A. V. S. 767.) cf. auch die frühern Erk. d. OTrib. v. 29. Oct. 1856 (G.A. V. S. 79.) u. 22. Mai 1857 (G.A. V. S. 545.).

12. Die Vorschriften der F.P.O. finden auch in den Fällen Anwendung, wo die entwendeten Bodenerzeugnisse nicht auf dem Orte, wo sie aufgestellt sind, gewachsen waren.

Erk. d. OTrib. v. 16. Juli 1858. Sen. f. Straff. I. (G.A. VI. S. 689.)

13. Ebenso unter Umständen in dem Falle, wo geerntete Feldfrüchte, welche bereits in einem Schober auf dem Felde aufbewahrt worden, entwendet sind, wenn nämlich außer der Geringfügigkeit des Objects und dem Mangel einer gewinnsüchtigen Absicht nicht besonders festgestellt wird, daß die entwendeten Früchte in dem qu. Schober etwa vermöge entsprechender Vorkehrungen zum Schutze gegen Dritte aufbewahrt wurden.

Erk. d. OTrib. v. 22. Oct. 1858. Sen. f. Straff. I. (G.A. VII. S. 92.)

14. Abgesehen von der Frage über die Anwendbarkeit der F.P.O. auf Kirchhöfe in ihrer Allgemeinheit, ist die Anwendung derselben auf Gräber, mithin auch auf Grabmäler, insoweit die Handlung unter §. 282. d. St.G.B.'s fällt, auszuschließen.

Beschl. d. OTrib. v. 4. Dez. 1857. Sen. f. Straff. I. (G.A. VI. S. 431. Oppenhoff ad §. 137. d. St.G.B.'s Nr. 6. u. §. 282. d. St.G.B.'s Nr. 5.)

15. (Zu §. 42. Nr. 3.) Die Entwendung von Bäumen oder Sträuchern, welche in Gärten, Obstanlagen, Alleen, auf Aeckern oder sonst außerhalb eines Forstes stehen, oder aus Hecken, oder sonst zur Ein-

fassung von Grundstücken dienenden Anpflanzungen ist nicht nach §. 216. d. St.G.B.'s, sondern nach §. 43. Nr. 2., jetzt §. 42. Nr. 3. zu rügen.

Erk. d. OTrib. v. 12. Jan. 1853. Sen. f. Straff. I. Präj. 7. (J.M.B. S. 172. Entsch. Bd. 24. S. 438.) Auch hier greift jetzt die Unterscheidung des neuen §. 45. Platz. (Oppenhoff ad §. 215. d. St.G.B.'s Nr. 71.)

16. Bei vorsätzlicher Beschädigung von Bäumen auf öffentlichen Wegen findet nicht der §. 42. Nr. 3., sondern der §. 182. d. St.G.B.'s Anwendung.

Erk. d. OTrib. v. 5. Sept. 1856 (G.A. IV. S. 851.), v. 10. Febr. 1852 (G.A. II. S. 565.). cf. Oppenhoff ad §. 282. d. St.G.B.'s Nr. 7.

17. (Zu §. 43. Nr. 1.) Die Bestimmung im §. 44. Nr. 1. „auf Privatwegen" ist nur auf die dort genannten Brücken und nicht auf die übrigen daselbst erwähnten Gegenstände zu beziehen.

Erk. d. OTrib. v. 27. Juni 1855. Sen. f. Straff. I. Präj. 161. (Entsch. Bd. 31. S. 308. Präj.-Samml. II. S. 158. G.A. IV. S. 224.)

18. (Zu §. 44. Abs. 2.) Der Weg darf kein Privatweg, sondern muß ein zum gemeinen Gebrauch bestimmter Weg sein, wenn aus der schlechten Beschaffenheit desselben die hier ertheilte Befugniß, über das fremde Grundstück zu reiten, zu fahren oder Vieh zu treiben, hergeleitet werden soll.

Erk. d. OTrib. v. 13. Nov. 1855. II. (Entsch. Bd. 31. S. 454. Präj.-Samml. II. S. 197.)

19. (Zu §. 45.) Mit Rücksicht auf die Bestimmung des §. 3. Art. I. d. Ges. v. 14. Apr. 1856 (G.S. S. 209.) ist in Fällen, welche, abgesehen von einer etwaigen „gewinnsüchtigen Absicht", die Anwendbarkeit der §§. 41 — 43. der Feldpolizeiordnung, resp. des §. 349. Nr. 3. d. St.G.B.'s zulassen, also insbesondere dann, wenn das Entwendete „von unbedeutendem Werth oder geringer Quantität" ist, die Anklage von dem Polizeianwalt bei dem Einzelrichter zu erheben, und diesem die Entscheidung zu überlassen, ob die Strafe des Diebstahls in Anwendung gebracht werden müsse. Feste Normen sind freilich hier nicht zu geben, da der Begriff des unbedeutenden Werths und der geringen Quantität vom Gesetzgeber nicht näher begrenzt worden; indeß nehmen verschiedene Gerichte mildernde Umstände an, und erkennen nur auf eine Gefängnißstrafe von höchstens drei Monaten, wenn der Werth des entwendeten Gegenstandes 1 Thlr. nicht übersteigt.

Rescr. d. Just.Min. v. 20. Apr. 1857. I. 1174.

20. (Zu §§. 50 — 52.) Die Feldhüter einer Gemeinde sind öffentliche Beamte (§. 69. II. 10. u. §. 68. II. 7. d. A. L.R.); ebenso auch die herrschaftlichen Feldhüter, wenn sie vom Kreislandrath bestätigt und nach §. 51. vereidigt sind, soweit es sich um den ihnen anvertrauten Schutz des Feldes handelt.

Erk. d. OTrib. v. 29. Sept. 1858. Sen. f. Straff. I. (G.A. VI. S. 841.)

21. Die Feldhüter sind zu den Gemeindebeamten auch dann zu rechnen, wenn ihre Besoldung bloß von den Ackerbesitzern aufgebracht wird.

Rescr. d. Min. f. landw. Angelegenh. v. 17. Apr. 1852. (M.Bl. d. i. V. S. 111.)

## CXXXI. Gesetz, betreff. die Aufhebung des Jagdrechts auf fremdem Grund und Boden und die Ausübung der Jagd, v. 30. Oct. 1848. (G.S. S. 343.)

1. cf. die Noten zu dem Jagdpolizeigesetz v. 7. März 1850. (G.S. S. 165.)

## CXXXII. Verordn. über die Aufhebung der Privatgerichtsbarkeit und des eximirten Gerichtsstandes, sowie über die anderweite Organisation der Gerichte, v. 2. Jan. 1849. (G.S. S. 1.)

1. (Zu §§. 19 ff.) In den bei einem Kreisgerichte anhängigen und von diesem in erster Instanz abgeurtheilten Untersuchungssachen kann ein Rechtsmittel bei der zu dem Kreisgericht gehörigen Gerichtscommission mit gleicher Wirkung, wie bei dem Kreisgericht selbst, angebracht werden.

Erk. d. OTrib. v. 3. Dez. 1857. Sen. f. Straff. II. (J.M.B. 1858. S. 11.)

2. (Zu §§. 25. 36.) Ueber die Stimmfähigkeit der den Gerichten zur Beschäftigung überwiesenen Gerichtsassessoren mit beschränktem Votum cf. d. Allg. Verf. v. 17. Oct. 1859 (J.M.B. S. 338.), namentlich ad 4., wonach der Justizminister allgemein gestattet, daß dergleichen Assessoren zu Mitgliedern der Schwurgerichte bestellt werden können, jedoch mit der Einschränkung, daß in jeder einzelnen Sache nur ein solcher Richter zugezogen werden darf. cf. die folgenden Nummern.

3. a. Das Gesetz steht nicht entgegen, daß zur Mitwirkung als Richter bei einem Schwurgerichtshofe zwei Gerichtsassessoren berufen werden, welchen das volle Votum von dem Justizminister noch nicht beigelegt worden ist;

b. die Erlassung näherer Bestimmungen darüber, unter welchen Voraussetzungen diese Berufung, deren Folge die Ausübung des Stimmrechts ist, geschehen soll, ist Sache der Justizverwaltung;

c. die Zusammensetzung eines Schwurgerichtshofs, bei welchem zwei solcher Gerichtsassessoren mitgewirkt haben, ist daher eine gesetzliche, wenn ihre Zuziehung den Anordnungen gemäß erfolgt ist, welche von dem Justizminister und innerhalb der Grenzen ihrer Amtsbefugnisse von den Appellationsgerichten erlassen worden sind.

Erk. d. OTrib. v. 27. Apr. 1860. Sen. f. Straff. Plen. (J.M.B. S. 121. G.A. VIII. S. 244.)

4. Nach der Min.Verf. v. 17. Oct. 1859 (J.M.B. S. 339. cf. oben Nr. 2.) ist ein mit beschränktem Stimmrecht bei einem Kreisgericht beschäftigter Assessor jetzt vollkommen qualificirt, zum Mitgliede des Schwurgerichtshofs bestimmt zu werden.

Erk. d. OTrib. v. 29. März 1860. Sen. f. Straff. II. (J.M.B. S. 243.) früher contra: Erk. d. OTrib. v. 22. Juni 1859. Sen. f. Straff. II.

(G.A. VII. S. 509.), wonach die Genehmigung des Justizministers zur Ausübung des vollen Stimmrechts verlangt wurde. cf. die folgende Nummer.

5. a. Den Dirigenten ist die Befugniß übertragen, Assessoren ohne Stimmrecht, welche bei ihren Gerichten beschäftigt sind, als Beisitzer des Schwurgerichts zu ernennen, und zwar mit der aus diesem besondern Commissorium von selbst sich ergebenden Folge des vollen Stimmrechts für diese Functionen;

b. die Zulässigkeit dieser Ernennung ist nicht von der sub 2. der Allg. Verf. v. 17. Oct. 1859 (J.M.B. S. 338.) ausgesprochenen Voraussetzung der speciellen Vertretung eines verhinderten Mitglieds und der Nichtdisponibilität anderer etatmäßiger Mitglieder oder mit vollem Votum sonst schon versehener Assessoren abhängig, indem diese Voraussetzung in dem Falle sub 4. der citirten Verf. durch jene allgemeine Erwägung der Geschäftsüberhäufung durch die Abhaltung der Schwurgerichte ersetzt ist.

Erk. d. OTrib. v. 13. Apr. 1860. Sen. f. Straff. I. (G.A. VIII. S. 379.)

## CXXXIII. Verordnung vom 9. Febr. 1849, betreffend die Errichtung von Gewerberäthen und verschiedene Abänderungen der Gewerbeordnung. (G.S. S. 93.)

1. (Zu §. 23.) Unter den „Müllern" sind hier nur solche verstanden, welche für die menschliche Consumtion arbeiten, also namentlich Getreide-Müller. Die Besitzer von Mühlen zu andern Zwecken, z. B. Brettschneide-, Oel- u. s. w. Mühlen, sind daher den Bestimmungen dieses §. nicht unterworfen.

Rescr. d. Handelsministers v. 6. Dez. 1851. (B.A. I. S. 16.)

2. (Zu §§. 23. 43.) Die Befugniß zum selbständigen Betriebe eines Gewerbes ist nur von einer Prüfung überhaupt, nicht von der seitens einer bestimmten Innung vorgenommenen Prüfung abhängig.

J.M.B. 1853 S. 261. cf. jedoch das Erk. d. OTrib. v. 23. März 1853 ib. zu §§. 22—25. der Allg. Gew.Ordn. v. 17. Jan. 1845. (G.S. S. 41.)

3. (Zu §§. 23 u. 74.) Die §§. 23 u. 74. finden auf Gewerbtreibende, welche zur Zeit der Erlassung dieser Verordnung den selbständigen Betrieb ihres Gewerbes bereits begonnen hatten, auch dann keine Anwendung, wenn dieselben, dem §. 22. der A.G.O. v. 17. Jan. 1845 zuwider, der Communalbehörde die Anzeige von dem beabsichtigten Anfange des Gewerbebetriebs nicht gemacht haben.

Erk. d. OTrib. v. 20. April 1854. Sen. f. Straff. II. Präj. 91. (Entsch. Bd. 27. S. 411. Präj.-Samml. II. S. 169. G.A. II. S. 545. J.M.B. S. 277. B.A. I. S. 24.)

4. Weber, welche ausschließlich das Material, welches ihnen Fabrikinhaber geliefert haben, für deren Rechnung und unter Aufsicht und Controle von, durch diese Fabrikinhaber angestellten, Werkmeistern gegen Zahlung von Arbeitslohn verweben, betreiben ihr Handwerk nicht als ein selbständiges Gewerbe.

Erk. d. OTrib. v. 5. Nov. 1857. Sen. f. Straff. II. (G.A. VI. S. 104.)

5. (Zu §. 33.) Es läuft nach der Ansicht des Justiz- und des Handelsministers dem Gesetz nicht zuwider, wenn ein Kaufmann und ein Handwerksmeister ein mit eigener Anfertigung der feilzuhaltenden Waaren verbundenes Magazin zum Detailverkauf als Societätsgeschäft aufthun, und in dessen Betrieb sich dahin theilen, daß der eine Gesellschafter nur mit den kaufmännischen Geschäften und der andere allein mit der Anfertigung der Verkaufsartikel befaßt wird. Vorausgesetzt wird hiebei, daß der zum selbständigen Betriebe des in Rede stehenden Handwerks nicht qualificirte Gesellschafter sich jeder Einwirkung auf das Anfertigen der Waaren enthält, und die Societät kein simulirtes Geschäft ist.

Wenn ferner der §. 33. die Anfertigung der fraglichen Verkaufsartikel verbietet, so ist damit nicht bloß die Herstellung mit eigenen Händen, sondern auch die unter Leitung und für Rechnung des Magazininhabers geschehene Anfertigung durch dessen Dienstleute zu verstehen. Der nicht qualificirte Detailverkäufer darf die Handwerkerwaaren, mit denen er Handel treibt, weder selbst anfertigen noch durch solche Personen, welche bei ihm als Gesellen, Gehilfen oder Werkführer in Arbeit stehen, anfertigen lassen. Hiegegen wird öfter gefehlt, indem die Magazininhaber einen Handwerker, welcher die Meisterprüfung bestanden, aber keine selbständige Existenz hat, als Werkmeister für ihre Werkstatt engagiren. In einer Verfügung vom 11. Dez. 1851 hat der Handelsminister ausdrücklich erklärt, daß es hier nicht darauf ankomme, ob der Werkführer und Hauptgehilfe, wenn er selbst das betreffende Handwerk als sein Geschäft betreiben wollte, den hiezu erforderlichen Bedingungen genügen könne, denn seine technische Qualification sei nur von Bedeutung, sofern es sich um seine eigne selbständige Etablirung handle.

Endlich hat der Handelsminister in einem Rescript folgende Grundsätze ausgesprochen:

1) Auch durch weibliche Dienstleute und Arbeiterinnen dürfen die Inhaber von Magazinen zum Detailverkauf von Handwerkerwaaren, sofern sie nicht als Handwerksmeister qualificirt sind, ihre Verkaufsartikel nicht selbst herstellen.
2) Die Annahme von Bestellungen auf Handwerkerwaaren ist eine von deren Anfertigung verschiedene Handlung, mithin den zum Handel mit solchen Waaren befugten Gewerbtreibenden weder durch §. 33. noch sonst verboten. Ebensowenig untersagt das Gesetz den Inhabern von Kleidermagazinen die von ihnen übernommenen Lieferungen von Bekleidungsgegenständen durch Personen, welche das Schneidergewerbe selbständig betreiben, anfertigen zu lassen. Daher kann der Inhaber eines Magazins selbständige Handwerkmeister unbeschränkt beschäftigen.

(B.A. I. S. 15. 24. 38.)

6. (Zu §§. 44. 47. 49.) Wenn zur Ordnung der Innungsverhältnisse in den Statuten die Aufnahme in die Innung vorgeschrieben und die Errichtung eines schriftlichen Contracts etwa erforderlich erachtet ist, so können zwar die Behörde oder die Personen, welche die Innung beaufsichtigen, darauf dringen, daß dem Gesetze Genüge geschehe, daraus aber,

daß diesen Vorschriften nicht bei dem Anfange der Lehrzeit nachgekommen ist, kann kein Grund entnommen werden, demjenigen, welcher als Lehrling in Arbeit getreten ist, diese Eigenschaft, welche durch die Beobachtung der Förmlichkeiten nicht bedingt ist, abzusprechen, weil auf diese Folge der Nichtbeobachtung dieser Förmlichkeit (§. 146. d. A.G.O. v. 17. Jan. 1845) eine Strafe nicht angedroht ist. Für den Begriff der im §. 47. bezeichneten „Lehrlinge" ist nur die im §. 44. gegebene Erklärung maßgebend.

Erk. d. OTrib. v. 14. Sept. 1855. (G.A. IV. S. 684.)

7. (Zu §. 47.) Die hier vorbehaltene Ausnahme ist durch eine fabrikmäßige Ausdehnung des betreffenden Gewerbs bedingt.

Rescr. d. Handelsmin. v. 1. Mai 1852. (M.Bl. d. i. B. S. 124.)

8. Zu den technischen Arbeiten eines andern Gewerbes dürfen sich Handwerksmeister gar keiner Gehilfen bedienen, bei Vermeidung der im §. 74. angedrohten Strafe.

Erk. d. Rh. Rev. u. Cass.hofs v. 16. Sept. 1851. (J.M.B. S. 322.)

9. (Zu §. 48.) Durch die Vorschrift des §. 48. werden Handwerksgesellen nicht gehindert, als Gesinde in Dienst zu treten und in diesem Dienstverhältnisse für das eigene häusliche oder wirthschaftliche Bedürfniß ihrer Dienstherrschaft auch Arbeiten ihres Handwerks zu verrichten.

Erk. d. OTrib. v. 20. April 1854. Sen. f. Straff. II. Präj. 95. (Entsch. Bd. 27. S. 417. Präj.-Samml. II. S. 170. J.M.B. S. 277. G.A. II. S. 545. B.A. I. S. 23.)

10. (Zu §§. 50. 52. 75.) Der Begriff eines „Fabrikats" wird nicht dadurch ausgeschlossen, daß die betreffende Waare rein handwerksmäßig, ohne Arbeitstheilung und ohne Hilfe mechanischer Vorrichtungen gefertigt worden ist.

Erk. d. OTrib. v. 6. Oct. 1859. Sen. f. Straff. II. (J.M.B. S. 438. G.A. VIII. S. 104.)

11. (Zu §. 74.) Die Artt. 135 ff. des Ges. v. 3. Mai 1852 handeln nur von Zuwiderhandlungen gegen die Vorschriften über die Erhebung öffentlicher Abgaben und Gefälle, und finden auf die Vergehen des §. 74. dieser Verordnung keine Anwendung.

Beschluß d. OTrib. v. 11. Septbr. 1856. Sen. f. Straff. II. (G.A. IV. S. 824.)

## CXXXIV. Verordnung über die Errichtung von Gewerbegerichten vom 9. Febr. 1849. (G.S. S. 110.)

1. (Zu §. 54.) In dem Falle, daß in zweiter Instanz ein Stadt- oder Kreisgericht entscheidet, ist die Anwesenheit von wenigstens fünf Richtern bei Strafe der Nichtigkeit erforderlich.

Erk. d. OTrib. v. 28. Jan. 1851. (J.M.B. S. 77.)

## CXXXV. Verfassungsurkunde für den preußischen Staat vom 31. Jan. 1850. (G.S. S. 17.)

1. (Zu Artt. 11 u. 34.) cf. zu dem Ges. v. 31. Dez. 1842 (G.S. 1843 S. 15.) §. 15. Nr. 3. §. 25. d. Erk. d. OTrib. vom 11. Dez. 1856. (Entscheid. Bd. 34. S. 362.)

2. (Zu Art. 12.) Den Mitgliedern der in der Provinz Posen bestehenden jüdischen Synagogengemeinden ist es nicht gestattet, aus der Gemeinde, zu der sie gehören, auszutreten und sich dadurch von den mit der Mitgliedschaft verbundenen Pflichten zu befreien, wenn sie nicht zugleich ihren Wohnsitz verändern; denn der erste Satz des Art. 12. hat in den jenen Grundsatz anerkennenden früheren Gesetzen nichts ändern können, vielmehr bedarf es hiezu eines besondern Gesetzes.

Erk. d. OTrib. v. 17. Sept. 1852. (Entsch. Bd. 24. S. 301. St. A. VI. S. 322.)

3. Der erklärte Austritt aus einer Gemeinde der evangelischen Kirche befreit den Austretenden noch nicht von den bisher getragenen Parochiallasten, sondern erst dann, wenn er sich einer andern vom Staate anerkannten Religionsgesellschaft angeschlossen hat.

Erk. d. OTrib. v. 8. Febr. 1854. (Entsch. Bd. 27. S. 375. St. A. XII. S. 110.)

4. Die Vornahme von Taufen und Trauungen durch Religionsdiener nicht genehmigter Religionsgesellschaften an den Mitgliedern derselben ist, weder als unbefugte Ausübung eines öffentlichen Amts, noch als Anmaßung geistlicher Amtshandlungen strafbar, und zwar auch dann nicht, wenn die Betheiligten ihren Austritt aus ihrer bisherigen Kirche noch nicht in gesetzlicher Form erklärt haben.

Erk. d. OTrib. v. 18. März 1853. Sen. f. Straff. I. (Entscheid. Bd. 25. S. 220.)

5. (Zu Artt. 12. 30. 31.) Die Anwendung der für politische Vereine gegebenen Gesetze auf einen bestimmten Verein hängt nur von der factischen Feststellung der im Gesetze für solche gegebenen Merkmale und nicht davon ab, ob der Verein die Eigenschaften einer Religionsgesellschaft habe oder nicht.

Erk. d. OTrib. v. 22. Juni 1853. Sen. f. Straff. I. (Entscheid. Bd. 25. S. 355.)

6. (Zu Art. 15.) cf. zu §. 11. d. Regierungs-Instruction v. 23. Oct. 1817 (G.S. S. 254.) Erk. d. OTrib. v. 28. April 1853, und Erk. d. ehemal. Rev. u. Cass.-Hofs vom 10. Juni 1851 (J.M.B. S. 255.), nach welchem letzteren die polizeilichen Vorschriften, welche zu Kollecten für kirchliche Zwecke die Erlaubniß der Verwaltung erfordern, ungeachtet des Art. 15. noch fortdauern.

7. (Zu Art. 33.) Solange nicht auf Grund des Art. 33. neue, die Beschränkung des Briefgeheimnisses regulirende Gesetze ergehen, bleiben die früheren hierauf bezüglichen Vorschriften in Kraft. — Die Criminalordnung, welche in den §§. 123 ff. den Untersuchungsrichter ermäch-

tigt, die Beschlagnahme der zum Zwecke der Untersuchung brauchbaren Gegenstände zu veranlassen, nimmt hievon versiegelte Briefe nicht aus.

Vfg. d. OTrib. v. 17. Febr. 1854. (J.M.B. S. 138. G.A. II. S. 247. cf. G.A. III. S. 86.)

8. (Zu Art. 84.) Der Ausdruck „Meinungen" im Art. 84. umfaßt alle Aeußerungen eines Abgeordneten, welche von demselben in dieser Eigenschaft bei Ausübung seiner Functionen in der Kammer gemacht werden und kann er für solche nur innerhalb der Kammer auf Grund der Geschäftsordnung zur Rechenschaft gezogen werden.

Erk. d. OTrib. v. 12. Dez. 1853. Sen. f. Straff. Plen. Präj. 64. (Entscheid. Bd. 26. S. 453.)

9. (Zu Art. 97.) Der Schlußsatz des Art. 97. hat das in dem Gesetz v. 28. Juni 1834 (G.S. S. 83.) über den Waffengebrauch der Grenzaufsichtsbeamten und in den §§. 6. 7. des Gesetzes vom 31. März 1837 (G.S. S. 65.) über den der Forstbeamten vorgeschriebene Verfahren unberührt gelassen.

Erk. d. vormal. Rh. Revis. u. Cassat.Hofs v. 8. Oct. 1850. (J.M.B. 1851 S. 4.)

10. Ueber den Einfluß des Art. 97. auf die gerichtliche Verfolgung der von den Geistlichen bei Verrichtung ihrer mit bürgerlicher Wirkung bekleideten Amtshandlungen begangenen Vergehen cf. Erlaß d. Oberkirchenraths v. 14. Nov. 1850 und Rescr. v. 24. Dezbr. 1850 (J.M.B. 1851 S. 3) zu dem Gesetz v. 29. März 1844 (G.S. S. 78).

11. (Zu Art. 106.) Der zweite Absatz des Art. 106. bezieht sich nur auf königliche Verordnungen; die Prüfung von Ortspolizei-Verordnungen steht nach §. 17. des Gesetzes vom 11. März 1850 den Gerichten zu.

Erk. d. OTrib. v. 3. Mai 1854. (G.A. II. S. 684.)

12. (Zu Art. 108.) Ueber die rechtlichen Folgen der von einem Staatsbeamten verweigerten Eidesleistung auf die Verfassung cf. das Erk. d. OTrib. v. 27. Mai 1850 (J.M.B. S. 222.), wonach gegen einen solchen Beamten, in specie gegen einen Rechtsanwalt und Notar disciplinarisch durch Dienstentlassung zu erkennen.

## CXXXVI. Gesetz zum Schutz der persönlichen Freiheit vom 12. Febr. 1850. (G.S. S. 45.)

1. Ueber die fortdauernde Zulässigkeit der polizeilichen Executionshaft cf. Rescr. d. Min. d. Inn. v. 20. Jan. 1854. (M.Bl. d. i. V. S. 10.)

2. (Zu §. 3.) cf. Instruction für die Wachen in Hinsicht der von ihnen vorzunehmenden vorläufigen Ergreifungen und förmlichen Verhaftungen vom 27. Juli 1850, genehmigt durch die K.O. vom 8. Aug. 1850, publicirt durch die Vfg. d. Just.Min. vom 24. Septbr. 1850 (J.M.B. S. 358.).

3. In Betreff der Befugniß der Forstbeamten bei Ermittelung und Verfolgung des Holzdiebstahls cf. §. 21. des Holzdiebstahlsgesetzes vom 2. Juni 1852.

4. Bei Haussuchungen müssen Forstbeamte die im §. 11. des Gesetzes vom 12. Febr. 1851 genannten Personen zuziehen.

Erk. d. OTrib. v. 11. April 1856. Sen. f. Straff. I. (G.A. IV. S. 554.) cf. Erk. d. OTrib. v. 10. Sept. 1858. Sen. f. Straff. I. (G.A. VI. S. 694. Entscheid. Bd. 39. S. 12. *.)

5. (Zu §. 4.) cf. Allg. Vfg. v. 7. Dez. 1850, das Verfahren bei vorläufigen Festnahmen betreffend (J.M.B. S. 415.); Allg. Vfg. v. 4. April 1854 Nr. VII. (J.M.B. S. 417.) und v. 26. Juni 1854 (J.M.B. S. 287.).

6. (Zu §. 6.) In Betreff des polizeilichen Verfahrens gegen prostituirte Frauenzimmer cf. Rescr. d. Min. d. Inn. v. 7. Juli 1850. (M.Bl. d. i. V. S. 247.)

7. (Zu §. 7.) cf. Circ.Rescr. d. Fin.Min. v. 14. Aug. 1850, betreffend das Verfahren bei Feststellung von Zoll- und Steuervergehen durch Nachsuchungen, Haussuchungen und Verhaftungen. (M.Bl. d. i. V. S. 299.)

8. (Zu §. 11.) cf. außer dem vorigen Citat noch Instr. d. Min. d. Inn. für die Regierungen v. 13. Juni 1849, betreffend die Befugniß der Polizeibehörden zur Vornahme von Haussuchungen (M.Bl. d. i. V. S. 132.), sowie die durch die Allg. Vfg. d. Just.Min. v. 9. März 1860 mitgetheilte Vfg. d. Min. d. Inn. v. 28. Jan. 1860 (J.M.B. S. 118.).

9. Wenn das Gesetz Polizeicommissarien als solche bezeichnet, welche bei einer Haussuchung mitzuwirken haben, so ist dies dahin aufzufassen, daß dieselben selbständig, ohne jedesmaligen Auftrag ihrer vorgesetzten Behörde, auf die an sie ergangene Requisition der betreffenden competenten Behörde bei der Haussuchung mitzuwirken befugt sind und also in dieser Beziehung den Ortspolizeibehörden gleichstehen. Es kann daher auch ein Polizeisergeant zugezogen werden, wenn er von der Polizeibehörde einen Auftrag dazu erhalten hat.

Erk. d. OTrib. v. 29. Oct. 1852. (G.A. I. S. 376.)

## CXXXVII. Gesetz, betreffend die Stellung unter Polizeiaufsicht, vom 12. Febr. 1850. (G.S. S. 49.)

1. Das Gesetz vom 12. Febr. 1850 über die Stellung unter Polizeiaufsicht, namentlich die Bestimmung in §§. 4. 5. über die Dauer der Polizeiaufsicht ist, soweit es sich nicht auf Contrebande und Zolldefraudation bezieht, durch die §§. 26 ff. d. St.G.B.'s aufgehoben. Nach §. 9. desselben sind die Ortsbehörden befugt, die wegen Zolldefraudation unter Polizeiaufsicht gestellten Personen den dort genannten Beschränkungen zu unterwerfen. Im Falle einer Zuwiderhandlung tritt die Strafe

des §. 11. des Gesetzes v. 12. Febr. 1850, nicht die des §. 116. d. St.G.B.'s ein.

Erk. d. OTrib. v. 10. Nov. 1853. Sen. f. Straff. II. (G.A. II. S. 115. J.M.B. 1854 S. 136. Oppenhoff ad Art. II. d. Einf.Gesetzes v. 14. April 1851 Nr. 22.)

2. Unter der, kraft des Gesetzes, eintretenden Dauer der Polizeiaufsicht, von welcher der §. 5. des Gesetzes v. 12. Febr. 1850 spricht und deren Verlängerung gestattet, muß die im §. 4. cit. bestimmte Dauer für alle in den vorhergehenden §§. vorgesehenen Fälle einer Stellung unter Polizeiaufsicht — also auch, wo sie wegen Contrebande u. s. w. erkannt ist, — verstanden werden, und es ist nicht richtig, daß die Dauer der Polizeiaufsicht in den Fällen des §. 2. ein Jahr nicht überschreiten dürfe.

Erk. d. OTrib. v. 9. Septbr. 1858. Sen. f. Straff. II. (G.A. VI. S. 837.)

## CXXXVIII. Jagdpolizeigesetz vom 7. März 1850. (G.S. S. 165.)

1. (Zu §. 1.) Die Aufhebung des Jagdrechts auf fremdem Grund und Boden erstreckt sich auch auf die im Eigenthum des Staats befindlichen Gewässer.

Erk. d. OTrib. v. 8. Febr. 1853. (Entsch. Bd. 25. S. 396.)

2. (Zu §. 2.) Ueber die Jagd auf den öffentlichen Strömen cf. Rescr. d. Min. d. Inn. u. d. Landwirthschaft v. 30. Juli 1852 (M.Bl. d. i. V. S. 1575.).

3. Streitigkeiten darüber, ob der Besitzer eines Sees, welcher innerhalb des Jagdbezirks einer Gemeinde gelegen ist, zur eigenen Ausübung des Jagdrechts auf dem See berechtigt ist, sind dem Rechtswege unterworfen.

Erk. d. Comp.Ger.hofs v. 3. Mai 1856. (J.M.B. S. 187.)

4. (Zu §. 9.) Bei Streitigkeiten über die Rechtsbeständigkeit von Jagd-Pachtverträgen, welche von Gemeindebehörden mit dritten Personen abgeschlossen worden sind, ist der Rechtsweg zulässig.

Erk. d. Comp.Ger.hofs v. 3. Juni 1854. (J.M.B. S. 399.)

5. Dagegen ist der Rechtsweg ausgeschlossen, wenn die Gemeindevertretung selbst die Anordnung der Aufsichtsbehörde, welche einen von der ersteren geschlossenen Jagd-Pachtungsvertrag mißbilligt und die Abschließung eines neuen veranlaßt hat, anfechten will.

Erk. d. Comp.Ger.hofs v. 26. Nov. 1853. (J.M.B. 1854 S. 21.)

6. (Zu §§. 10 u. 12.) Verträge, in denen dem Pächter die Pflicht auferlegt wird, Jagd-Erlaubnißscheine zu ertheilen, sind unzulässig, insofern damit die Vorschriften der §§. 10 u. 12. umgangen werden. Zu einer gleichen Umgehung führt auch die unentgeltliche Abgabe von Pacht-Erlaubnißscheinen, insofern die von den Empfängern zu zahlende Summe

als ein Beitrag zum Pachtgelde, die Empfänger mithin als Mitpächter angesehen werden müssen.

Rescr. d. Min. d. Landwirthschaft vom 1. Mai 1853. (M.Bl. d. i. V. S. 102.)

7. (Zu §§. 14 u. 16.) In dem Falle, wo die Strafe der Jagdcontravention aus §. 274. d. St.G.B.'s erkannt wird, kann nicht zugleich in realer Concurrenz die Nichtlösung des Jagdscheins nach §§. 14. 16. des Jagdgesetzes geahndet werden; es greift nur die schwerere Strafe des §. 274. nach §. 55. d. St.G.B.'s Platz.

Erk. d. OTrib. v. 8. Febr. 1854. (G.A. II. S. 416.)

8. (Zu §. 14.) Zum Jagen von Krammets- und andern Zugvögeln bedarf es eines Jagdscheins, da das Jagdgesetz sich nicht bloß auf die Jagdnutzung durch Schießgewehre beschränkt.

Rescr. d. Min. d. Landwirthschaft vom 25. März 1852. (M.Bl. d. i. V. S. 102.) Erk. d. OTrib. v. 4. März 1858. Sen. f. Straff. II. (G.A. VI. S. 265.) Oppenhoff ad §. 274. d. St.G.B.'s Nr. 8.

9. Derjenige, der die Jagd ausüben will, muß, mag sich seine Berechtigung hiezu gründen auf welches Rechtsverhältniß es auch sei, z. B. Auftrag des mit Jagdschein versehenen Jagdberechtigten, einen auf seine Person lautenden Jagdschein haben.

Erk. d. OTrib. v. 4. März 1858. Sen. f. Straff. II. (G.A. VI. S. 265.)

10. (Zu §. 18.) Jagdpolizeiliche, vor Publication des Jagdgesetzes v. 31. Octbr. 1848 ergangene Vorschriften, welche das Jagen mit Bracken verbieten, sind durch jenes Gesetz aufgehoben und durch das Jagdpolizeigesetz v. 7. März 1850 nicht wiederhergestellt.

Erk. d. OTrib. v. 6. Sept. 1855. Sen. f. Straff. II. Präj. 166. (Entsch. Bd. 30. S. 475. Bd. 31. S. 314. G.A. III. S. 829. Präj.-Samml. II. S. 177.)

11. Durch das Jagdgesetz v. 31. Octbr. 1848 §§. 3. 4. 8. ist das Publ. v. 27. Octbr. 1784, wonach die Ricken gänzlich zu allen Zeiten bei 10 Thlr. Strafe geschont werden sollen, aufgehoben und durch §. 18. des Jagdpolizeigesetzes vom 7. März 1850 nicht wiederhergestellt worden.

Erk. d. OTrib. v. 7. Dez. 1853. Sen. f. Straff. II. Präj. 67. (Entsch. Bd. 26. S. 446.)

12. (Zu §. 23.) Aus dem §. 23. ist durchaus nicht zu folgern, daß Kaninchen jagdbare Thiere seien, da sie gerade im Gegensatz zu „übertretendem Wild" genannt sind. Im Bereiche der noch geltenden Magdeburgischen Jagdordnung v. 3. Octbr. 1743 gehören sie nicht zum Wildpret, und daher auch nicht zu den jagdbaren Thieren.

Erk. d. OTrib. v. 12. Juli 1859. Sen. f. Straff. II. (G.A. VII. S. 693.)

13. (Zu §. 25.) Die Bestimmung der großherzogl. hessischen V. v. 6. Aug. 1810 über die Verpflichtung des Jagdberechtigten zum Ersatze des Wildschadens ist durch das Publ.Pat. v. 21. Juni 1825 im Herzogthum Westphalen aufgehoben.

Erk. d. OTrib. v. 1. Dez. 1851. Plen. (J.M.B. 1852 S. 11.)

## CXXXIX. Gesetz, betreffend die Abänderung der Injurienstrafen, vom 11. März 1850. (G.S. S. 174.)

1. (Zu §. 5.) Der §. 5. ist in der Hauptsache durch die Artt. XVI u. XVII. d. Einf.Gesetzes v. 14. April 1851 ersetzt. Jedoch wird die Bestimmung, daß die Staatsanwaltschaft die Bestrafung im Wege des Untersuchungsverfahrens — das Vorhandensein eines Antrags des Verletzten, da wo das St.G.B. ihn erheischt, vorausgesetzt — zu verlangen befugt ist, solange im eingeleiteten Civilprozesse ein Urtheil noch nicht ergangen ist, und daß im Falle eines solchen Einschreitens der Staatsanwaltschaft der von dem Beleidigten etwa bereits eingeleitete Civilprozeß durch die Eröffnung der Untersuchung für erledigt erachtet wird — ihre Geltung bewahrt haben.

Oppenhoff ad Art. XVI. d. Einf.Gesetzes v. 14. April 1851 Nr. 3.

2. In den Fällen, wo die Anklage wegen des Vergehens der öffentlichen resp. schriftlichen Beleidigung erhoben, deshalb die Untersuchung eingeleitet worden, demnächst aber die Verurtheilung von dem erkennenden Strafrichter, selbst etwa erst in zweiter Instanz, nur wegen der Uebertretung der einfachen Beleidigung erfolgt, weil er den Thatbestand jener Vergehen verneint, liegt eine Verletzung der Competenz — (cf. Art. XVI. des Einf.Gesetzes v. 14. April 1851) — nicht vor.

Erk. d. OTrib. vom 25. Juni 1860. Sen. f. Straff. Plen. (G.A. VIII. S. 488.) cf. Oppenhoff ad Art. XVI. d. Einf.Gesetzes Nr. 7.

3. (Zu §§. 6. 8.) Der Plenarbeschluß des OTrib. v. 6. Dezbr. 1847 (Präj.-Samml. I. S. 435.): „daß das Rechtsmittel der Appellation nicht gewahrt sei, wenn die Anmeldung und Einführung resp. Rechtfertigung in einer und derselben Schrift cumulirt, die Einführung resp. Rechtfertigung also nicht in besonderer Schrift an das Appellationsgericht gelangt ist" — findet auch im Civilprozesse wegen Beleidigungen und leichter Mißhandlungen, deren Entscheidung demnächst durch den Strafrichter erfolgt, Anwendung.

Erk. d. OTrib. vom 29. Sept. 1856. Sen. f. Straff. Plen. Präj. 218. (Entscheid. Bd. 34. S. 426.)

4. Der Appellationsrichter ist befugt, in den im Wege des Civilprozesses verhandelten Injuriensachen auch ohne neue Beweisaufnahme von der vorderrichterlichen thatsächlichen Feststellung abzuweichen, wenn in der ersten Instanz eine Beweisaufnahme nicht stattgefunden hat, oder in contumaciam gegen den Beklagten erkannt ist. Die Artt. 101 u. 103. des Gesetzes v. 3. Mai 1852 finden hier keine Anwendung.

Erk. d. OTrib. v. 7. u. 12. Mai 1858. Sen. f. Straff. I. (Entscheid. Bd. 38. S. 478. G.A. VI. S. 542. Entscheid. Bd. 37. S. 81.'. G.A. VI. S. 544. Erk. v. 25. Nov. 1857. Sen. f. Straff. I. (G.A. VI. S. 87.)

5. Wenn in den im Wege des Civilprocesses verhandelten Injuriensachen von dem Appellationsrichter die Aussagen der in erster Instanz vernommenen Zeugen bei der mündlichen Verhandlung in zweiter Instanz nochmals verlesen und zur Debatte gestellt worden sind, so ist dies als

eine Wiederholung der in erster Instanz stattgefundenen Beweisaufnahme anzusehen, auf deren Grund der Appellationsrichter für befugt zu halten ist, eine anderweitige thatsächliche Feststellung vorzunehmen.

Erk. d. OTrib. v. 11. Oct. 1855. Sen. f. Straff. II. Präj. 168. (Entscheid. Bd. 31. S. 473. Bd. 33. S. 243. G.A. IV. S. 221.) Erk. d. OTrib. v. 6. Mai 1859. Sen. f. Straff. I. (G.A. VII. S. 519.)

6. Wenngleich in den im Wege des Civilprozesses verhandelten Sachen wegen Ehrenverletzung und leichter Mißhandlungen die in zweiter Instanz für nöthig erachtete Wiederholung der Beweisaufnahme kein anderes Resultat als in erster Instanz gegeben hat, so ist der Appellationsrichter dennoch nicht an die thatsächliche Feststellung des ersten Richters gebunden.

Erk. d. OTrib. v. 15. März 1855. Sen. f. Straff. II. (St. Arch. XVII. S. 75. Rechtsgrundsätze II. S. 520.)

7. Ohne eine neue Beweisaufnahme resp. Reproduction derselben ist der Appellationsrichter auch in Civilklagen wegen Beleidigung an die thatsächliche Feststellung des ersten Richters gebunden, namentlich auch hinsichtlich der beleidigenden Absicht.

Erk. d. OTrib. v. 9. Sept. 1853. (G.A. I. S. 696.) u. v. 27. Febr. 1857. Sen. f. Straff. I. (G.A. V. S. 542.)

8. Es ist nicht erforderlich, daß in den im Wege des Civilprocesses verhandelten Sachen wegen Ehrenverletzungen und leichter Mißhandlungen die in zweiter Instanz für nöthig erachtete Wiederholung der Beweisaufnahme vor dem Appellationsrichter selbst erfolge; sie kann vielmehr auch vor einem Commissarius desselben stattfinden.

Erk. d. OTrib. v. 15. März 1855. Sen. f. Straff. II. (St. Arch. XVII. S. 75. Rechtsgrundsätze II. S. 520.)

9. Auch in Civilprozessen wegen Beleidigungen und leichter Mißhandlungen entscheidet hinsichtlich der Zulässigkeit der in dem zweiten Audienztermine zweiter Instanz vorgeschlagenen neuen Zeugen der §. 35. d. V. v. 1. Juni 1833. Daher findet die Vernehmung der an die Stelle nicht aufzufinden gewesener Zeugen im zweiten Audienztermin vorgeschlagenen neuen Zeugen bei dem Widerspruch des Gegners nicht statt.

Erk. d. OTrib. v. 12. Oct. 1855. Sen. f. Straff. II. (St. Arch. XVIII. S. 206. Rechtsgrundsätze II. S. 462.)

10. Die Nichtvorlesung des Audienzprotocolls in Injuriensachen enthält keine Verletzung einer wesentlichen Prozeßvorschrift.

Erk. d. OTrib. v. 14. Novbr. 1855. (St. Arch. XVIII. S. 312. Rechtsgrundsätze II. S. 462.)

11. Beschwerden an das Obertribunal sind auch in Civilprozessen wegen Ehrenverletzungen nur dann zulässig, wenn eine Verfügung oder Beschluß aus Rechtsgründen angefochten wird.

Beschluß des OTrib. v. 5. Jan. 1855. Präj. 127. (Entscheid. Bd. 29. S. 337.)

## CXL. Gesetz über die Polizeiverwaltung vom 11. März 1850. (G.S. S. 238.)

1. (Zu §. 5.) Wegen der bei Mitwirkung der Militär-Commandanturen bei Erlaß ortspolizeilicher Vorschriften zu beobachtenden Förmlichkeiten cf. C.Rescr. d. Min. d. Inn. v. 21. Aug. 1852 (M.Bl. d. i. V. S. 218.).

2. Die Regierungen sind berechtigt, dasjenige öffentliche Blatt zu bestimmen, durch welches die Publication kreis- und localpolizeilicher Verordnungen zu erfolgen hat.

Rescr. d. Min. d. Inn. v. 16. Febr. 1850. (M.Bl. d. i. V. S. 58.)

3. Für Ortspolizei-Strafverordnungen, welche eine bestimmte, nur auf einen speciellen Ort bezügliche Handlung zum Gegenstande haben, sind Warnungstafeln ein genügendes Publicationsmittel.

Erk. d. Kammergcr. v. 5. Febr. 1852. (G.A. II. S. 232.)

4. Unter der Herrschaft der Rheinischen Gemeindeordnung vom 23. Juli 1845 waren die Bürgermeister, welche gleichzeitig die Ortspolizeibehörde und den Gemeindevorstand darstellten, zur Erlassung localpolizeilicher Verordnungen allein und selbständig befugt.

Erk. d. ehemal. Rh. Rev. u. Cass.hofs v. 1. Mai 1852. (J.M.B. S. 251.)

5. Die Rechtsgültigkeit der von den Polizeibehörden erlassenen ortspolizeilichen Vorschriften ist von der Zustimmung des Gemeindevorstandes nicht abhängig, vielmehr genügt eine vorgängige Berathung mit demselben. Dem Erforderniße der Vorberathung ist genügt, wenn die projectirte Verordnung dem Gemeindevorstande zu seiner Erklärung vorgelegt worden ist, dieser aber ein Bedenken dagegen nicht geäußert hat.

Erk. d. OTrib. v. 3. Mai 1854 (J.M.B. S. 268. G.A. II. S. 684.) u. v. 7. Octbr. 1858. Sen. f. Strafs. II. (J.M.B. S. 366. G.A. VI. S. 828.)

6. Den Regierungen ist, auch nach der K.O. v. 8. Febr. 1840 (G.S. S. 32.), nur die Befugniß beigelegt, die Art der Publication landespolizeilicher Verordnungen mit verbindlicher Kraft für Publicum und Behörden zu bestimmen, d. h. ein für alle Mal und für alle Arten von Localverordnungen die maßgebenden Normen festzustellen; daraus folgt aber keineswegs, daß es den Regierungen zusteht, für verschiedene Arten von Localverordnungen auch verschiedene Publicationsformen vorzuschreiben.

Beschluß d. OTrib. v. 5. Dez. 1855. (G.A. IV. S. 224.)

7. (Zu §§. 6. 11.) Die zum Erlaß von polizeilichen Verordnungen berechtigten Behörden haben nicht die Befugniß zur Festsetzung der subsidiarischen Haftbarkeit der Eltern, Dienstherrschaften u. s. w. für die Polizeiübertretungen der Kinder, Dienstboten u. s. w.

Erk. d. OTrib. v. 30. Mai 1856. Sen. f. Strafs. I. (G.A. IV. S. 688.)

8. (Zu §§. 9 u. 15.) In Betreff des Verfahrens bei Erlaß landwirthschaftlicher Polizeiverordnungen cf. Rescr. d. Min. d. Inn., d.

Fin. u. der Landwirthschaft v. 13. Mai 1852 (M.Bl. d. i. V. S. 85.) und v. 22. Nov. 1853 (M.Bl. d. i. V. S. 280.).

9. (Zu §. 11.) Bei Erlaß von Polizeiverordnungen dürfen die betreffenden Behörden zwar das in den §§. 5 u. 11. des Gesetzes vom 11. März 1850 bestimmte Maximum der Strafandrohung nicht überschreiten, wohl aber dürfen sie das Minimum höher als 10 Sgr. (§. 335. d. St.G.B.'s) bestimmen.

Erk. d. OTrib. v. 23. April 1857. Sen. f. Straff. II. (G.A. V. S. 411.) Oppenhoff ad §. 335. d. St.G.B.'s Nr. 3.

Dies betrifft indeß den Fall, wo die Polizeiverordnung in Hinsicht des Strafmaßes nicht direct mit dem Strafgesetzbuch in Widerspruch steht. cf. die folgende Nr.

10. (Zu §§. 11. 15.) Die Polizeiverordnungen können nicht eine andere Strafandrohung an die Stelle der im Strafgesetzbuch bei der entsprechenden Uebertretung fixirten setzen, und selbst da, wo dieses vor Verkündigung des St.G.B.'s zulässigerweise geschehen war, ist jetzt die Vorschrift des letzteren allein maßgebend. — Etwas Anderes gilt, wo eine nach den Vorschriften des Gesetzes v. 11. März 1850 erlassene Polizeiverordnung sich nicht darauf beschränkt, z. B. im Falle des §. 344. Nr. 8. des St.G.B.'s, zur Erhaltung der Sicherheit, Bequemlichkeit u. s. w. auf den öffentlichen Straßen u. s. w. eine Anordnung zu treffen, sondern eine darüber hinausgehende Wirksamkeit von einem allgemeinen Gesichtspunkte aus in Anspruch nimmt (z. B. wegen Anzeige der Tollwuth das Festlegen der Hunde zeitweise gebietet). In einem solchen Falle hat die betreffende Behörde die Strafandrohung selbständig nach §§. 5 u. 11. des Gesetzes v. 11. März 1850 abzumessen und kann daher auch ein das Maß des §. 335. d. St.G.B.'s übersteigendes Strafminimum bestimmen.

Erk. d. OTrib. v. 1. Oct. 1857. Sen. f. Straff. II. (G.A. VI. S. 268.) u. Oppenhoff ad §. 344. Nr. 8. d. St.G.B.'s Nr. 21 u. 22.

11. (Zu §. 11.) Den Landräthen ist die Befugniß nicht beigelegt, Polizeiverordnungen zu erlassen; ebensowenig ist die Regierung ermächtigt, die ihr in dieser Beziehung zustehende Befugniß auf den Landrath zu übertragen.

Erk. d. OTrib. v. 7. Oct. 1858. Sen. f. Straff. II. (J.M.B. S. 366. G.A. VI. S. 828.)

12. (Zu §. 15.) Ein über Privatrechtsverhältnisse zwischen prozeßführenden Parteien rechtskräftig ergangenes Erkenntniß kann, — selbst wenn der Domänenfiscus die unterliegende Partei war, — nicht als eine Verordnung einer höheren Instanz im Sinne des §. 15. angesehen werden. Ueberdies ist auch für den Fall, daß durch eine polizeiliche Verordnung im öffentlichen Interesse aus polizeilichen, namentlich sanitätspolizeilichen Rücksichten, die Reinigung einer gepflasterten Straße geboten wird, aus der nach rechtskräftigen Erkenntnissen oder nach Landes- oder Provinzialgesetzen feststehenden privatrechtlichen Verpflichtung zur Unterhaltung einer solchen Straße, darüber, wem die Verpflichtung zu dieser Reinigung obliege oder aufzuerlegen sei, nichts und insbesondere nicht zu fol-

gern, daß ein solches auch nicht in specieller polizeilicher Verfügung (Ges. v. 11. Mai 1842), sondern in allgemeiner ortspolizeilicher Verordnung ergangenes Gebot mit den Gesetzen in Widerspruch stehe.

Erk. d. OTrib. v. 7. Oct. 1858. Sen. f. Straff. II. (J.M.B. S. 366. G.A. VI. S. 828.)

13. Jagdpolizeiliche, vor Publication des Gesetzes vom 31. Oct. 1848 ergangene Vorschriften, welche das Jagen mit Bracken verbieten, sind durch jenes Gesetz aufgehoben und durch das Jagdpolizeigesetz vom 7. März 1850 nicht wiederhergestellt. Eine in Folge des Gesetzes über die Polizeiverwaltung vom 11. März 1850 erlassene Polizeivorschrift, welche das Jagen mit Bracken verbietet und unter Strafe stellt, steht mit den Gesetzen in Widerspruch.

Erk. d. OTrib. v. 6. Sept. 1855. Sen. f. Straff. II. Präj. 166. (G.A. III. S. 829. Entscheid. Bd. 31. S. 314.)

14. (Zu §. 17.) Alle älteren Bestimmungen über die den Verwaltungsbehörden zustehende Polizeigerichtsbarkeit sind durch die Verf.-Urkunde vom 5. Dez. 1848 (Artt. 85. 108.) und vom 31. Jan. 1850 (Artt. 86. 109.), durch die V. v. 2. Jan. 1849 (§§. 1. 22.), V. v. 3. Jan. 1849 (§§. 161. 162.), Gesetz v. 3. Mai 1852 (Art. 120.) aufgehoben; diese Gerichtsbarkeit ist auf die Polizeirichter übergegangen, insoweit nicht auch neuere gesetzliche Bestimmungen den Verwaltungsbehörden ein vorläufiges Straffestsetzungsrecht, vorbehältlich der Provocation auf gerichtliche Entscheidung, zutheilen. — Demgemäß unterliegt auch eine Zuwiderhandlung gegen die V. v. 24. Febr. 1834 (Nr. 10.) über das Verfahren zur Herbeischaffung der Pferde bei eintretender Mobilmachung (G.S. S. 56.) der polizeigerichtlichen Competenz.

Erk. d. OTrib. v. 16. Febr. 1860. Sen. f. Straff. II. (J.M.B. S. 240.)

15. (Zu §. 20.) Ueber die Unzulässigkeit des Rechtswegs gegen Strafverbote der Polizei- resp. Verwaltungsbehörden, resp. die Unzulässigkeit gerichtlicher Klagen auf Erstattung der von einem Magistrat im Aufsichtswege verhängten angedrohten resp. eingezogenen Ordnungsstrafen cf. die Erkk. des Competenzger.hofs vom 14. Januar 1854 (J.M.B. S. 164 u. 165.), v. 4. Febr. 1854 (J.M.B. S. 325.), v. 16. Dez. 1854 (J.M.B. 1855 S. 74.), v. 10. März 1855 (J.M.B. S. 162.), v. 7. Nov. 1857 (J.M.B. 1858 S. 30.) und v. 12. März 1859 (J.M.B. 1860 S. 113.).

16. Ueber die Zulässigkeit der polizeilichen Executionshaft cf. das Rescr. d. Min. d. Inn. v. 20. Jan. 1854 (M.Bl. d. i. V. S. 10.).

## CXLI. Verordnung über die Verhütung eines die gesetzliche Freiheit und Ordnung gefährdenden Mißbrauchs des Versammlungs- und Vereinigungsrechts v. 11. März 1850. (G.S. S. 277.)

1. (Zu §§. 1 ff.) Da die V. v. 11. März 1850 speciell unterscheidet:

a) Versammlungen überhaupt, in welchen öffentliche Angelegenheiten erörtert oder berathen werden sollen (§§. 1. 4 — 7.);
b) Versammlungen dieser Art unter freiem Himmel insbesondere (§§. 9 — 11.);
c) Vereine, welche eine Einwirkung auf öffentliche Angelegenheiten bezwecken und deren Versammlungen (§§. 2. 3.);
d) kirchliche und religiöse Vereine, welche Corporationsrechte haben, und deren Versammlungen (§. 2. Abs. 3.);
e) Vereine und deren Versammlungen, welche, wenn auch nur theoretisch, politische Gegenstände und zwar in Versammlungen zu erörtern bezwecken (§. 8.), d. h. politische Vereine (§. 16.),

so ist in jedem einzelnen Falle festzustellen, zu welcher dieser Arten ein Verein resp. eine Versammlung gehört. Hiebei sind die öffentlichen Angelegenheiten nicht als synonym mit politischen anzusehen, da diese bloß den Staat und dessen innere oder äußere Verhältnisse, jene aber auch die eine Stadt oder Dorfgemeinde oder eine andere das öffentliche Leben berührende Genossenschaft (z. B. die Kirche) angehenden Verhältnisse betreffen können.

Erk. d. OTrib. v. 19. Jan. 1854 (Lanz S. 225.). cf. auch Erk. d. OTrib. v. 6. Octbr. 1859. Sen. f. Straff. I. (G.A. VIII. S. 101.), wonach der Begriff der „öffentlichen Angelegenheiten" nicht auf eigentliche Staatsinteressen im Gegensatz zu allen Privatinteressen, mithin auf Angelegenheiten politischen oder religiösen Inhalts beschränkt werden kann, vielmehr alle die Gesammtheit berührenden allgemeinen Angelegenheiten umfaßt, und insbesondere auch das Gebiet der socialen Interessen in sich schließt.

2. Ueber die Anwendbarkeit der Verordnung auf kirchliche und religiöse Vereine und Gesellschaften, sowie deren Versammlungen cf. C.Rescr. d. Min. d. Inn. v. 1. Aug. 1850 (M.Bl. d. i. V. S. 204.) und das die Anwendbarkeit bejahende Erk. d. OTrib. v. 23. März 1857 (G.A. IV. S. 57.).

3. (Zu §§. 4 u. 5.) In Betreff der polizeilichen Ueberwachung der Vereinsversammlungen unter Einwirkung der Staatsanwaltschaft cf. Rescr. d. Min. d. Inn. v. 7. Dezbr. 1850 (M.Bl. d. i. V. S. 378.).

4. (Zu §. 7.) Bei den im §. 10. gedachten gewöhnlichen Leichenbegängnissen, kirchlichen Prozessionen u. s. w. verstößt die Begleitung durch Ehrenofficiere mit Degen, wenn sie hergebracht ist, nicht gegen den §. 7.

Erk. d. OTrib. v. 14. April 1853. (G.A. I. S. 380.) cf. 8.

5. (Zu §. 8.) Die Anwendung der für politische Vereine gegebenen Gesetze auf einen bestimmten Verein hängt von der factischen Feststellung der im Gesetze für solche gegebenen Merkmale und nicht davon ab, ob der Verein die Eigenschaften einer Religionsgesellschaft habe.

Erk. d. OTrib. v. 22. Juni 1853. Sen. f. Straff. I. (Entscheid. Bd. 25. S. 355. G.A. I. S. 699.) u. v. 7. April 1853. (G.A. I. S. 380.)

6. (Zu §. 10.) Die Worte im §. 10.: „Kirchliche Prozessionen u. s. w., wenn sie in der hergebrachten Art stattfinden," be-

ziehen sich auf das Herkommen in Betreff solcher Prozessionen u. s. w. an dem bestimmten in Rede stehenden Orte.

Erk. d. OTrib. v. 14. April 1853. (Entscheid. Bd. 24. S. 497. G.A. I. S. 381.)

7. a. Die im §. 10. vorkommenden Ausdrücke: „wo diese hergebracht sind“, resp. „wenn sie in hergebrachter Art stattfinden“, beziehen sich nicht auf Leichenbegängnisse, sondern auf die ihnen unmittelbar vorhergehenden Hauptwörter: „Züge der Hochzeitsversammlungen“ resp. „kirchliche Prozessionen, Wallfahrten und Bittgänge“.

b. Bei der Frage, ob ein Leichenbegängniß als ein „gewöhnliches“ anzusehen ist, ist zu prüfen, ob dabei über die Zwecke eines Leichenbegängnisses hinausgegangen wird, und ob etwa in dem Ceremoniell etwas so Außergewöhnliches gefunden werden kann, daß daraus für die gesetzliche Freiheit und Ordnung, sei es in letzterer Beziehung auch nur in Rücksicht auf eine etwaige Störung der öffentlichen Verkehrsverhältnisse, eine Gefährde zu befürchten.

Erk. d. OTrib. v. 14. Oct. 1858. Sen. f. Straff. II. (G.A. VII. S. 91.) cf. 4.

8. (Zu §. 16.) Unter dem Ausdruck: „wiederholt“ ist der Rückfall zu verstehen, nicht aber die wiederholte und fortgesetzte Uebertretung.

Erk. d. OTrib. v. 17. Jan. 1855. (G.A. III. S. 255.)

## CXLII. Gesetz, betreffend die Einführung einer Klassen- und classificirten Einkommensteuer, vom 1. Mai 1851. (G.S. S. 193.)

1. (Zu §. 26.) Die Bezirkscommission zur Einschätzung der Einkommensteuer ist nach §§. 26 f. befugt, von einem Reclamanten die eidesstattliche Erklärung über die von ihm selbst über sein Einkommen gemachten Angaben zu fordern und entgegenzunehmen; die wissentlich falsche Angabe einer solchen Erklärung ist daher nach §. 129. d. St.G.B.'s strafbar, sollte sie auch von der Commission dem cit. §. 26. zuwider nicht in wörtlicher Fassung vorgeschrieben gewesen sein.

Erk. d. OTrib. v. 3. März 1854. Sen. f. Straff. II. (G.A. II. S. 689. Oppenhoff ad §. 129. d. St.G.B.'s Nr. 5.)

## CXLIII. Gesetz vom 7. Mai 1851, betreffend die Dienstvergehen der Richter und die unfreiwillige Versetzung derselben auf eine andere Stelle oder in den Ruhestand. (GS. S. 218.)

1. (Zu §. 1.) Die Weigerung der Eidesleistung auf die Verfassung ist ein Dienstvergehen.

Erk. d. OTrib. v. 27. Mai 1850. (J.M.B. S. 222.)

2. (Zu §. 7.) Der einem Richter wegen Entfernung von dem Amte ohne vorschriftsmäßigen Urlaub oder wegen Ueberschreitung des Urlaubs in Gemäßheit des §. 7. entzogene Theil des Diensteinkommens ist dem Unterstützungsfonds für hilfsbedürftige Kinder verstorbener Justizbeamten zu überweisen, soweit er nicht zu den Kosten der Stellvertretung des Beamten hat verwendet werden müssen.

Circ.Rescr. d. Justizmin. v. 22. März 1855. (J.M.B. S. 102.)

3. (Zu §§. 17. 23. 27.) Das Justizministerium nimmt an, daß die Staatsanwaltschaft nicht berechtigt sei, vor Eröffnung der Disciplinaruntersuchung gegen einen richterlichen Beamten zu ihrer Information Zeugen eidlich abhören zu lassen.

Justizmin.Bl. 1851 S. 295.

4. (Zu §§. 24. 25.) Ueber die Zuziehung der Staatsanwaltschaft bei Einleitung von Disciplinaruntersuchungen gegen richterliche Beamte cf. den Aufsatz J.M.B. 1851 S. 359. Danach ist es, sobald die Frage, ob zur Einleitung einer Disciplinaruntersuchung Veranlassung vorliege, näher erörtert werden und über die Einleitung Beschluß gefaßt werden soll, nach §. 24. durchaus nöthig, die Staatsanwaltschaft vorher zu hören. Hiemit ist der Justizminister einverstanden.

5. (Zu §§. 36 ff.) Die in einer Disciplinaruntersuchung nur von der Staatsanwaltschaft eingelegte und zwar gegen den Angeschuldigten gerichtete Berufung kann nicht auch eine Abänderung des ersten Erkenntnisses zu Gunsten des Angeschuldigten herbeiführen.

Erk. d. OTrib. (Discipl.Senat) vom 5. Dezbr. 1859. (Entscheid. Bd. 42. S. 132. *.)

6. (Zu §. 48.) cf. Circ.Rescr. d. Just.Min. v. 9. Aug. 1853, betreffend die Gehaltszahlung an suspendirte Beamte (J.M.B. S. 334. M.Bl. d. i. V. S. 229.) und Circ.Rescr. d. Just.Min. v. 24. März 1855 (J.M.B. S. 94. M.Bl. d. i. V. S. 66.), sowie in Betreff der Anrechnung der Wittwenkassen resp. Pensionsbeiträge bei Feststellung des Diensteinkommens den Beschluß des Staatsminist. v. 9. Aug. 1855 (J.M.B. S. 348. M.Bl. d. i. V. S. 193.) und Circ.Rescr. d. Just.-Min. v. 8. Oct. 1855 (J.M.B. S. 347.).

## CXLIV. Gesetz über die Presse v. 12. Mai 1851. (G.S. S. 273.)

1. (Zu §. 1.) Musikalienhändler sind den Buchhändlern gleichzustellen, und haben daher auch die für die letzteren im §. 1. vorgeschriebenen Bedingungen zu erfüllen.

Rescr. d. Min. d. Inn. v. 8. Mai 1852. (M.Bl. d. i. V. S. 121.)

2. Der Buchhandel ist nach dem Sinne des §. 1. nicht als ein den übrigen dort aufgeführten Zweigen des Handels mit litterarischen Erzeugnissen bloß coordinirtes, sondern als ein diese Verkehrszweige zugleich in sich begreifendes Gewerbe anzusehen. — Von den Musikalienhändlern ist eine Prüfung nach §. 1. insoweit zu fordern, als sie zugleich als Buch-

händler zu betrachten sind, d. h. als sich in den von ihnen zu vertreibenden Musikalien auch Texte befinden. Die Frage der Concessionsertheilung ist aber lediglich nach dem Umfange des Antrags der Interessenten, mithin danach zu beurtheilen, ob sie als Buch= und Musikalienhändler oder bloß als Musikalienhändler concessionirt zu werden wünschen.

Rescr. d. Min. d. Jnn. v. 28. Febr. 1853. (M.Bl. d. i. V. S. 79.)

3. Schriftsteller, welche eine Zeitschrift im Selbstverlage herausgeben, bedürfen keiner Concession der Buchhändler.

Rescr. d. Min. d. Jnn. v. 8. Febr. 1854. (M.Bl. d. i. V. S. 28.)

4. Frauen dürfen das Gewerbe eines Steindruckers nicht selbständig betreiben.

Rescr. d. Min. d. Jnn. v. 14. Juli 1855. (M.Bl. d. i. V. S. 138.)

5. Fabrikanten, welche lediglich zu eigenem Gebrauche für die von ihnen selbst angefertigten Waaren, nicht aber zum Absatze an Andere, Etiquets mittelst einer Buchdruckerpresse anfertigen, bedürfen hiezu einer besondern Genehmigung nicht, sondern sind dazu auf Grund des §. 59. der A. G.O. v. 17. Jan. 1845 befugt, und es ist auf dies Drucken von Waaren=Etiquets der §. 1. d. Pr.Gesetzes nicht anwendbar; dagegen darf die gewerbsmäßige Anfertigung von Waaren=Etiquets zum Absatze an Andere nur von denjenigen betrieben werden, welche zum Gewerbebetriebe eines Buch= oder Steindruckers berechtigt sind. Es sind aber dergl. Etiquets von wem sie auch gefertigt sein mögen im Sinne des Preß-Gesetzes zu den Erzeugnissen der Presse zu rechnen; auf welche die hinsichtlich der Druckschriften bestehenden Vorschriften Anwendung finden, wie dies aus §§. 55. 5. 57. des Pr.Gesetzes hervorgeht. Wenn sie daher auch nur mit den Fabrikaten zugleich verbreitet werden, so ist dies dennoch eine Veröffentlichung, im Sinne der §§. 32. u. 33., und für die hiedurch begangenen Verbrechen oder Vergehen tritt die Verantwortlichkeit nach §. 34. ein. Deshalb ist nicht nur zu überwachen, daß mit der Anfertigung und dem Absatze solcher Etiquets von Unbefugten kein Gewerbe betrieben werde, sondern auch, daß durch den Inhalt derselben kein Strafgesetz verletzt werde.

Rescr. d. Min. d. Handels und d. Jnn. v. 7. Novbr. 1851. (M.Bl. d. i. V. S. 261.)

6. Da das Gesetz den Begriff der Unbescholtenheit nicht näher bestimmt, so liegt den Behörden in jedem einzelnen Falle die Pflicht ob, zu erwägen, ob die betr. Person nach dem Gesammtresultate der über dieselbe vorliegenden Nachrichten für unbescholten zu erachten sei oder nicht. Jedenfalls aber bedingt die Unbescholtenheit mehr als den Vollbesitz der bürgerlichen Rechte.

Rescr. d. Min. d. Handels u. d. Jnn. v. 19. März 1852. (M.Bl. d. i. V. S. 120.)

7. a. Die Concession zum Betriebe des Buchhandels begreift die Befugniß zum Verkaufe von Zeitungen und Flugschriften in sich, und bedarf deshalb ein Buchhändler nicht noch einer besondern Genehmigung zum Verkaufe solcher Blätter.

b. Der Ausdruck „Zeitungen“ (§§. 1. 11. 17.) bildet keinen Gegensatz zu „periodisch erscheinenden Druckschriften" (§. 17.), letztere umfassen vielmehr Zeitungen und Zeitschriften aller Art.

Erk. d. OTrib. v. 12. Juli 1855. (J.M.B. S. 350. G.A. III. S. 691.)

8. Die K.O. v. 11. Juni 1847 (G.S. S. 260.) wegen des Verkaufs gebundener Schul=, Gebet=, Erbauungs= und Gesangbücher durch Buchbinder ist durch das Preßgesetz nicht aufgehoben.

Rescr. d. Min. d. Handels und d. Inn. v. 29. Aug. 1851. (M.Bl. d. i. V. S. 260.)

9. Die Concessionen für die im §. 48. d. A. G.O. v. 17. Jan. 1845 bezeichneten Gewerbtreibenden sind jedesmal auf den Betrieb des betreffenden Gewerbes an einem bestimmten Orte zu richten, und bei Verlegung des Wohnsitzes an einen andern Ort bedarf es einer neuen Concession.

Rescr. d. HandelsMin. v. 11. Dzbr. 1850. (M.Bl. d. i. V. 1851. S. 22.)

10. (Zu §. 2.) Wenn die in §. 2. vorgeschriebene 3monatliche Frist versäumt worden, so ist die Erlaubniß nur nach vorgängiger Erfüllung der im §. 1. vorgeschriebenen Bedingungen zu ertheilen.

Rescr. d. Min. d. Inn. v. 7. Oct. 1851. (M.Bl. d. i. V. S. 220.)

11. (Zu §§. 5. u. 7.) Gedruckte Kandidatenlisten, welche dazu bestimmt sind, die in denselben bezeichneten Personen als Kandidaten für gewisse Wahlämter zu empfehlen und in Vorschlag zu bringen, und dieses ausdrücken, gehören nicht zu den Ausnahmefällen des §. 5., müssen also mit dem Namen und dem Wohnorte des Druckers versehen sein und der Ortspolizeibehörde vor der Ausgabe eingereicht werden.

Erk. d. OTrib. v. 28. Apr. 1853. (J.M.B. S. 244. G.A. I. S. 560.)

12. SubscriptionsEinladungen auf Schriften, mit Angabe des Inhalts, sind zu den „nur zu den Bedürfnissen des Gewerbes und des Verkehrs dienenden Drucksachen" zu rechnen und bedürfen daher nicht der in den §§. 5. u. 7. vorgeschriebenen Förmlichkeiten.

Erk. d. OTrib. v. 15. Mai 1856. Sen. f. Straff. II. (G.A. IV. S. 546.)

13. Gedruckte und unter die Corporationsmitglieder vertheilte Handelsberichte der Aeltesten der Kaufmannschaft an den Handelsminister, gehören nicht zu denjenigen Druckschriften, auf welche die Vorschrift des §. 5. Abs. 3. — betreff. die Einreichung an die Ortspolizeibehörde — Anwendung findet.

Erk. d. OTrib. v. 17. Dzbr. 1856. Sen. f. Straff. I. (G.A. V. S. 82.)

14. (Zu §. 17.) Die Vorschrift des §. 7., insoweit sie die Angabe des Namens und Wohnorts desjenigen erfordert, bei dem die Druckschrift als Verlagsartikel erscheint, findet auf alle diejenigen Anwendung, von denen der Vertrieb der Schrift ausgeht, gleichviel ob denselben das Verlagsrecht zusteht oder nicht, also auch auf die in Preußen im Nachdruck erscheinenden Schriften.

Erk. d. OTrib. v. 27. Febr. 1856. Sen. f. Straff. I. (J.M.B. S. 114. G.A. IV. S. 379.)

15. (Zu §. 12.) Für die Höhe der Caution ist nicht der Ort entscheidend, wo der Verleger oder Herausgeber wohnt, oder die Zeitschrift bei der Polizei angemeldet wird, sondern wo der Hauptbetrieb der Zeitschrift oder Zeitung stattfindet. Wenn daher nur die für einen kleineren

Ort erforderliche Caution bestellt ist, Druck, Vertheilung und Versendung aber von einem größeren Orte aus erfolgt sind, so ist dadurch die im §. 12. d. V. v. 5. Juni 1850 (jetzt §. 42. d. Preßgesetzes) bestimmte Strafe verwirkt.

Erk. d. OTrib. v. 8. Septbr. 1851. (Entsch. Bd. 22. S. 84.)

16. Bei einer Verschiedenheit des Druckorts und des Orts der Versendung und Vertheilung richtet sich die Höhe der Caution nach dem letzteren.

Erk. d. OTrib. v. 17. Septbr. 1851. (Entsch. Bd. 24. S. 187.)

17. (Zu §. 16.) Hat der Herausgeber einer Zeitschrift die erforderliche Caution ohne allen Vorbehalt bestellt, ist aber dieselbe später einem Dritten cedirt worden, so ist die Regierung nicht befugt, diesem auf seine Kündigung die Caution zurückzuzahlen, und solchergestalt die Berechtigung zur ferneren Herausgabe des Blattes zu beseitigen. Der Dritte ist nur befugt, dem Herausgeber des Blatts die Caution zu kündigen und so die Rückzahlung herbeizuführen. Wenn daher die Herausgabe der Caution an den Dritten einseitig ohne Einwilligung des Herausgebers des Blattes erfolgt ist, so kann dieser nicht aus §§. 16. 42. bestraft werden, wenn er ohne Bestellung einer anderweitigen Caution das Blatt forterscheinen läßt.

Erk. d. OTrib. v. 8. Oct. 1856. Sen. f. Straff. I. (G.A. IV. S. 817.)

Anders liegt der Fall, wo von vornherein ein Dritter die Caution bestellt hat. Hier ist die Kündigung statthaft; sie hört zu der gekündigten Frist auf, weiter zu haften, wenn auch ihre Rückzahlung gemäß §. 16. erst 6 Monate hernach und nach Beibringung der betreffenden Bescheinigung des Staatsanwalts erfolgen darf.

Erk. d. OTrib. v. 18. Juni 1858. Sen. f. Straff. I. (G.A. VI. S. 561.)

18. (Zu §. 17.) Artikel, welche nicht zu den rein wissenschaftlichen oder technischen oder den im §. 7. d. V. v. 5. Juni 1850 (jetzt §. 17. d. PreßGesetzes) gedachten Nachrichten und Anzeigen gehören, aber von Privatleuten ausgehen, machen ein Blatt cautionspflichtig, ohne Unterschied ob sie politische und sociale Fragen berühren, oder nicht.

Erk. d. OTrib. v. 28. März 1851. (Entsch. Bd. 22. S. 84.)

19. Die Cautionsfreiheit eines Blattes bestimmt sich nicht bloß nach dem Principe der Ausschließung politischer und socialer Fragen, sondern wird durch die Innehaltung des Bereiches der im §. 17. speciell benannten Gegenstände unter Ausschließung aller politischen und socialen Fragen bedingt. Jede Ausschreitung über die gezogenen Grenzen begründet die Strafen des §. 42.

Erk. d. OTrib. v. 24. Oct. 1851. (Entsch. Bd. 24. S. 181.)

20. Unter den im §. 17. erwähnten „rein wissenschaftlichen" Gegenständen sind „schön wissenschaftliche" nicht begriffen.

Erk. d. vorm. Rhein. Rev. u. Caff. Hofs v. 6. Jan. 1852. (J.M.B. S. 44.)

21. Die Bestimmung des §. 17. Nr. 1. ist nicht dahin auszulegen, daß nur solche periodische Druckschriften, welche ausschließlich Gegenstände einer der darin bezeichneten Kategorien enthalten, cautionsfrei seien, sondern vielmehr auch solche, welche mehrere der bezeichneten Gegenstände, also z. B. Anzeigen der bezeichneten Art und gewerbliche Gegenstände auf-

nehmen, Cautionsfreiheit genießen und mithin nicht der Strafandrohung des §. 42. unterliegen.

Erk. d. OTrib. v. 4. März 1853. Präj. 10. (Entsch. Bd. 24. S. 494. Bd. 25. S. 274. G.A. I. S. 382.)

22. Die Strafe wegen Herausgabe cautionspflichtiger Zeitschriften vor der Cautionsbestellung ist schon bei einmaliger Ueberschreitung der in §. 17. gezogenen Grenzen der Cautionsfreiheit verwirkt und es bedarf zur Anwendung des §. 42. nicht einer vorherigen Entscheidung der Verwaltungsbehörde über die Cautionspflicht des Blattes.

Erk. d. OTrib. ohne Datum. (Entsch. Bd. 24. S. 185.)

23. (Zu §. 22.) Ausländer sind als verantwortliche Redacteure cautionspflichtiger Zeitschriften zuzulassen.

Erk. d. OTrib. v. 3. Mai 1852. (Entsch. Bd. 24. S. 172.)

24. (Zu §. 28.) Für Preßvergehen oder Verbrechen, welche durch die Herausgabe einer Zeitung an einem Orte innerhalb Landes begangen worden sind, begründet die an einem andern Orte bewirkte Beschlagnahme der Zeitung außer dem besonderen Falle des §. 50. keinen Gerichtsstand.

Erk. d. OTrib. v. 6. Septbr. 1855. Sen. f. Straff. II. Präj. 163. (G.A. III. S. 825. Entsch. Bd. 30. S. 474. Bd. 31. S. 342. Präj.-Samml. II. S. 181.) cf. auch Erk. d. OTrib. v. 12. Novbr. 1857. Sen. f. Straff. II. (G.A. VI. S. 97.)

25. (Zu §. 29.) Die Polizeibehörden sind angewiesen:

1) ihre etwaige Beschwerde bei dem Oberstaatsanwalt gegen die freigebende Verfügung des Staatsanwalts innerhalb 24 Stunden nach Eingang dieser Verfügung vorzulegen;
2) den Betheiligten auf deren Verlangen den Grund der Beschlagnahme einer Druckschrift mitzutheilen, bei periodischen Druckschriften aber den Artikel zu bezeichnen, welcher zu der Beschlagnahme Veranlassung gegeben hat, insofern nicht erhebliche Gründe gegen eine derartige Mittheilung sprechen.

Circ.Rescr. d. Min. d. Inn. v. 12. Apr. 1854. (M.Bl. d. i. V. S. 73.)

26. Gegen einen Beschluß, durch welchen die vorläufige Beschlagnahme einer Druckschrift aufrecht erhalten wird, steht dem Staatsanwalt eine Beschwerde im Interesse der betreffenden Privatperson nicht zu.

Beschluß d. OTrib. v. 14. Dzbr. 1859 (J.M.B. 1860. S. 168. G.A. VIII. S. 255.) und v. 6. Octbr. 1858. (G.A. VI. S. 836.). Früher contra: Beschl. d. OTrib. v. 18. Juni 1852 (G.A. II. S. 103.) cf. das Erk. d. OTrib. (Plen.) v. 11. Juni 1860 (G.A. VIII. S. 375.) zu §. 50. dieses Gesetzes.

27. Die vorläufige Beschlagnahme einer Druckschrift wegen Beleidigung fremder, nichtdeutscher Staatsoberhäupter darf nur dann erfolgen und aus §. 29. bestätigt werden, wenn die Staatsanwaltschaft binnen der dort vorgeschriebenen Fristen den nach den §§. 79. 81. d. St.G.B.'s als Bedingung erforderlichen Nachweis des Antrags der betreffenden ausländischen Regierung auf Bestrafung nach publicirten Verträgen oder Gesetzen über Verkürzung der Gegenseitigkeit führt.

Beschl. d. OTrib. v. 10. Septbr. 1856 (G.A. IV. S. 818.) u. v. 10. Dzbr.

1856 (G.A. V. S. 254.) cf. Beschl. d. OTrib. v. 17. März 1855 (Oppenhoff ad §. 50. d. St.G.B.'s Nr. 15.) zu §. 50. dieses Gesetzes.

28. (Zu §§. 32. 33.) Eine Veröffentlichung des Preßerzeugnisses kann nur dann als erfolgt angenommen werden, wenn dasselbe dem lesenden Publicum unmittelbar zugänglich geworden ist.

Erk. d. OTrib. v. 14. Octbr. 1853. (G.A. II. S. 108.)

29. Bei Anwendung der Vorschriften der §§. 11. 14. 29. 32. u. 33. kann nicht zwischen dem Publicum, dieses als Bewohner eines bestimmten Erdtheils oder sonst räumlich begrenzten Bezirks aufgefaßt, und einem anderweit, etwa nach dem Berufe der Theilnehmer innerhalb gewisser Grenzen sich haltenden Leserkreise unterschieden, und es kann daher nicht als Regel hingestellt werden, daß die Mittheilung einer Druckschrift an einen bestimmten Leserkreis keine Verbreitung und Veröffentlichung der Druckschrift im Sinne des §. 33. sei. Die Bestimmung von Preßerzeugnissen für bestimmte Berufsklassen oder nach andern Grundsätzen als durch Abschließung eines bestimmten Raumes begrenzte Kreise, kann vielmehr ebenfalls eine Verbreitung im Sinne des §. 33. enthalten, da in dieser nicht gerade von einer allgemeinen und durch keine andere als räumliche Grenze beschränkten Verbreitung die Rede ist, und eine Veröffentlichung in der allgemeinsten Bedeutung durch Mittheilung einer Druckschrift von Seiten des Herausgebers an bestimmte Individuen an sich nicht ausgeschlossen wird. Ob jedoch durch eine solche Verbreitung die im §. 17. bestimmte Grenze der Cautionsfreiheit überschritten wird und ob dadurch die §. 42. bestimmte Strafe verwirkt worden, ist nach den besondern Umständen des vorliegenden Falles zu beurtheilen.

Erk. d. OTrib. v. 28. Jan. 1852. (Entsch. Bd. 22. S. 85.)

30. (Zu §. 35.) Die Untersuchung wegen des im §. 35. bezeichneten Vergehens gehört auch dann vor die Gerichtsabtheilung, wenn die incriminirte Schrift ein Preßverbrechen enthält. Auch kann in diesem Verfahren auf theilweise oder gänzliche Vernichtung einer solchen Druckschrift erkannt werden.

Erk. d. OTrib. v. 5. u. 26. Octbr. 1853. Präj. 62. (J.M.B. 1854. S. 78. G.A. II. S. 109. Entsch. Bd. 26. S. 458.)

31. (Zu §. 37.) Zur Anwendung des §. 37. gegen den Redacteur eines cautionspflichtigen Blattes genügt es, wenn objectiv ein in dem Blatte begangenes Preßvergehen oder Preßverbrechen vorliegt. Eine Ausnahme findet nur statt, wenn das Inserat seinem Inhalte nach von dem Redacteur für strafbar gar nicht gehalten werden konnte.

Erk. d. OTrib. v. 3. Apr. 1857. Sen. f. Straff. I. (J.M.B. S. 206.) Erk. d. OTrib. v. 7. Jan. 1858. Sen. f. Straff. II. (G.A. VI. S. 99.)

32. Nur ein thatsächlicher Irrthum des Redacteurs über die Strafbarkeit des Inserats ist geeignet die im §. 37. bestimmte Strafe auszuschließen.

Erk. d. OTrib. v. 13. Mai 1855. Sen. f. Straff. I. (J.M.B. S. 235.)

33. Das in §. 37. erwähnte Vergehen des Redacteurs eines cautionspflichtigen Blattes stellt eine selbständige Zuwiderhandlung gegen die Vorschriften des Preßgesetzes dar, welche nur im Untersuchungsverfahren auf Antrag des Staatsanwalts, nicht aber als Ehrverletzung im Wege des

Civilprozesses verfolgt werden kann, sollte auch der strafbare Inhalt des Blattes den Thatbestand einer Ehrverletzung darstellen.

Erk. d. OTrib. v. 17. Septbr. 1857. Sen. f Straff. II. (J.M.B. S. 362)

34. Der §. 37. steht zwar im vierten Abschnitte des Preßgesetzes „von der Bestrafung der durch die Presse verübten Gesetzesübertretungen", hiedurch ist aber durchaus nicht erklärt worden, daß alle nachfolgenden Zuwiderhandlungen gegen das Gesetz, soweit sie nicht unter die Bestimmungen des Strafgesetzbuchs gestellt worden, lediglich als Uebertretungen im Sinne des Thl. III. d. St.G B's angesehen werden sollen; vielmehr sind, da in dem angeführten Abschnitte selbst die Straffälle nach Preßverbrechen, Preßvergehen und Preßübertretungen deutlich unterschieden sind, auf jede dieser drei Arten die allgemeinen Bestimmungen des Strafgesetzbuchs, namentlich auch die des Rückfalls in Anwendung zu bringen.

Erk. d. OTrib. v. 16. Juni 1858. Sen. f. Straff. I. (G.A. VI. S. 562.)

35. (Zu §§. 42. 46.) Bei Anwendung der Rückfallsstrafen der §§. 42. u. 46. ist es gleichgültig, ob die frühere Bestrafung unter dem Preßgesetz v. 12. Mai 1851 oder unter der Verordn. v. 5. Juni 1850 stattgefunden hat.

Erk. d. ehem. Rhein. Rev. u. Caff. Hofs v. 6. Jan 1852. (J.M.B. S. 44.)

36. (Zu §. 43.) Die Verbreitung einer Druckschrift, von deren Beschlagnahme der Verbreitende Kenntniß hat, ist nach §. 43. dennoch nicht strafbar, wenn zur Zeit der Verbreitung die Beschlagnahme bereits aufgehoben war, obwohl der Verbreitende von dieser Aufhebung keine Kenntniß hatte.

Erk. d. OTrib. v. 30. Novbr. 1853. (G.A. II. S. 109)

37. (Zu §. 48.) Die Vorschrift über die Veröffentlichung der Namen der Geschworenen ist so zu verstehen, daß die Veröffentlichung eben nur bei der Mittheilung über die Bildung des Schwurgerichts und zu keiner andern Zeit oder Gelegenheit zulässig ist. — Der Begriff der „Zeitungen" umfaßt die gesammte periodische Presse, welche Tagesnachrichten, nicht bloß politische, in einzeln ausgegebenen Blättern bringt.

Erk. d. OTrib. v. 19. Jan. 1860. Sen. f. Straff II. (G.A. VIII. S. 397.)

38. Nach dem Wortsinne und Zusammenhange des §. 48. darf die Veröffentlichung von Schriftstücken eines Criminalprozesses nicht vor der Beendigung der mündlichen Verhandlung, also nicht während einer schwebenden Verhandlung geschehen.

Dies bezieht sich sowohl auf Anklageschrift als auch auf Beschlüsse des Gerichtshofs aus der Voruntersuchung vor der Audienz.

Erk. d. OTrib. v. 8. März 1852. (J.M.B. S. 202. Entsch. Bd. 24. S. 193.) und vom 15. Novbr. 1855. Sen. f. Straff. II. (G.A. III. S. 827.)

39. (Zu §. 49.) Der §. 49. findet nicht bloß auf die in diesem Gesetze speciell mit Strafe bedrohten, sondern auf alle durch die Presse begangenen strafbaren Handlungen Anwendung.

Erk. d. OTrib. v. 30. Octbr. 1854. Sen f. Straff. Plen. Präj. 114. (Entsch. Bd. 28. S. 477. Bd. 29. S. 265. G.A. III. S. 68.) Ebenso Erk. des OTrib v. 29. Juni 1854. Sen f Straff. II. Präj. 100. (Entsch. Bd. 28. S. 177.) mit dem Zusatze, daß auch die im §. 49. ausgesprochene 6 monatl.

Verjährung auch dem, welchem nur die wissentliche weitere Verbreitung des Inhalts einer verleumderischen Druckschrift durch deren Vorlesen zur Last gelegt wird, zu statten kömmt.

40. Unter den im §. 49. gedachten Anträgen sind nicht bloß solche zu verstehen, welche bei dem competenten Gericht selbst die vollständige Anklage einbringen, oder die Eröffnung, Fortsetzung oder Beendigung der Untersuchung in bestimmter Formel beantragen, vielmehr ist darunter jede Handlung der Staatsanwaltschaft begriffen, welche sich auf jene Eröffnung, Fortsetzung oder Beendigung bezieht.

Erk. d. OTrib. v. 13. Oct. 1853. (G.A. II. 109.)

41. Communicationen zwischen den verschiedenen Organen der Staatsanwaltschaft unter sich begründen keine Unterbrechung der Verjährung.

Erk. d. OTrib. v. 22. Febr. 1854 (G.A. II. S. 424.) u. v. 30. Octbr. 1854. Sen. f. Straff. Plen. (Entsch. Bd. 29. S. 265.)

42. Auch durch Handlungen eines incompetenten Richters oder Staatsanwalts wird die Verjährung unterbrochen.

Erk. d. OTrib. v. 24. Jan. 1855. (G.A. III. S. 259.)

43. Die Vorschrift über die Verjährung der Preßverbrechen oder Vergehen findet auf die im Wege des Civilprozesses zu verfolgenden Beleidigungen durch die Presse keine Anwendung.

Erk. d. OTrib. v. 7. Juli 1859. Sen. f. Straff. II. (G.A. VII. S. 696.)

44. Zur Anwendung des 3ten Absatzes des §. 49. bedarf es außer der Identität der den Gegenstand des Preßverbrechens oder Vergehens bildenden Druckschrift, des Nachweises einer subjectiven Complicität zwischen den dort gedachten Verantwortlichen oder Mitschuldigen.

Erk. d. OTrib. v. 30. Oct. 1854. Sen. f. Straff. Plen. Präj. 114. (Entsch. Bd. 28. S. 477. Bd. 29. S. 265.) cf. die Abhandlung bei G.A. III. S. 265 ff.

45. (Zu §. 50.) a. Die Vorschrift des §. 50., nach welcher die Vernichtung der Schrift in dem Urtel auch dann auszusprechen ist, wenn zwar der Angeklagte freigesprochen, in der Schrift jedoch von dem Richter, d. h. auch bei Schwurgerichtssachen von dem Gerichtshofe der Thatbestand einer strafbaren Handlung erkannt wird, bildet keinen Theil der Strafe, ist vielmehr unabhängig davon, ob eine bestimmte Person und welche einer Strafe unterliegt, als eine selbständige Maßregel zur Beseitigung der thätlichen Wirkungen des Inhalts der Schrift anzusehen. Diese Vorschrift hat die Natur eines Prozeßgesetzes und muß deshalb auch auf die vor Publication des Gesetzes v. 12. Mai 1851 entstandenen Druckschriften dieser Art um so mehr angewendet werden, da die Fortleistung solcher Schriften als Gegenstände des Verkehrs die Schädlichkeit, welche beseitigt werden soll, fortdauernd erneuert und eine Freigebung der Schrift im Falle des ferneren Debits deren sofortige anderweite Beschlagnahme wegen des strafbaren Inhalts nicht ausschließen würde.

b. Der Vernichtung einer Schrift aus diesem Grunde steht auch nicht die Verjährung entgegen, da diese nur die Strafe und die persönliche Strafbarkeit aufhebt, in anderen Beziehungen aber die Verjährung der Strafe nicht geltend gemacht werden kann.

Erk. d. OTrib. v. 8. Dezbr. 1851 (Entsch. Bd. 22. S. 88. u. Bd. 24. S. 177.) u. v. 30. Octbr. 1854. Sen. f. Straff. Plen. (Entsch. Bd. 29. S. 265.)

46. Wird in dem Inhalte einer Schrift der Thatbestand einer strafbaren Handlung gefunden, wegen welcher Bestrafung nur auf Antrag des Verletzten statthaft wäre (z. B. im Falle der §§. 79. 80. d. St.G.B.'s), so bedarf es dieses Antrags auch zur Einleitung des Verfahrens auf Vernichtung dieser Schrift.

Beschl. d. OTrib. v. 17. März 1855; contra: Vfg. d. Just.Min. v. 9. Novbr. 1854. (Hahn, Strafverfahren S. 16. Nr. 2.)

Dagegen muß eine vorläufige Beschlagnahme auch ohne einen solchen Antrag statthaft sein.

Beschl. d. OTrib. v. 10. Septbr. 1856. (G.A. IV. S. 818.) cf. Oppenhoff ad §. 50. d. St.G.B.'s Nr. 15.

47. Die vor Erlaß des Preßgesetzes v. 12. Mai 1851 erfolgte Freisprechung des wegen eines Preßverbrechens oder Vergehens Beklagten ist kein Hinderniß, nach Erlaß dieses Gesetzes eine nochmalige Verfolgung der Druckschrift, welche den Thatbestand einer strafbaren Handlung enthält, aus §. 50. eintreten zu lassen.

Erk. d. OTrib. v. 30. Mai 1856. Sen. f. Straff. I. (G.A. IV. S. 547.)

Wenn von einer Druckschrift, deren Inhalt von der betreffenden Gerichtsbehörde für strafbar erachtet und auf deren Vernichtung deshalb erkannt worden ist, nachträglich bei einer Privatperson Exemplare vorgefunden und polizeilich in Beschlag genommen werden, so kann von dem Besitzer zwar nicht auf Rückgabe, wohl aber auf Entschädigung dafür im Rechtswege geklagt werden.

Erk. d. Competenzger.Hofs. v. 23. Juni 1858. (J.M.B. S. 389.)

48. Den Beschlagsinteressenten, welche bei dem nach Absatz 3. des §. 50. eingeleiteten Verfahren, dem Schlußsatze jenes Paragraphen gemäß, zur Sitzung vorgeladen und auf Verlangen gehört werden sollen, steht gegen das auf gänzliche oder theilweise Vernichtung einer incriminirten Druckschrift lautende Erkenntniß erster Instanz das Rechtsmittel der Berufung zu.

Erk. d. OTrib. v. 11. Juni 1860. Sen. f. Straff. Plen. (G.A. VIII. S. 375.) Aufsatz bei G.A. VIII. S. 369 ff.: „über die prozessualische Stellung derjenigen, bei welchen eine strafbare Schrift mit Beschlag belegt ist." Früher contra: Beschl. d. OTrib. v. 24. Juni 1859. (G.A. VII. S. 698.)

49. (Zu §. 54.) Ueber die Concessionsentziehungen und Suspensionen nach §. 71. d. A. Gew.Ordn. v. 17. Jan. 1845 auf administrativem Wege vor dem Gesetze v. 21. April 1860 (G.S. S. 185) cf. Rescr. v. Min. d. Inn. v. 2. Mai 1852. (M.Bl. d. i. V. S. 867.)

50. Der Rechtsweg gegen die von der Verwaltungsbehörde verfügte Suspension des Betriebs des Preßgewerbes ist unzulässig.

Erk. d. Competenzger.Hofs v. 6. März 1852. (J.M.B. S. 237. M.Bl. d. i. V. S. 166.) und vom 14. Jan. 1854. (J. M.B. S. 164.)

51. Wenn der Richter verpflichtet sein soll, auf den Verlust der Befugniß zum Gewerbebetriebe zu erkennen, so müssen die drei Verurtheilungen wegen Preßvergehens noch in den Zeitraum von 5 Jahren fallen.

Erk. d. OTrib. vom 19. Mai 1858. Sen. f. Straff. I. (J.M.B. S. 214. G.A. VI. S. 564.)

## CXLV. Gesetz zur Ergänzung des Mahl- und Schlachtsteuergesetzes v. 2. April 1852. (G.S. S. 107.)

1. (Zu §. 1.) Solche Mühlenfabrikate, welche in dem halbmeiligen Bezirk einer steuerpflichtigen Stadt von Privatpersonen einem dort wohnenden Bäcker nur zum Verbacken für sie übergeben worden, sind nicht steuerpflichtig.

Erk. d. OTrib. v. 13. Oct. 1859. Sen. f. Straff. II. (G.A. VIII. S. 103.)

2. (Zu 1ª.) Im §. 1ª. ist kein Unterschied gemacht, ob die mahl- und schlachtsteuerpflichtigen Gegenstände zur eigenen Consumtion oder zum Gewerbe der hier genannten Personen bestimmt sind, und ob diese die steuerpflichtigen Gegenstände bereits vor der Eröffnung ihres Gewerbes oder erst nachher angeschafft haben, vielmehr müssen die im halbmeiligen Bezirke einer steuerpflichtigen Stadt wohnhaften Personen, welche mit steuerpflichtigen Waaren Handel treiben, die Mahl- und Schlachtsteuer ohne Ausnahme von allen steuerpflichtigen Gegenständen entrichten, welche sie zur Zeit, in welcher sie mit solchen Waaren Handel treiben, im steuerpflichtigen Bezirke überhaupt besitzen.

Erk. des OTrib. v. 16. Dzbr. 1857. Sen. f. Straff. I. (G A. VI. S. 103. B.A. III. S. 71.)

3. Auch gegen die im §. 1ª. genannten Gewerbtreibenden, welche nicht nur in der Stadt eine Wohnung und Verkaufsstätte, sondern auch außerdem in dem halbmeiligen Umkreise noch eine andere Wohnung haben, findet in Betreff der letzteren die hier gedachte Bestimmung Anwendung.

Erk. d. OTrib. v. 20. Juni 1855. (G.A. III. S. 682.)

4. Der §. 1ª. findet nicht bloß bei eingeführtem Vieh statt, sondern ist auch auf selbstgezogenes zu beziehen.

Erk. d. OTrib. v. 20. Juni 1855. (G.A. III. S. 682.)

5. (Zu §. 1ª. u. ᵇ.) Das Verkaufen des aus der Mahlmetze gewonnenen Mehls seitens der Müller ist kein „Handeltreiben" im Sinne des Gewerb- oder Mahl- u. Schlachtsteuer-Gesetzes, weil der Müller weder dieses Mehl noch das Korn, aus welchem es gemahlen worden, angekauft oder zum Verkauf in Auftrag übernommen, vielmehr dasselbe als den Lohn seiner Arbeit erhalten hat. — Auch ein „Feilhalten oder gewerbsweises Verkaufen" im Sinne des §. 1ᵇ. des Gesetzes v. 2. April 1852, welches sehr wohl vorliegen kann, ohne daß ein „Handeltreiben" stattfindet, ist in dem Verkaufen von Mehl nur an einzelne Consumenten noch nicht nothwendig zu finden.

Erk. d. OTrib. v. 13. Juni 1857. Sen. f. Straff. II. (G.A. V. S. 684.)

## CXLVI. Revidirter Postvereins-Vertrag vom $\frac{5.\ \text{Dzbr. 1851.}}{14.\ \text{Juni 1852.}}$ (G.S. S. 401.)

1. (Zu Artt. 1. 22.) Insofern der revidirte Postvereins-Vertrag innerhalb des Vereinsgebiets in Bezug auf die internationale

Correspondenz unter den Vereinsstaaten gewisse Vergünstigungen gewährt, welche nach den Postordnungen des Preußischen Staats nicht stattfinden, sollen selbige jedenfalls auch dem Preußischen Unterthan bei seiner Correspondenz nach jenen zum Verein gehörigen Postgebieten zuertheilt sein, um so mehr als Art. 1. ausdrücklich bloß „die Bestimmungen über die internen Brief- und Fahrpostsendungen" jeder einzelnen Postverwaltung überlassen hat.

Im Sinne des Vertrags (Art. 22.), der sich über die Beschaffenheit der verbotenen Einschaltungen nur beispielsweise und außerdem durch ein „oder dergleichen" erklärt hat, ist als eine solche jede positive Handlung anzusehen, welche, außer dem Datum und der Unterschrift dem Inhalt der Sendung noch ein besonderes Zeichen einfügt, und hiezu gehört auch die Ausradirung eines Theils von einer zugesendeten Druckschrift.

Erk. d. OTrib. v. 19. Novbr. 1856. Sen. f. Straff. I. (G.A. V. S. 83.) cf. zu §. 51. des Postgesetzes v. 5. Juni 1852.

## CXLVII. Gesetz über die vorläufige Straffestsetzung wegen Uebertretungen v. 14. Mai 1852. (G.S. S. 245.)

1. (Zu §. 1.) Auch die für den Fall des Unvermögens einer Geldbuße von nicht mehr als 5 Thlrn. substituirte Freiheitsstrafe darf das Maß von drei Tagen Gefängniß nicht überschreiten. Hält der Polizei-Verwalter gemäß §. 335. d. St.G.B.'s für angemessen, eine höhere Gefängnißstrafe zu substituiren, so muß er die Sache an den Polizeianwalt abgeben.

Rescr. d. Min. d. Inn. (ohne Datum). (Ballhorn, Arch. 1855. S. 17.)

2. (Zu §. 5.) Wenn der Angeschuldigte gegen eine polizeiliche Straffestsetzung reclamirt, aber nicht ausdrücklich auf gerichtliche Entscheidung anträgt, ist er darüber besonders zur Erklärung aufzufordern, und der Einzelrichter hat keinen Termin zur Verhandlung der Sache anzusetzen, wenn diese ausdrückliche Erklärung des Angeklagten, daß er auf gerichtliche Entscheidung antrage, aus den Acten erhellt. Weigert sich der Angeschuldigte dieser bestimmten Erklärung, so wird die polizeiliche Straffestsetzung rechtskräftig und vollstreckbar.

Rescr. d. Just.Min. (ohne Datum). (Ballhorn, Arch. 1855. S. 1.)

3. Wenn gegen eine polizeiliche Strafverfügung auf gerichtliche Entscheidung provocirt und in dem darauf eingeleiteten Untersuchungsverfahren von Seiten der Polizeibehörde der Einwand der Incompetenz des Gerichts erhoben, derselbe aber dann nicht rechtskräftig verworfen wird, so ist die Erhebung des Competenzconflicts unzulässig.

Erk. d. Competenzger.hofs v. 27. Septbr. 1856. (J.M.B. 1857. S. 5.)

4. (Zu §. 6.) Dem Angeschuldigten steht nach dem Gesetz vom 14. Mai 1852 ebenso wie nach Art. 136. d. Ges. v. 3. Mai 1852, die Zurücknahme der Provocation auf gerichtliches Gehör zu, sofern er sich bei dem vorläufigen Strafbescheide beruhigt und die gerichtliche Hauptverhandlung noch nicht begonnen hat.

Beschl. d. OTrib. v. 29. Jan. 1853. (J.M.B. S. 163. G.A. VI. S. 254.)

cf. den Aufsatz bei G.A. II. S. 870. über die Wirkung der Renunciation nach Einleitung des gerichtlichen Verfahrens wegen Uebertretungen rein polizeilicher Natur.

5. Ueber das Verhältniß des gerichtlichen Verfahrens zu dem vorangegangenen Strafresolut, wenn zwar zu spät auf gerichtliches Gehör provocirt, dieses Verfahren aber dennoch ohne Widerspruch der Polizeibehörde eingeleitet und verhandelt wird, cf. Erk. d. OTrib. v. 16. April 1858. Sen. f. Straff. I. (G.A. VI. S. 409.)

6. (Zu §. 8.) Die den Polizeiverwaltern vorgesetzten Verwaltungsbehörden sind nicht befugt, die von den Ersteren erlassenen, vollstreckbar gewordenen Straffestsetzungen im Falle der Incompetenz des Verwalters im Aufsichtswege als nichtig aufzuheben. — Sobald die Straffestsetzung eines Polizeiverwalters vollstreckbar geworden ist, kann der vorgesetzten Verwaltungsbehörde nur das Recht zustehen, für den Fall, daß sie die Incompetenz desselben ermittelt, die Aussetzung der Strafvollstreckung anzuordnen und der Staatsanwaltschaft von der Sache Kenntniß zu geben, damit diese die gerichtliche Verfolgung der in Rede stehenden Handlung veranlassen. In der hierauf einzuleitenden Untersuchung ist sodann die Aufhebung der einzuleitenden Straffestsetzung durch Erkenntniß auszusprechen und daneben die in der Sache selbst sich ergebende Entscheidung zu treffen.

Rescr. d. Min. d. Handels u. d. Inn. v. 23. Septbr. 1854. (M.Bl. d. i. V. S. 232.)

## CXLVIII. Gesetz betreffend die Besteuerung der trocknen Wechsel, Anweisungen und anderen kaufmännischen Papiere v. 26. Mai 1852. (G.S. S. 299.)

1. Die Strafbestimmung der K.O. vom 3. Jan. 1830 (G.S. S. 9.) Nr. 4., wonach Steuercontraventionen bei trocknen Wechseln wie bisher mit dem 4fachen Werth des zu wenig verwendeten Stempels bestraft werden sollen, ist durch das Gesetz v. 26. Mai 1852 aufgehoben und es findet auf Contraventionen bei trocknen Wechseln die in §. 26. des Stempelgesetzes enthaltene Strafbestimmung auch in Betreff der Höhe der Strafe Anwendung.

Erk. d. OTrib. v. 26. Jan. 1857. Sen. f. Straff. Plen. Präj. 226. (Entscheid. Bd. 35. S. 255. G.A. V. S. 544. J.M.B. S. 67.); früher contra: Erk. d. OTrib. v. 14. Dzbr. 1855. Sen. f. Straff. I. Präj. 196. (G.A. IV. S. 230. Entsch. Bd. 31. S. 477.). — Dasselbe gilt bei Anweisungen: Erk. d. OTrib. vom 20. Octbr. 1856. Sen. f. Straff. II. Präj. 212. (Entsch. Bd. 33. S. 480.).

2. Eine Anweisung ist stempelpflichtig, wenn sie dem Assignatar ausgehändigt wird, auch vor ihrer Annahme durch den Assignaten.

Erk. d. OTrib. vom 10. Dzbr. 1858. Sen. f. Straff. I. (G.A. VII. S. 89.)

## CXLIX. Gesetz wegen Erhebung einer Stempel-Steuer von politischen und Anzeigeblättern v. 2. Juni 1852. (G.S. S. 301.)

1. (Zu §. 2.) Die nach §. 3. d. Regulat. v. 10. Juni 1852 am 20ten des ersten Monats des Kalender-Vierteljahrs bei der Steuer einzureichende Declaration der im Quartal zu druckenden Exemplare eines Blattes bezieht sich auf die Zukunft, und es unterliegen demnach nur diejenigen Exemplare, welche nach Einreichung der Declaration gedruckt werden, der Stempelabgabe, es sind aber diejenigen Exemplare, — um die nach §. 5. d. Regul. vorgeschriebene Steuer-Erstattung für ganz unabgesetzte Exemplare zu vermeiden — nicht zur Abstempelung anzumelden und vorzulegen, welche der Verleger in Erwartung eines stärkeren Absatzes vor dem 20ten des ersten Monats im Kalender-Vierteljahr hat drucken lassen, welche demnächst aber nicht wirklich zum Absatz gelangt sind.

Erk. d. OTrib. v. 7. Jan. 1857. Sen. f. Straff. I. (G.A. S. 257).

## CL. Gesetz den Diebstahl an Holz und andern Waldproducten betreffend, v. 2. Juni 1852. (G.S. S. 305.)

1. (Zu §. 1.) Es ist nicht Unterschlagung, sondern Holzdiebstahl, beziehungsweise Diebstahl, wenn ein Förster aus dem seiner Obhut anvertrauten Walde Holz vom Stamme oder von Frevlern gehauenes oder zurückgelassenes Holz in der Absicht rechtswidriger Zueignung wegnimmt.

Erk. d. OTrib. v. 12. April 1855. Sen. f. Straff. II. Präj. 149. (Entscheid. Bd. 30. S. 353. G.A. III. S. 840.)

2. Als gemeiner Diebstahl (§. 216. d. St.G.B.'s) ist der Fall anzusehen, wenn Holz, welches von Frevlern gehauen, aber im Walde zurückgelassen war, entwendet wird.

Hahn, Holzdiebstahls-Gesetz S. 4. Nr. 7.

3. Es ist nicht erforderlich, daß die Nutzung des Holzes, in dem Falle, wo dasselbe „hauptsächlich der Holznutzung wegen gezogen wird", in dem Gebrauche des ganzen Baumes besteht, da dasjenige, was von diesem selbst gelten würde, nothwendig auch von Theilen seiner Substanz, die nicht bloße Früchte sind, gelten muß. Es bestehen auch die der Holznutzung entgegengesetzten andern Zwecke, zu denen die Pflanzung bestimmt sein kann, nicht in denjenigen, zu welchen das abgehauene oder abgeschnittene Holz vom Besitzer gebraucht wird, sondern in solchen, welche beispielsweise der §. 43. Nr. 2. d. F.P.O. v. 1. Nov. 1847 (alte Fassung) andeutet, also Pflanzungen, welche zur Gartencultur, Alleen, Obstanlagen, u. s. w. bestimmt sind, in welchen also die Pflege nicht ausschließlich oder nicht hauptsächlich des zu gewinnenden Holzes wegen, sondern zur Einfriedigung, zum Fruchtgewinne u. s. w. erfolgt. Werden

daher aus einem Weidengebüsch, welches zur Erzielung von Flechtwerk angepflanzt ist und gehalten wird, Weiden geschnitten und entwendet, so ist dies nach dem Holzdiebstahlsgesetz strafbar. Gleichgültig dabei ist, daß die hauptsächlich der Holznutzung wegen gezogene Holzanpflanzung nicht unter gleicher Beaufsichtigung wie eine Forst steht.

Erk. d. OTrib. v. 24. Febr. 1853. (G.A. I. S. 377.)

4. Die Entwendung von Kiefernpflanzen, welche auf einem besondern Saatkamp im Walde zur Baumzucht gezogen werden, fällt unter das Holzdiebstahls-Gesetz.

Erk. d. OTrib. v. 19. Dez. 1856. Sen. f. Straff. I. (G.A. V. S. 81.)

Ebenso die Entwendung von Ginster.

Rescr. des Just.Min. v. 29. April 1831. (v. K., Jahrb. Bd. 37. S. 411.)

Ebenso die Entwendung von Lohden, Holzlohden.

Hahn's Holzdiebstahls-Gesetz S. 3. Nr. 4.

5. Dagegen gehört die Entwendung von Eichenlohrinde, welche absichtlich und behufs wirthschaftlicher Benutzung des Holzes vom Stamme losgelöst ist, nicht unter den Begriff des Holzdiebstahls, sondern ist als gemeiner Holzdiebstahl zu bestrafen.

Erk. des OTrib. vom 21. Dezember 1854. Sen. f. Straff. II. Präj. 128. (J.M.B. 1855 S. 79. Entsch. Bd. 29. S. 435. G.A. III. S. 254.)

6. Ebenso ist die Entwendung von „Wurzelstöcken", von „Spähnen" und „Rinde", von „Abraum oder Sprock", von „Reisig", wenn diese Gegenstände im Walde aufgesammelt oder eingeschlagen sind, nach §. 217. Nr. 3. d. St.G.B.'s strafbar.

Erk. d. OTrib. v. 25. Febr. 1857. Sen. f. Straff. I. (G.A. V. S. 269. J.M.B. S. 135.) v. 1. April 1859. (G.A. VII. S. 371.) v. 23. Januar 1852 u. 21. Dez. 1854. (Entsch. Bd. 22. S. 83. Bd. 29. S. 435. J.M.B. 1855. S. 79.) vom 16. September 1859. Sen. f. Straff. I. (G.A. VII. S. 809.) cf. Oppenhoff ad §. 217. Nr. 3. d. St.G.B.'s Nr. 1. 2. 3. 4. 7.

7. Sogenannte „Felgenspähne", welche, wenn aus dem schon zugerichteten, vielleicht schon in Klaftern aufgestellt gewesenen Nutzholze Felgen im Walde ausgehauen werden, dabei abfallen, gehören zu den im §. 1. Nr. 5. gedachten Spähnen und ihre Entwendung fällt daher unter das Holzdiebstahls-Gesetz.

Erk. d. OTrib. v. 13. Juni 1857. Sen. f. Straff. II. (G.A. V. S. 682.)

8. (Zu §. 2.) Erdbeeren, Heidel-, Preißel-, Wachholderbeeren und die Schwämme, mit Ausnahme des Feuerschwamms und der Trüffeln gehören nicht zu den Waldproducten im Sinne des §. 2.

Rescr. des Min. des Kgl. Hauses vom 18. Mai 1840. (M.Bl. d. i. V. S. 424.)

9. (Zu §. 4.) Concurrirt die Angabe eines falschen Namens mit der Verübung eines Holzdiebstahls, so kann diese Angabe des falschen Namens nicht als selbständiges Vergehen nach §. 105. d. St.G.B.'s, sondern nur als erschwerender Umstand des Holzdiebstahls mit diesem zugleich verfolgt werden, selbst wenn der Holzdiebstahl selbst, z. B. wegen Verjährung, nicht mehr verfolgt werden kann.

Besch. d. OTrib. v. 15. Mai 1857. (G.A. V. S. 563.)

10. (Zu §. 5.) Auch derjenige, welcher nach Verübung eines strafbaren Holz- oder Waldproducten-Diebstahlsversuches dem Thäter wissentlich Beistand leistet, um ihn der Bestrafung zu entziehen, ist als Begünstiger (§. 37. d. St.G.B.'s) zu bestrafen.

Erk. d. OTrib. v. 22. Sept. 1859. Sen. f. Straff. II. (G.A. VII. S. 823.)

11. (Zu §. 8.) Beim Holzdiebstahl kommt jede Begünstigung eines solchen (§. 37. u. §. 38. d. St.G.B.'s) in Bezug auf Feststellung des Rückfalls in Anrechnung.

Erk. d. OTrib. v. 19. Febr. 1837. Sen. f. Straff. II. Präj. 229. (Entscheid. Bd. 35. S. 200. J.M.B. S. 134. G.A. V. S. 414.)

12. (Zu §. 10.) a. Die Vorschrift des §. 10. über die Haftbarkeit dritter Personen für die Geldbuße, den Werthsersatz und die Kosten, zu welchen der Thäter des Holzdiebstahls verurtheilt wird, ist auch auf den Fall des nach §. 16. zu bestrafenden Holzdiebstahls im dritten und ferneren Rückfalle für den alsdann neben der Freiheitsstrafe auszusprechenden Werthsersatz und die Verpflichtung zu den Kosten anwendbar.

b. Zu den im §. 10. gedachten Personen, welche unter der Gewalt und Aufsicht eines Andern stehen, ist auch die Ehefrau zu rechnen; die Haftbarkeit für die Geldbuße, den Werthsersatz und die Kosten trifft daher auch den Ehemann.

Erk. d. OTrib. vom 6. October 1853. Präj. 57. (Entsch. Bd. 26. S. 463. J.M.B. S. 424. G.A. II. S. 108.)

13. (Zu §§. 12. 13.) cf. Allg. Vfg. vom 2. Jan. 1854, betreffend den Maßstab, nach welchem Geldbuße für den Unvermögensfall des Verurtheilten in Freiheitsstrafe zu verwandeln sei. (J.M.B. S. 2.)

14. (Zu §. 16.) a. Die Strafe des vierten Holzdiebstahls nach §. 16. des Holzdiebstahlsgesetzes und §. 216. des St.G.B.'s ist dadurch bedingt, daß sich drei nach der Bestimmung im §. 8. unverjährte Verurtheilungen vorfinden, d. h.: es muß nicht nur in dem zuletzt vorhergegangenen Falle die rechtskräftige Verurtheilung innerhalb zweier Jahre vor der zu bestrafenden That erfolgt sein, sondern es müssen auch die beiden andern Fälle — selbst wenn sie in die Periode des älteren Rechts fallen — von dem nächsten späteren nicht über 2 Jahre entfernt liegen.

b. Der vorstehende Grundsatz tritt auch dann ein, wenn der letzte vorhergegangene unverjährte Fall nach älterem Recht mit der Strafe des vierten Holzdiebstahls nach §. 30. des Gesetzes vom 7. Juni 1821 belegt ist, und es ist außer diesem Falle noch der Nachweis zweier älteren nach §. 8. des Gesetzes vom 2. Juni 1852 unverjährten Verurtheilungen in gleicher Weise erforderlich.

Erk. d. OTrib. v. 5. Jan. 1853. Präj. 1. u. 2. (Entsch. Bd. 24. S. 431. G.A. I. S. 379. 559.)

15. Die Frage, ob sich der des Holzdiebstahls Schuldige im vierten oder ferneren Rückfalle befindet, ist nicht nach §§. 58. und 60. des St.G.B.'s, sondern nach §. 8. des Gesetzes vom 2. Juni 1852 zu entscheiden.

Erk. d. OTrib. vom 28. Oct. 1859. Sen. f. Straff. I. (J.M.B. 1860 S. 34. G.A. VIII. S. 100.)

16. Ist die frühere Verurtheilung wegen „Diebstahls" erfolgt, so findet der Schlußsatz der §. 16. keine Anwendung, wenn auch die dieser frühern Verurtheilung zu Grunde liegende That nach gegenwärtiger Gesetzgebung nur ein Holzdiebstahl sein sollte.

Erk. d. OTrib. vom 25. Oct. 1854. (G.A. II. S. 827.)

17. (Zu §. 17.) Der Thatbestand eines Diebstahls an geschlagenem Holze im Walde (§. 217. Nr. 3. d. St.G.B.'s) ist von den Handlungen zum Fortschaffen des gestohlenen Guts unabhängig und sind daher die zu letzterem gebrauchten Transportmittel nicht zu confisciren.

Erk. d. OTrib. vom 27. Oct. 1854. Sen. f. Straff. I. (G.A. II. S. 821. Oppenhoff ad §. 19. des St.G.B.'s Nr. 3.)

18. (Zu §. 18.) Der Bestohlene ist unter allen Umständen berechtigt, einen Ersatz des Werthes des gestohlenen Holzes zu beanspruchen; es ist mithin einflußlos, wenn die Diebe bei ihrer Flucht das gestohlene Holz im Walde zurückgelassen haben, zumal die Trennung des Holzes vom Stamme erfolgt und die Substanz nicht wieder herzustellen ist.

Erk. d. OTrib. vom 17. Febr. 1854. (G.A. II. S. 417.)

19. Der §. 18. ist auf andere Diebstähle, welche nicht an den in den §§. 1. u. 2. d. Holzdiebstahls-Gesetzes genannten Gegenständen verübt sind, also z. B. auf den Fall des §. 217. Nr. 3. des St.G.B.'s nicht anwendbar.

Erk. d. OTrib. vom 4. Febr. 1859. Sen. f. Straff. I. (G.A. VII. S. 347.)

20. (Zu §. 21.) Zu den in §§. 89. u. 102. d. St.G.B.'s. gedachten Beamten gehören auch die städtischen und Gemeindeförster, sowie die von einem Privat-Waldbesitzer in Gemäßheit des §. 32. des Holzdiebstahls-Gesetzes angestellten und vereideten, mit dem Forstschutze beauftragten Personen.

Erk. d. OTrib. vom 12. Januar 1857. Sen. f. Straff. Plen. Präj. 224. (Entsch. Bd. 34. S. 472. Bd. 35. S. 240. G.A. V. S. 46. Oppenhoff ad §. 89. d. St.G.B.'s Nr. 7. zu §. 102. des St.G.B.'s Nr. 25. und 28.) Erk. des OTrib. vom 28. October 1857. Sen. f. Straff. I. (G.A. VI. S. 108.)

21. Ebenso die vorschriftsmäßig (§. 32.) angestellten und vereidigten, von den betreffenden Truppentheilen beurlaubten Jäger.

Erk. d. OTrib. v. 12. Oct. 1859. Sen. f. Straff. I. (G.A. VII. S. 825.)

22. In den Fällen, wo den Forstbeamten die Vornahme von Amtshandlungen, welche gegen Personen gerichtet sind, außerhalb ihres Reviers gestattet oder geboten ist, kann deren amtliche Qualität nur dann geltend gemacht werden, wenn bei der Ausrichtung die für Handlungen dieser Art in den Gesetzen vorgeschriebenen Formen und Modalitäten beobachtet sind, deren Beobachtung der Handlung den Character einer amtlichen verleiht; bei Haussuchungen müssen also Forstbeamte die im §. 11. des Ges. v. 12. Febr. 1850 genannten Personen zuziehen.

Erk. d. OTrib. vom 11. April 1856. Sen. f. Straff. I. (G.A. IV. S. 554.)

23. Eine von einem Förster vorgenommene Pfändung verliert nicht in allen Fällen den Character der Amtshandlung bezüglich auf die Anwendbarkeit der §§. 89. 192. d. St.G.B.'s dadurch, daß der Beamte

sich bei Vornahme derselben eines Versehens schuldig gemacht, oder dieselbe ohne genügende Veranlassung vorgenommen hat. — Jedoch ist die Pfändung, welche ein Förster nicht als Beschlagnahme von Ueberführungsstücken zur strafrechtlichen Verfolgung vorgenommen hat, als Amtshandlung im Sinne der §§. 89. 192. cit. nicht anzusehen, wenn er sie nach §. 415. I. 14. d. A. L.R. vorzunehmen überhaupt nicht berechtigt war.

Erk. des OTrib. vom 12. Januar 1857. Sen. f. Straff. Plen. Präj. 224. (G.A. V. S. 46. Entsch. Bd. 35. S. 240.)

24. (Zu §. 22.) Durch die Bestimmung des §. 22. über die Beschlagnahme von „zur Begehung des Holzdiebstahls gebrauchten Werkzeugen" wird die Befugniß des Forstbeamten zur Pfändung auch von solchen Werkzeugen und Effecten, die er als zur unmittelbaren Ausführung eines Holzdiebstahls bestimmt erachtet, weder berührt noch beschränkt; diese Befugniß steht ihm vielmehr amtlich zu.

Erk. d. OTrib. vom 23. Dez. 1853. (G.A. II. S. 249.)

25. Die Beamten-Qualität der Forstbeamten verbleibt ihnen auch in dem Falle, wo der Forstbeamte die gleich nach stattgefundener Holzentwendung begonnene Verfolgung des Thäters bis über die Grenzen des seiner Aufsicht anvertrauten Forstdistricts fortsetzt, und die Beschlagnahme des defraudirten Holzes unter einer anderen Polizeiverwaltung zu bewirken sucht.

Erk. d. OTrib. vom 10. Sept. 1858. Sen. f. Straff. I. (G.A. VI. S. 694. Entsch. Bd. 39. S. 12. *.) cf. auch Erk. des OTrib. v. 21. Oct. 1859. Sen. f. Straff. I. (G.A. VIII. S. 112.) wonach ein Förster, wenn er sich bei Verfolgung eines Defraudanten auf fremdem Terrain befindet, auch Dritten gegenüber im Amte ist.

26. (Zu §§. 41—43.) cf. über die Strafvollstreckung die Allg. Vfg. v. 23. Jan. 1854 (J.M.B. S. 29.), sowie über die Einziehung und Berechnung der Straf-Ersatz- und Pfandgelder bei Holzdiebstählen, insbesondere bei den in Staatsforsten begangenen die Allg. Vfg. vom 23. Mai 1853 (J.M.B. S. 198.), vom 6. October 1853 (J.M.B. S. 370.), vom 27. Mai 1854 (J.M.B. S. 275.) u. v. 8. Juni resp. 12. Juli 1854. (J.M.B. S. 306.)

27. Ueber die Behandlung der den Holzdieben abgenommenen Werkzeuge cf. Allg. Vfg. vom 6. Oct. 1853 (J.M.B. S. 370.) und vom 28. Febr. 1860. (J.M.B. S. 94.)

28. (Zu §§. 44—48.) Die Verordnung v. 30. Juni 1839, welche für die Provinzen Sachsen, Westphalen und Rheinland bis zur Publication einer künftigen allgemeinen Forst- und Jagdpolizeiordnung u. A. im §. 1. die Beibringung von Ursprungsattesten über das in Städte oder Dörfer einzubringende Holz bei Vermeidung der Confiscation desselben vorschreibt, ist durch den Abschnitt III. des Holzdiebstahls-Gesetzes vom 2. Juni 1852 nicht aufgehoben.

Erk. d. OTrib. v. 13. Juni 1857. Sen. f. Straff. II. (G.A. V. S. 683.)

29. (Zu §. 54.) Die Verordnung der Oesterreichisch-Bayerischen Landes-Administrationscommission zu Worms vom 20. April 1816 (Rheinische Samml. Bd. 1. S. 345.), welche den Verkauf und den Ankauf des aus den Gemeinde-Waldungen an Gemeindeglieder vertheilten

Lab= oder Looshholzes verbietet, ist durch den §. 154. d. Holzdiebstahls=Gesetzes nicht beseitigt, obgleich auch dieses im Abschnitt III. Bestimmungen zur Verhütung der Holzdiebstähle enthält.

Erk. d. OTrib. vom 11. Dez. 1856. Sen. f. Straff. II. (J.M.B. 1857. S. 43.)

30. Die Provinzial= und gemeingesetzlichen Vorschriften über die Handhabung der Holzlegitimations=Controle sind durch §. 54. nicht aufgehoben, vielmehr durch das Gesetz vom 2. Juni 1852 in keiner Weise berührt worden.

Rescr. d. Fin.Minist. vom 17. Juli 1852. (M.Bl. d. i. V. S. 237.)

## CLI. Gesetz über das Postwesen v. 5. Juni 1852. (G.S. S. 345.)

1. (Zu §. 2. Nr. 2. a. b.). Ein und dasselbe Unternehmen darf beide im §. 2. Nr. 2. sub a. und b. gedachten Arten der Beförderung umfassen, so daß also dasselbe sowohl Personen als auch Frachtgüter über 100 Pfund durch Fahrgelegenheit befördern kann.

Erk. d. OTrib. v. 23. Jan. 1856. Sen. f. Straff. I. (G.A. IV. S. 379.)

2. Es bedarf der Ermächtigung der Postbehörde, um für eine — allein vorliegende oder überschießende — viertel, halbe u. s. w. Meile mehr als einen der Entfernung entsprechenden Bruchtheil von 2½ Sgr. als Personengeld zu fordern.

Erk. d. OTrib. v. 7. April 1854. Sen. f. Straff. I. (G.A. II. S. 3.)

3. (Zu §. 2. Nr. 2. b.) Die Absendung von Packeten von 100 Pfund und darüber, die nicht zusammengepackt sind, ist nicht strafbar; dabei entscheidet bloß der §. 5. Nr. 4.

Recurs=Bescheid v. 24. Dez. 1853. (Koch zu A. L.R. IV. S. 618.)

4. (Zu §. 4.) Durch die neuere Postgesetzgebung sind die §§. 2452—2456. II. 8. d. A. L.R. keineswegs gegenstandslos geworden, sondern auch jetzt noch auf solche Fuhrwerke anwendbar, welche zur Fortschaffung von Personen und Sachen zu regelmäßig wiederkehrenden Zeitpunkten ausschließlich bestimmt sind (s. g. Landkutschen), und die auch jetzt nur mit Genehmigung des Staats eingerichtet und gehalten werden dürfen.

Erk. d. OTrib. v. 26. Juni 1855. (St.A. XVII. S. 307. Rechtsgrunds. II. S. 242.)

5. (Zu §. 5. Nr. 1.) Frachtbriefe, welche mit Adressen versehen sind, und bei welchen eine Stelle mit Oblate verschlossen ist, die eine Notiz für den Adressaten enthält, sind als „verschlossene Briefe" zu betrachten und daher dem Postzwang unterworfen.

Erk. d. OTrib. v. 2. März 1854. Sen. f. Straff. II. (J.M.B. S. 260.)

6. (Zu §. 5. Nr. 3.) Dies ist ohne Unterschied des Betrages zu verstehen, so daß eine jede durch einen Fuhrmann oder Fußboten gelegentlich mit ausgerichtete Besorgung von baarem Gelde von einem Orte

zum andern, welche durch die Post besorgt werden kann, eine strafbare Contravention gegen die Postgesetze begründet.

Erk. d. OTrib. v. 8. Jan. 1846. (Koch zu A. L.R. Bd. IV. S. 619. 1.) cf. jedoch jetzt Gesetz v. 21. Mai 1860 (G.S. S. 209.) §. 1.

7. (Zu §. 5. Nr. 4.) Dem Postzwang unterliegen auch mehrere mit denselben Adressen versehene Packete von je unter 20 Pfund, die zusammen über 20 Pfund wiegen und eine Sendung bilden; ferner ein besonders verpacktes Beistück oder Zubehör zu einem nicht postzwangspflichtigen Packet, wenn beide von einem Absender an denselben Empfänger gehen und gleichsam nur eine Sendung bilden.

Erk. d. OTrib. vom 14. April 1853. Sen. f. Straff. I. (B.A. II. S. 4.) cf. jedoch jetzt Gesetz v. 21. Mai 1860 (G.S. S. 209.) §. 1.

8. (Zu §§. 5. 6.) Die Vorschriften in den §§. 5. u. 6., nach welchen alle Packete bis zum Gewicht von 20 Pfund dem Postzwange unterworfen sind, und wenn sie vom Auslande kommend, im Inlande bleiben, oder durch das Preußische Gebiet transitiren sollen, bei der nächsten inländischen Postanstalt zur Weiterbeförderung mit der Post eingeliefert werden müssen, finden auf patentirte Rheinschiffer und die Schiffe der Cölner Dampfschifffahrts-Gesellschaft keine Anwendung. Jene und diese sind vielmehr auf der ganzen Rheinstrecke Waaren ohne Einschränkung auf ein gewisses Gewicht und ohne Aufenthalt zu transportiren befugt.

Erk. d. OTrib. v. 28. Nov. 1853. Sen. f. Straff. I. (Entscheid. Bd. 26. S. 457. B.A. II. S. 4.)

9. (Zu §. 7. Nr. 2.) Der Transport von baaren Geldern durch die Eisenbahnen enthält, wenn die Obsorge für dieselben und deren Abgabe am Bestimmungsorte einem Bevollmächtigten des Absenders anvertraut ist, keine Postcontravention.

Erk. d. OTrib. v. 1. Febr. 1849. (Präj.-Samml. II. S. 70.)

10. (Zu §. 27.) Ein Posthalter, gegen welchen die Voraussetzungen für Anwendung des §. 340. Nr. 7. d. St.G.B.'s thatsächlich festgestellt sind, kann auf §. 27. des Postgesetzes nicht recurriren, um seine Straflosigkeit darzuthun.

Erk. d. OTrib. vom 2. März 1860. Sen. f. Straff. I. (J.M.B. S. 287. B.A. V. S. 75. G.A. VIII. S. 429.)

11. (Zu §§. 28. 45.) Die Festsetzung der Strafe gegen Chausseegelderheber, welche, den gesetzlichen Vorschriften zuwider, unterlassen, den Schlagbaum schleunigst zu öffnen, sobald der Postillon das übliche Signal giebt, steht nicht der vorgesetzten Disciplinarbehörde, sondern den competenten Gerichten zu.

Erk. des Comp.-Ger.-Hfs. v. 3. April 1858. (J.M.B. S. 370.)

12. (Zu §§. 32. Nr. 1. u. 33.) Der §. 33. schreibt eine ausdrückliche Vereinbarung zu dem Zwecke, daß eine Verbindung der mehreren Fuhrgelegenheiten hergestellt werde, unter den mehreren Fuhrherren nicht vor; vielmehr genügt zur Anwendung des Strafgesetzes die Thatsache, daß die Abgangs- und Ankunftszeit der mehreren Fuhrgelegenheiten zwischen bestimmten Orten so eingerichtet ist, daß die Fuhrgelegenheiten in dem Anschlußpunkte zu einer bestimmten Zeit zusammentreffen und wie-

der abgehen und resp. weiter gehen können, und dadurch eine Regelmäßigkeit in den Fahrten zwischen den betreffenden Orten, resp. ein Wechsel der Transportmittel eintritt.

Erk. d. OTrib. vom 3. Febr. 1856. Sen. f. Straff. I. (G.A. V. S. 83.) cf. Ges. v. 21. Mai 1860 (G.S. S. 209.) §. 4.

13. (Zu §. 35.) Die Anwendung dieser Strafvorschrift setzt, mit Ausnahme der Fälle Nr. 2. u. 7., eine sträfliche Absicht des Handelnden, namentlich den Vorsatz, den Postfiscus zu benachtheiligen, nicht voraus.

Erk. d. OTrib. vom 22. Juli 1854. Sen. f. Straff. II. (B.A. II. S. 4.)

14. (Zu §. 35. Nr. 3.) Die Versendung von Acten allein ohne deren specielle Declaration enthält keine Uebertretung des §. 35. Nr. 3. und überhaupt keine Postcontravention.

Erk. d. OTrib. v. 19. Mai 1853. Sen. f. Straff. II. (G.A. I. S. 560. B.A. II. S. 4.)

15. Der §. 35. Nr. 3. ist nicht auf den Fall zu beschränken, wo dem Postfiscus erweislich ein wirklicher Nachtheil zugefügt ist.

Erk. d. OTrib. v. 20. Dez. 1855. (B.A. I. S. 85.)

16. Wenn einem Waarenpackete Uebersendungsschreiben der Waaren beigeschlossen werden, so enthält dies eine Uebertretung des §. 35. Nr. 3.

Erk. d. OTrib. v. 23. März 1854. (G.A. II. S. 542.)

17. Die Verpackung eines Briefs in ein Packet ist selbst dann strafbar, wenn derselbe vorschriftsmäßig in die Adresse eingeschlossen, ein besonders Porto nicht verursacht haben würde.

Erk. d. OTrib. vom 16. Jan. 1856. Sen. f. Straff. I. (J.M.B. S. 62. G.A. IV. S. 233. B.A. II. S. 4.) cf. Gesetz v. 21. Mai 1860 (G.S. S. 209.) §. 2.

18. Die im §. 35. Nr. 3. angedrohte Strafe tritt nach mehreren Entscheidungen des OTribunals auch dann ein, wenn das Gewicht schriftlicher Mittheilungen, welche zu Packetsendungen gehören, aber nicht als Einschlüsse der Packetadressen oder als Begleitbriefe von Packeten ausgeliefert werden, sondern in die Packete selbst verpackt worden sind, mit Hinzurechnung des Gewichts der Packetadresse weniger als ein Loth beträgt.

Rescr. d. Gen.-Postamts v. 10. April 1854. (Postamtsbl. S. 162.)

19. Gleichzeitige Versendung von Papiergeld und gemünztem Gelde in einem Packet durch die Post, ohne specielle Declaration des ersteren, ist nicht zulässig, und nach §. 35. Nr. 3. als Postcontravention zu bestrafen.

General-Vfg. des General-Postamts v. 12. Jan. 1853. Erk. d. OTrib. vom 20. Jan. 1857. Sen. f. Straff. I. (G.A. V. S. 547. B.A. III. S. 47.)

20. (Zu §. 35. Nr. 4.) Ueber die Gegenstände, welche unter Kreuzband mit der Post versandt werden dürfen, bestimmt das Postreglement. Es sind indeß unter den dort genannten Ankündigungen und Anzeigen nur solche gemeint, die, wenn sie auch an eine bestimmte Person adressirt zur Post gegeben werden, doch ihrem Inhalte nach ein allgemeines Interesse haben, also nicht für einen ganz beschränkten Kreis von

Personen bestimmt sind, wie z. B. etwa Mittheilungen eines Concurscurators an die Gläubiger.

Erk. d. OTrib. vom 11. Mai 1855. (G.A. II. S. 561.) Rescr. des Handels-Min. v. 9. Aug. 1856. (M.Bl. d. i. V. S. 213.) Doch sind gedruckte, litho- oder metallographirte Todesanzeigen, sowie in gleicher Weise vervielfältigte Verlobungs-, Verbindung- und Entbindungsnachrichten zur Kreuzbandversendung verstattet. Rescr. d. Han. Min. v. 15. Dez. 1856. (Koch zu A. L.R. Bd. IV. S. 635. Anm. 8.)

21. In den unter Kreuzband zur Versendung mit der Post eingelieferten Gegenständen dürfen außer den, nach dem Postreglement gestatteten, keine Aenderungen und Zusätze irgend welcher Art gemacht werden.

Erk. d. OTrib. vom 22 Juli 1854. ((G.A. II. S. 682. B.A. II. S. 5.) ebenso schon früher Erk. des rhein. Rh. Revis. und Cass.-Hfs. v. 11. November 1851. (J.M.B. 1852 S. 7.)

22. So namentlich nicht in dem Gegenstande der Kreuzbandversendung, noch auf dem Couvert desselben.

Erk. d. OTrib. vom 20. Oct. 1854. (G.A. III. S. 127. B.A. II. S. 5.)

23. Selbst dann liegt eine Contravention vor, wenn die auf dem Kreuzcouvert befindlichen Zusätze erweislich von einem älteren Schriftstücke herrühren, welches nur zu dem Kreuzcouvert benutzt ist, da es nur darauf ankommt, wie die Sendung objectiv zur Zeit der Einlieferung der Post vorliegt.

Erk. d. OTrib. v. 30. März 1860. Sen. f. Straff. I. (G.A. VIII. S. 401.)

24. Als unerlaubter Zusatz zu einem mittelst Kreuzband durch die Post versendeten Circular ist die Hinzufügung eines gedruckten Zettels zu erachten, in welchem durch Ueberkleben dieses Zettels der Inhalt des Circulars verändert ist.

Erk. d. OTrib. vom 12. Oct. 1855. Sen. f. Straff. I. Präj. 172. (Entsch. Bd. 31. S. 318. Präj.-Samml. II. S. 190. G.A. III. S. 830. B.A. II. S. 5.)

25. Bei Kreuzbandsendungen ist es zulässig, die Unterschrift durch Ueberkleben einzelner Worte zu vervollständigen, resp. zu berichtigen.

Erk. d. OTrib. v. 27. Juni 1856. Sen. f. Straff. I. (G.A. IV. S. 550.)

26. Wenn auf die unter Kreuzband versendeten, und in dem Kreuzcouvert enthaltenen, Drucksachen (z. B. Circulare) Adressen geschrieben werden, so ist dies eine Contravention gegen §. 35. Nr. 4; denn nach dem Postreglement sind nur solche Adressen, welche für die Postbehörde auf dem Streifband, nicht aber solche, die für den auf dem Couverte bezeichneten Adressaten zur Weiterbeförderung für ihn auf den Gegenstand der Sendung selbst geschrieben werden, gestattet.

Erk. d. OTrib. vom 3. Oct. 1856. Sen. f. Straff. I. (G.A. IV. S. 830.)

27. Sobald auf die eine oder andere Weise das unter Kreuzband versandte Schriftstück in irgend einer Art abgeändert, ergänzt oder in specieller Beziehung zu dem Adressaten gebracht wird, — also z. B. für den Adressaten bestimmte Beilagen hinzugefügt werden — so ist dies als ein unerlaubter Zusatz im Sinne des §. 15. des Postregl. vom 27. Mai

1856 anzusehen und als eine Contravention gegen §. 35. Nr. 4. zu bestrafen.

Erk. d. OTrib. vom 19. Mai 1858. Sen. f. Straff. I. (G.A. VI. S. 693. B.A. IV. S. 16.) cf. Erk. des OTrib. vom 25. October 1855. Sen. f. Straff. II. (B.A. II. S. 5.)

28. Jede verbotene Sendung unter Kreuzband ist eine selbständige Handlung, welche nach §. 35. bestraft werden soll, und selbst wenn mehrere Exemplare eines und desselben zur Versendung unter Kreuzband nicht geeigneten Gegenstandes gleichzeitig an verschiedene Adressaten jedes einzelne unter eignem Kreuzbande eingeliefert worden, liegt kein festgesetztes Vergehen vor.

Erk. d. OTrib. v. 25. Oct. 1855. Sen. f. Straff. II. (G.A. IV. S. 830. B.A. II. S. 4.)

29. (Zu §. 35. Nr. 5.) Zur Strafbarkeit des §. 35. Nr. 5. genügt der Gebrauch der portofreien Rubrik auf dem Couvert des Briefs auch ohne Hinzufügung des Dienstsiegels.

Erk. d. OTrib. v. 23. Juni 1854. (G.A. II. S. 682.)

30. Die Einschiebung eines Zettels in einen refüsirten und deshalb an den Absender zurückgehenden Brief fällt unter den §. 35. Nr. 5.

Erk. d. OTrib. v. 24. April 1856. Sen. f. Straff. II. (B.A. II. S. 10.)

31. (Zu §. 43.) Vergl. in Betreff des Verfahrens bei Contraventionen die Noten zu den §§. 91. ff. der Steuerordnung vom 8. Febr. 1819. (G.S. S. 102. B.A. I. S. 40.)

32. (Zu §. 51.) Mit Rücksicht auf §. 51. ist das jetzt durch das Reglement vom 27. Mai 1856 ersetzte Reglement vom 31. Juli 1852, sofern es nicht auch die im §. 51. vorbehaltenen staatsvertragsmäßigen Bestimmungen deutlich berührt und regelt, nur als eine Regel für den preußischen Postverkehr außerhalb dieser Bestimmungen anzusehen, und kann daher namentlich diesem Reglement keine die Wirksamkeit des revidirten Postvereinsvertrags vom 5. Dezember 1851 resp. 14. Juni 1852 (G.S. S. 424.) modificirende Bedeutung beigelegt werden.

Erk. d. OTrib. vom 19. Nov. 1856. Sen. f. Straff. I. (G.A. V. S. 83.) cf. zu Artt. 1. u. 22. des Postvertrags v. $\frac{\text{5. Dez. 1851.}}{\text{14. Juni 1852.}}$

## CLII. Gesetz vom 21. Juli 1852, betreff. die Dienstvergehen der nicht richterlichen Beamten, die Versetzung derselben auf eine andere Stelle oder in den Ruhestand. (G.S. S. 465.)

1. Die Gerichte sind zur Entscheidung über die Frage, ob die Entlassung eines Beamten von der dazu competenten Verwaltungsbehörde geschehen sei, nicht competent.

Erk. d. OTrib. v. 26. Sept. 1854. (St.A. XIII. S. 293. Rechtsgrunds. II. S. 422.)

2. (Zu §. 5.) Die Festsetzung der Strafe gegen Chausseegelder-

heber, welche den gesetzlichen Bestimmungen zuwider, unterlassen, den Schlagbaum schleunigst zu öffnen, sobald der Postillon das übliche Signal giebt, steht nicht der vorgesetzten Disciplinarbehörde, sondern den competenten Gerichten zu.

Erk. d. Comp.=Ger.Hfs. v. 3. April 1858. (J.M.B. S. 370.)

3. (Zu §§. 14.—16.) Die Amtssuspension ist in Bezug auf alle nicht richterlichen Beamten als eine zulässige Strafart nicht zu betrachten.

Erk. d. OTrib. v. 12. Dez. 1854. (St.A. XV. S. 279. Rechtsgrunds. II. S. 539.)

4. (Zu §. 15. Nr. 4.) cf. die auf Grund der Schlußbestimmung dieses §. gefaßten Staats=Min.=Beschl. v. 28. Febr., 6. October, 26. November 1853. (M.Bl. d. i. V. 1853 S. 115. 263. und 1854 S. 2.)

5. (Zu §. 23.) cf. Circ.=Rescr. des Min. des Inn. und d. Fin. vom 12. Januar 1854, betreffend das Verfahren bei Einleitung von Disciplinaruntersuchungen gegen nicht richterliche Beamte. (M.Bl. d. i. V. S. 42.)

6. (Zu §. 26.) cf. Beschl. des Staats=Min. vom 23. August 1853 und 16. März 1854, betreffend die Zuständigkeit der Prov.=Behörden als entscheidende Disciplinarbehörden I. Instanz. (M.Bl. d. i. V. 1853 S. 227. und 1854 S. 75.)

7. (Zu §. 45.) Die Acten in Disciplinaruntersuchungen wider nicht richterliche Justizbeamte sind an den Justizminister einzureichen zur Prüfung, ob die §§. 41—44. beobachtet sind.

Circ.=Rescr. d. Just.Min. v. 10. Oct. 1852. (J.M.B. S. 350.)

8. (Zu §. 48.) Nach erfolgter Einleitung der Untersuchung gegen einen mittelbaren oder unmittelbaren Staatsbeamten wegen eines Vergehens oder Verbrechens, ebenso nach erfolgter Verhaftung oder Freilassung, ist der vorgesetzten Dienstbehörde von der Staatsanwaltschaft Nachricht zu geben, auch unmittelbar nach ergangener Entscheidung deren Tenor mitzutheilen.

Allg. Vfg. d. Just Min. vom 29. Juni 1851. (J.M.B. S. 230.) und vom 6. Febr. 1857. (J.M.B. S. 58.)

9. (Zu §§. 66 ff.) cf. des Erk. des OTrib. v. 4. März 1859 (J.M.B. S. 130.) zur Verordn. v. 30. April 1847 (G.S. S. 196.) §. 5.

10. (Zu §. 74.) Die in Disciplinaruntersuchungen wider Rechtsanwalte und Notare gegen die Entscheidung des Ehrenraths zulässige Berufung an das OTribunal ist an eine 4wöchentliche Anmeldungsfrist gebunden.

Erk. d. OTrib. v. 19. Oct. 1855. (J.M.B. 1856 S. 4.)

11. (Zu §. 75.) Eine Verweisung an den Ehrenrath erscheint nur ausnahmsweise aus besondern Gründen zulässig.

Circ.=Rescr. d. Just.Min. v. 12. Juli 1851. (J.M.B. S. 250.)

12. (Zu §. 83.) **Ueber die von der betreffenden Dienstbehörde angeordnete Entlassung eines widerruflich angenommenen Beamten aus seinem dienstlichen Verhältnisse findet der Rechtsweg nicht statt.**

Erk. d. Comp.-Ger.-Hfs. v. 17. Dez. 1853. (J.-M.-B. 1854. S. 83.)

## CLIII. Gesetz, betreffend die Competenz des Kammergerichts zur Untersuchung und Entscheidung wegen der Staatsverbrechen und das dabei zu beobachtende Verfahren, vom 25. April 1853. (G.-S. S. 162.)

1. (Zu §. 5.) Verneint der Anklagesenat den Thatbestand eines der im §. 1. bezeichneten politischen Verbrechen, so ist er nicht nach Art. 63. des Gesetzes vom 3. Mai 1852 verpflichtet, durch seinen Beschluß zugleich die Eröffnung der Untersuchung wegen der geringeren von ihm etwa gefundenen Gesetzesübertretung auszusprechen.

Beschluß des O.-Trib. v. 16. Juni 1854. (G.-A. II. S. 809.)

2. (Zu §. 6.) Durch Ministerialverfügung ist angeordnet:

1) Die Staatsanwälte haben sofort von dem Eingange einer jeden Denunciation, welche eine der im §. 1. benannten strafbaren Handlungen betrifft, unter kurzer Angabe des Inhalts derselben dem Oberstaatsanwalt bei dem Kammergericht Anzeige zu machen. — Sind Gründe vorhanden, welche es angemessen erscheinen lassen, daß die Voruntersuchung durch das Kammergericht geleitet werde, so sind dieselben ebenso wie die etwa dagegen sprechenden Momente in der Anzeige mit anzuführen; die Staatsanwälte haben aber auch, wenn sie die Avocation für angemessen erachten, jedenfalls die durch die Aufklärung der Sache gebotenen Ermittlungen und die etwa erforderliche Verhaftung der verdächtigen Personen zu veranlassen, ohne die Antwort auf die erstattete Anzeige abzuwarten. Eine Abschrift der Anzeige ist auch dem Justizminister einzureichen.

2) In gleicher Weise ist, wenn sich im Laufe der Voruntersuchung als wünschenswerth herausstellt, daß das Kammergericht die Sache zur Fortsetzung derselben an sich ziehe, an den Oberstaatsanwalt bei dem Kammergericht und dem Justizminister Anzeige zu erstatten.

3) Wenn die Staatsanwälte am Schlusse der Voruntersuchung die Einstellung des gerichtlichen Verfahrens beantragen zu müssen glauben, so haben sie vorher jedesmal die dafür sprechenden Gründe unter Beifügung der Acten dem Oberstaatsanwalte bei dem Kammergericht mitzutheilen und dessen Bestimmung abzuwarten. — Ebenso haben sie, wenn die Rathskammer gegen ihren Antrag die Einstellung des weiteren Verfahrens beschließt, die gegen den desfallsigen Beschluß zulässige Beschwerde zur Wahrung der Frist rechtzeitig einzulegen, und den Oberstaatsanwalt bei dem Kammergericht davon unverzüglich in Kenntniß zu setzen, damit von demselben wegen Verfolgung oder Zurücknahme der Beschwerde die weitere Verfügung getroffen werde.

Sämmtliche Anträge (Nr. 1 — 3.), welche die Staatsanwälte an den Oberstaatsanwalt bei dem Kammergericht hienach zu richten haben, sind übrigens nicht direct, sondern durch den ihnen vorgesetzten Oberstaatsanwalt zu befördern, damit dieser Gelegenheit erhalte, die etwa von ihm für erforderlich erachteten Bemerkungen beizufügen. Nur in Fällen der Dringlichkeit kann hievon abgewichen werden. Die Staatsanwälte haben alsdann jedoch dem ihnen vorgesetzten Oberstaatsanwalt über die von ihnen dem Oberstaatsanwalt beim Kammergericht direct eingereichten Anträge gleichzeitig Anzeige zu erstatten.

Allg. Vfg. v. 11. Juni 1853 (bei Liman, Strafprozeß S. 512.).

## CLIV. Gesetz, betreffend die Beförderung von Auswanderern, vom 7. Mai 1853. (G.S. S. 729.)

1. (Zu §. 1.) Zur Abschließung von Verträgen, welche die Beförderung von Auswanderern zum Gegenstande haben, bedarf jeder ohne Ausnahme der Concession. Das Strafverbot trifft insbesondere auch Vollmachtträger (Procuristen) und sonstige Geschäftsgehilfen eines concessionirten Unternehmens und ist keineswegs auf Agenten oder Unteragenten desselben beschränkt.

Erk. d. OTrib. v. 28. Jan. 1858 Sen. f. Straff. II. (J.M.B. S. 107. G.A. VI. S. 266.)

2. (Zu §. 7.) Diejenigen Concessionen, welche unter Beschränkung auf die Beförderung nach gewissen Ländern resp. über gewisse Einschiffungshäfen ertheilt sind, berechtigen, solange nicht eine ausdrückliche Erweiterung von dem Ministerium genehmigt ist, die Concessionarien überall nur, durch ihre in den preußischen Staaten bestellten Agenten Verträge zur directen Beförderung der Auswanderer nach transatlantischen Ländern über denjenigen Hafen, welcher in der Concession als Wohnort des Unternehmers bezeichnet ist, vermitteln und abschließen zu lassen.

Rescr. d. Handelsmin. v. 27. Juni 1854. (Oppeln. Amtsbl. S. 194.)

3. (Zu §. 10.) Für die hier bezeichneten Vergehen ist nicht der Einzelrichter, sondern die Gerichtsabtheilung competent.

Erk. d. OTrib. v. 6. Juli 1854. (G.A. II. S. 678.)

## CLV. Gesetz vom 16. Mai 1853, betreffend einige Abänderungen des Regulativs vom 9. März 1839 über die Beschäftigung jugendlicher Arbeiter in Fabriken. (G.S. S. 225.)

1. Auf die Beschäftigung jugendlicher Arbeiter in den einzelnen Zimmern der Wohnung eines Seidenwirkers finden das Regulat. vom 9. März 1839 und das Gesetz vom 16. Mai 1853 Anwendung.

Erk. d. OTrib. v. 7. Febr. 1856. Sen. f. Straff. I. (G.A. IV. S. 225.)

2. Unter dem im §. 8. des Regul. v. 9. März 1839 erwähnten „mit Vollmacht versehenen Vertreter des Fabrikherren" ist nur derjenige zu verstehen, welcher den mit der Leitung des Etablissements nicht selbst befaßten Fabrikherren als solchen vertritt, nicht also derjenige, welchen der selbst leitende Fabrikherr für die Geschäfte des Unternehmens verwendet.

Erk. d. OTrib. v. 23. Novbr. 1854. Sen. f. Straff. I. (J.M.B. 1855 S. 27. G.A. III. S. 127.)

3. Nach dem Gesetz vom 16. Mai 1853 sind nicht nur die Eigenthümer der Fabriken oder Fabrikherren als solche für die Beschäftigung jugendlicher Arbeiter in ihrer Fabrik verantwortlich zu halten, wie dies nach dem Regul. vom 9. März 1839 der Fall war, sondern auch diejenigen, welche die Kinder zur Beschäftigung annehmen, mögen dieselben nun zugleich die Fabrikherren oder aber andere Personen, z. B. Handwerksmeister sein, die von dem Eigenthümer der Fabrikanstalt die Befugniß erhalten haben, in letzterer mit Gehilfen oder Lehrlingen zu arbeiten.

Erk. d. OTrib. v. 27. Nov. 1856. (B.A. II. S. 57.)

## CLVI. Gesetz, betreffend den Geschäftsverkehr der Versicherungsanstalten, vom 17. Mai 1853. (G.S. S. 293.)

1. Das Gesetz vom 17. Mai 1853 hat ebenso wie der §. 340. Nr. 6. d. St.G.B.'s nur öffentliche, d. h. Jedermann zugängliche selbständige Kassen im Auge und zwar insbesondere solche, deren Unternehmer die Errichtung und Fortsetzung solcher Anstalten als ein Gewerbe betreiben. Diese Vorschriften passen daher nicht auf die von Actiengesellschaften bloß für ihre Beamten und deren Angehörige, mit Ausschließung anderer Personen, gegründeten Anstalten, welche für die Gesellschaft keinen Gewinn abwerfen.

Erk. d. OTrib. v. 11. Sept. 1856. Sen. f. Straff. II. (G.A. IV. S. 853. Oppenhoff ad §. 340. Nr. 6. d. St.G.B.'s Nr. 13. cf. über den Begriff der gedachten Versicherungsgesellschaften Erk. d. OTrib. v. 1. Oct. 1858. Sen. f. Straff. I. G.A. VII. S. 122.)

2. (Zu §§. 3. 7.) Wer als Agent die Feuerversicherung eines Immobile vermitteln will, muß dazu die Concession derjenigen Regierung haben, wo das Immobile liegt. Die Worte des §. 3. des Gesetzes vom 17. Mai 1853 „muß dazu die Concession der Regierung desjenigen Bezirks nachsuchen, in welchem er das Geschäft betreiben will" beziehen sich nicht auf den Wohnsitz des Agenten, sondern auf die einzelnen beabsichtigten Agenturgeschäfte.

Erk. d. OTrib. v. 26. Novbr. 1858. Sen. f. Straff. I. (J.M.B. 1859 S. 50. G.A. VII. S. 94.) cf. hinsichtlich der Versicherung von Mobilien das Erk. d. OTrib. v. 13. Octbr. 1858 (G.A. VII. S. 93.) zu §. 7. d. Ges. v. 8. Mai 1837 (G.S. S. 102.).

3. cf. auch die Noten zu dem Gesetz vom 8. Mai 1837 (G.S. S. 102.)

## CLVII. Gesetz zur Ergänzung des Gesetzes betreffend die Zerstücklung von Grundstücken und die Gründung neuer Ansiedlungen vom 3. Jan. 1845, vom 24. Mai 1853. (G.S. S. 241.)

1. (Zu §. 9.) a. Unter dem gesetzlich strafbaren „Veräußerer" ist nur derjenige zu verstehen, welcher das Veräußerungsgeschäft auf Grund der stattgehabten Versteigerung mit einem oder mehreren Meistbietenden zum Abschluß bringt, so daß darin eine sofort, oder wenigstens hypothetisch wirksame Verfügung wegen Uebertragung des Eigenthums von Theilen einer zersplitterten Grundbesitzung zu befinden ist, es möge nun von dem Eigenthümer selbst oder von einem Andern, mit oder ohne des Ersteren Auftrag, vollzogen sein.

b. Ein „öffentliches Ausgebot" ist schon dann anzunehmen, wenn Gelegenheit gegeben wird, daß sich Kaufliebhaber zu einer Versteigerung einfinden und jedem der Zutritt zu dem Verkaufslocal gestattet wird; auf die Beobachtung der Vorschriften der §§. 348. 349. I. 11. A. L.R. oder §. 8. d. Ges. v. 4. März 1834 (G.S. S. 39.) oder d. V. v. 6. April 1839 (G.S. S. 125.) kommt es nicht an.

Erk. d. OTrib. v. 7. u. 27. Octbr. 1857. Sen. f. Strafs. I. (G.A. V. S. 849. 850.)

2. Eine Theilnahme an dem Vergehen der verbotswidrigen Zerstücklung von Grundstücken ist wohl denkbar und nach §§. 34. 35. des St.G.B.'s strafbar.

Erk. d. OTrib. v. 16. Juli 1858. Sen. f. Strafs. I. (G.A. VI. S. 687.)

## CLVIII. Gesetz, die Stempelung und Beaufsichtigung der Waagen im öffentlichen Verkehr betreffend, v. 24. Mai 1853. (G.S. S. 589.)

1. Das in der Maß- und Gewichtsordnung vom 16. Mai 1816 (§. 12.) für Waarenverkäufer gegebene durch die V. v. 13. Mai 1840 §. 2. auf sämmtliche Gewerbtreibende ausgedehnte Verbot, ungestempelte Maße u. s. w. zu besitzen, ist durch das Gesetz vom 24. Mai 1853 §. 7. auf Waagen ausgedehnt, und es sind im §. 10. Zuwiderhandlungen mit der Strafe des §. 348. Nr. 2. d. St.G.B.'s bedroht worden; dabei ist gleichzeitig verfügt, daß der Besitz einer unrichtigen Waage straflos sein solle, wenn dieselbe gestempelt war. Hiernach ist also jetzt nur noch der Besitz einer ungestempelten, nicht aber der einer unrichtigen Waage strafbar.

Oppenhoff zu §. 348 Nr. 2. d. St.G.B.'s Nr. 10.

2. Nicht-Gewerbtreibende unterliegen, wenn sie sich eines ungestempelten Maßes oder Gewichts bedienen, der Strafe der V. v. 13. Mai 1840 §. 1. Das gilt indeß nicht vom Gebrauche ungestempelter

Waagen, obgleich §. 1. des Gesetzes vom 24. Mai 1853 die Verbotsbestimmung jenes §. auf diese ausdehnt, weil die Strafvorschrift des zuletzt erwähnten Gesetzes (§. 10.) die Nichtgewerbtreibenden nicht mit umfaßt, und dadurch zu erkennen giebt, daß sie straflos bleiben sollen.

Erk. d. ОTrib. v. 27. Mai 1858. Sen. f. Straff. II. (Oppenhoff ad §. 348. Nr. 2. d. St.G.B.'s Nr. 13. G.A. VI. S. 557.)

3. Ungestempelte Waagen, wenn sie in dem Besitze von Gewerbtreibenden gefunden werden, sind der Confiscation unterworfen, selbst wenn die Aichung u. s. w. im Laufe der Untersuchung nachgeholt worden ist. Dies gilt namentlich auch von einer ungestempelten aber richtigen Waage, ohne daß dem der §. 10. Abs. 2. des Gesetzes v. 24. Mai 1853 entgegenstände.

Erk. d. OTrib. v. 4. Dezbr. 1857. Sen. f. Straff. I. (J.M.B. 1858 S. 60. G.A. VI. S. 140. Oppenhoff ad §. 348. Nr. 2. d. St.G.B.'s Nr. 14.)

4. Ueber die Bedingungen des Gebrauchs ungleicharmiger Hebelwaagen in den Rübenzuckerfabriken zum Zweck der amtlichen Verwiegungen cf. C.Rescr. d. Handelsmin. v. 25. Septbr. 1853 (M.Bl. d. i. V. S. 242.)

## CLIX. Gesetz betreffend die Conflicte bei gerichtlichen Verfolgungen wegen Amts- und Diensthandlungen vom 13. Febr. 1854. (G.S. S. 86.)

1. Der Conflict auf Grund des Gesetzes vom 13. Febr. 1854 unterscheidet sich von einem eigentlichen Competenz-Conflict darin, daß ein Competenz-Conflict nur da an seiner Stelle ist, wo nach der bestehenden Verfassung die Angelegenheit, um die der Rechtsstreit sich bewegt, der Cognition der Gerichtsbehörden an und für sich entzogen ist, während das Gesetz v. 13. Febr. 1854 bei an sich zulässigen gerichtlichen Verfolgungen eines Beamten, der im Wege des Civil- oder Strafprozesses wegen einer in Ausübung oder in Veranlassung der Ausübung seines Amts vorgenommenen Handlung oder wegen Unterlassung in Anspruch genommen wird, der vorgesetzten Dienstbehörde dann, wenn sie glaubt, „daß dem Beamten eine zur gerichtlichen Verfolgung geeignete Ueberschreitung seiner Amtsbefugnisse oder Unterlassung einer ihm obliegenden Amtshandlung nicht zur Last falle," den Conflict zu erheben gestattet, und mit der Entscheidung über solchen Conflict in den Formen des durch das Gesetz v. 8. April 1847 vorgeschriebenen Verfahrens den Gerichtshof zur Entscheidung der Competenzconflicte beauftragt, der also in diesem Falle einer in das Materielle eingehenden Cognition sich zu unterziehen, nämlich auch die Frage zu entscheiden hat, „ob der Beamte die Grenzen seiner Amtsbefugnisse eingehalten resp. Handlungen, zu denen ihn sein Amt verpflichtet, unterlassen hat," während bei eigentlichen Competenz-Conflicten nur die Frage, „ob über den streitigen Gegenstand die Ge-

richts- oder die Verwaltungsbehörde verfassungsmäßig zu entscheiden habe," zu seiner Beurtheilung steht.

Erk. d. Competenzger.Hofs v. 6. Oct. 1855. (J.M.B. S. 407.)

2. a. Das Ges. v. 13. Febr. 1854 findet auch auf katholische Geistliche, namentlich in den Hohenzollernschen Landen Anwendung.

b. Die katholischen Bischöfe und Erzbischöfe sind in Bezug auf amtliche Handlungen der ihnen untergebenen Geistlichen zur Erhebung der Conflicte nach dem Gesetz v. 13. Febr. 1854 befugt.

c. Geistliche, welche in Vorhaltungen oder Predigten durch beleidigende Aeußerungen die Grenzen ihrer Amtsbefugnisse überschreiten, können deshalb im Rechtswege belangt werden.

Erk. d. Competenzger.Hofs v. 23. Juni 1858. (J.M.B. S. 237.)

3. Gegen Beamte kann aus Handlungen oder Aeußerungen bei Ausübung ihres Amtes eine Injurienklage nur dann angestellt werden, wenn in den Handlungen oder Aeußerungen eine zur gerichtlichen Verfolgung geeignete Ueberschreitung ihrer Amtsbefugnisse zu finden ist.

Erk. d. Competenzger.Hofs v. 16. Dzbr. 1854 u. 3. Febr. 1855. (J.M.B. 1855. S. 129. 130. 131.)

4. Ein Erb- und Gerichts-Schulze kann wegen einer von ihm Namens der Gemeinde und in Ausübung eines vermeintlichen Rechts derselben vorgenommenen Amtshandlung nicht im Wege des gerichtlichen Strafverfahrens verfolgt werden.

Erk. d. Competenzger.Hofs v. 17. Febr. 1855. (J.M.B. S. 155.)

5. cf. die Erkenntnisse des Competenzger.Hofs zu A.L.R. II. 12. §§. 50—53.

## CLX. Gesetz betreffend die Beschäftigung der Strafgefangenen außerhalb der Anstalt v. 11. Apr. 1854. (G.S. S. 143.)

1. (Zu §. 5.) Die innerhalb der Festungswerke liegenden und in fortificatorischer Beziehung nothwendige Bestandtheile der Festung bildenden Räumlichkeiten, in welchen die Festungsbaugefangenen bestimmungsmäßig zu den die Aufführung und Instandhaltung von Festungswerken bezweckenden Arbeiten angehalten werden, sind als zur „Gefangenanstalt" derselben im Sinne des §. 96. d. St.G.B.'s gehörig zu betrachten.

Erk. d. OTrib. v. 5. Jan. 1855. Sen. f. Straff. I. (J.M.B. S. 74. G.A. III. S. 412.)

2. Werden Gefangene in Gemäßheit des Gesetzes v. 11. April 1854 außerhalb der Gefangenanstalt beschäftigt, so finden auf die von ihnen dort verübte Meuterei die Vorschriften des §. 96. d. St.G.B.'s Anwendung. §. 5. d. cit. Gesetzes. Es tritt dann das Entfliehen an die Stelle des gemeinsamen Ausbruchs; der Verübung einer Gewalt bedarf es daher nicht.

Erk. d. OTrib. v. 10. Juni 1857. Sen. f. Straff. I. (G.A. V. S. 691. Oppenhoff ad §. 96. d. St.G.B.'s Nr. 6.)

## CLXI. Gesetz betreffend die Verletzungen der Dienstpflichten des Gesindes und der ländlichen Arbeiter v. 24. April 1854. (G.S. S. 214.)

1. Ein Gutsbesitzer, welcher die Polizei selbst verwaltet, soll zwar nach dem Gesetz v. 24. April 1854 sein eigenes widerspenstiges Gesinde nicht selbst bestrafen, dagegen ist ihm die auf §. 3. d. Gesetzes v. 12. Febr. 1850 (G.S. S. 45.) beruhende Befugniß zur vorläufigen Ergreifung und Festnahme durch jene Bestimmung in Beziehung auf sein Gesinde nicht entzogen.

Erk. d. OTrib. v. 7. Octbr. 1857. Sen. f. Straff. I. (G.A. V. S. 851.) Oppenhoff ad §. 89. d. St.G.B.'s Nr. 23.)

## CLXII. Gesetz zur Ergänzung der V. v. 7. Aug. 1846, die Besteuerung des im Inlande erzeugten Rübenzuckers betreffend, v. 12. Febr. 1855. (G.S. S. 70.)

1. Das Gesetz v. 12. Febr. 1855 bleibt nur anwendbar auf alle die Fälle, in denen zur Feststellung der vorenthaltenen Steuer die Verweigerung nothwendig gewesen sein würde, wo also vorausgesetzt ist, daß zwar richtig declarirt, aber hienächst bei der Zuckerbereitung selbst, nur hier allein, ein falsum verübt ist.

Erk. d. OTrib. v. 2. Juli 1859. Sen. f. Straff. I. (G.A. VII. S. 666.)

2. cf. das Erk. d. OTrib. v. 1. Juli 1859 (G.A. VII. S. 664.) zur V. v. 7. Aug. 1846. (G.S. S. 335.).

3. Auch der mit der Controlirung der Erhebung der Rübensteuer beauftragte Beamte, welcher durch Unterlassung dieser Controle die Entziehung der Steuer herbeiführt, ist als Defraudant strafbar, wenn in dieser seiner Handlung der Thatbestand des §. 1. d. Gesetzes v. 12. Febr. 1855 thatsächlich gefunden wird.

Erk. d. OTrib. v. 26. Apr. 1860. Sen. f. Straff. II. (J.M.B. S. 362.)

## CLXIII. Concursordnung v. 8. Mai 1855. (G.S. S. 321.)

1. (Zu §. 308.) Im Falle einer auf §. 308. gegründeten Anklage ist der von dem Concurs-Richter festgesetzte Tag der Zahlungseinstellung für das Untersuchungsverfahren nicht maßgebend. Die Frage, ob eine Zahlungseinstellung im Sinne des §. 113. der Conc.Ordn., und wann dieselbe stattgefunden hat, unterliegt vielmehr der Prüfung des Strafrichters.

Erk. d. OTrib. v. 2. Novbr. 1859. Sen. f. Straff. I. (J.M.B. 1860. S. 58. G.A. VIII. S. 103.)

## CLXIV. Gesetz betreffend das Verfahren gegen ausgewanderte Militärpflichtige und gegen beurlaubte Landwehrmänner, welche ohne Erlaubniß auswandern, vom 10. März 1856. (G.S. S. 133.)

1. (Zu §§. 1—8.) Eine wörtliche Befolgung der gesetzlichen Vorschrift in der Fassung der Erklärung kann für eine wesentliche Bedingung der Einleitung einer Untersuchung gegen refractäre Militärpflichtige und bezüglich ihrer Verurtheilung nicht geachtet werden; und ist einmal die Untersuchung auf Grund einer nicht ausreichenden Regierungserklärung eingeleitet worden, so muß auch die Anklage materiell geprüft werden.

Erk. d. OTrib. v. 17. März 1858. Sen. f. Straff. I. (G.A. VI. S. 417. Oppenhoff ad §. 110. des St.G.B.'s Nr. 14.)

2. (Zu §§. 3. 8.) Die in Gemäßheit des §. 3. ertheilte Erklärung der Landespolizeibehörde begründet die rechtliche Vermuthung, daß der Betreffende die Kgl. Lande verlassen habe, um sich dadurch dem Eintritt in den Dienst des stehenden Heeres zu entziehen; diese Vermuthung kann aber durch Gegenbeweis beseitigt werden. — Die Gerichte sind befugt, von Amtswegen zu prüfen, ob Gründe vorliegen, die jene Vermuthung ausschließen.

Erk. d. OTrib. v. 22. Septbr. 1859. Sen. f. Straff. II. (J.M.B. S. 422. G.A. VIII. S. 120.)

3. (Zu §. 4.) In der dem Richter nach §. 110. d. St.G.B.'s obliegenden Verpflichtung zur Beschlagnahme des Vermögens des Angeschuldigten ist durch den §. 4. d. Gesetzes v. 10. März 1856 nichts geändert. Derselbe hat vielmehr der Staatsanwaltschaft nur die Verpflichtung auferlegt, bei Erhebung der Anklage durch einen zu stellenden Antrag die richterliche Thätigkeit, bezüglich der Beschlagnahme des Vermögens, noch besonders in Anregung zu bringen.

Beschl. d. OTrib. v. 24. Apr. 1857. Sen. f. Straff. I. (J.M.B. S. 215. G.A. V. S. 417. Oppenhoff ad §. 110. d. St.G.B.'s Nr. 13.)

4. Vfg. vom 18. Febr. 1859, betreffend die Beschlagnahme des Vermögens ausgetretener Militärpflichtiger im Bezirke des Appellationsger.Hofs zu Cöln. (J.M.B. S. 66.)

5. (Zu §. 8.) Ein „Verlassen" der Kgl. Lande, resp. „ein Auswandern ohne Erlaubniß" im Sinne des §. 110. d. St.G.B.'s liegt auch dann vor, wenn der Wehrpflichtige zwar mit der auf bestimmte Zeit ertheilten Erlaubniß zum einstweiligen Aufenthalte im Auslande (z. B. mit einem Paß) dorthin gegangen, aber über jene Zeit hinaus, also ohne Erlaubniß, außerhalb der Kgl. Lande geblieben ist.

Erk. d. OTrib. v. 10. März 1859. Sen. f. Straff. II. (J.M.B. S. 146.)

## CLXV. Gesetz über die Bestrafung unbefugter Gewinnung oder Aneignung von Mineralien v. 26. März 1856. (G.S. S. 203.)

1. **Der Ausdruck:** „Gewinnung und Aneignung von Mineralien" ist nicht auf jede Wegnahme derselben in der Absicht rechtswidriger Zueignung anwendbar, sondern deutet auf die Arbeit des Bergbaues hin, welche dadurch strafbar wird, daß sie ohne Concession, sei es durch bauliche Anlagen ohne oder mit Wegnahme des gewonnenen Minerals, sei es zwar ohne Anlagen, aber mit Wegnahme des anstehenden, d. h. zu Tage kommenden Minerals, sei es nach ertheilter Concession durch Ueberschreiten der Grenzen des Grubenfeldes, geschehen ist. — Der Bernstein ist nicht als Mineral im Sinne des Gesetzes v. 26. März 1856 anzusehen und §. 226. d. St.G.B.'s nicht durch dieses ersetzt.

Erk. d. OTrib. vom 30. Oct. 1857. Sen. f. Straff. I. (G.A. V. S. 844. Oppenhoff ad §. 226. d. St.G.B.'s Nr. 6. cf. Erk. d. OTrib. vom 7. Apr. 1852. Entsch. Bd. 22. S. 464.)

2. cf. auch die Noten zum Ostpreußischen ProvinzialRecht vom J. 1801.

## CLXVI. Gesetz betreffend die ländlichen Ortsobrigkeiten in den sechs östlichen Provinzen der Preußischen Monarchie v. 14. April 1856. (G.S. S. 354.)

1. Gutsbesitzer, denen die örtliche Polizei-Verwaltung zusteht, sind in dieser Beziehung als öffentliche Behörden zu betrachten, und daher Beleidigungen gegen dieselben ebenso wie Beleidigungen gegen Staatsbeamte zu rügen.

Erk. d. OTrib. v. 30. Novbr. 1855. Sen. f. Straff. I. (J.M.B. 1856. S. 40. cf. Oppenhoff ad §. 102. d. St.G.B.'s Nr. 9.)

2. Vorstehender Grundsatz gilt selbst dann, wenn der Gutsbesitzer einen Stellvertreter bestellt hat, da es ihm dadurch keineswegs unmöglich gemacht wird, in den ihn geeigneten Fällen die Polizeigewalt auch selbst auszuüben, insofern nicht eine persönliche Unfähigkeit obwaltete.

Erk. d. OTrib. v. 19. März 1858. Sen. f. Straff. I. (G.A. VI. S. 277. Oppenhoff ad §. 102. d. St.G.B.'s Nr. 9.)

3. (Zu §. 7.) Was vom Gutsbesitzer gilt, gilt auch von dessen mit Genehmigung der betreffenden Behörden und in vorschriftsmäßiger Form bestelltem Stellvertreter.

Erk. d. OTrib. v. 15. Jan. 1858. Sen. f. Straff. I. (Oppenhoff ad §. 102. d. St.G.B.'s Nr. 9a.)

4. Solche Personen, welche zwar nach den Bestimmungen des Gesetzes v. 42. April 1846, also namentlich mit Genehmigung des Landraths als Stellvertreter der Gutspolizei-Verwalter, jedoch nur zur Ueber-

nahme bestimmter einzelner subalterner Functionen, z. B. zur Besorgung der Registraturgeschäfte, Führung der Protocolle, angestellt worden sind, können nicht als eigentliche Stellvertreter im Sinne des §. 7. gelten, und haben daher nicht die Eigenschaft eines „öffentlichen Beamten".

Erk. d. OTrib. v. 30. April 1860. Sen. f. Straff. I. (G.A. VIII. S. 557.)

5. cf. d. Erk. d. OTrib. v. 7. Octbr. 1857 (G.A. V. S. 851.) zu d. Gesetz v. 24. April 1854. (G.S. S. 214.)

## CLXVII. Reglement zum Gesetz über das Post-Wesen vom 27. Mai 1856. (Oppelner Amtsblätter, Extra-Beilage zu Stück 28; auch bei Koch, A. L.R. Bd. IV. S. 629.)

1. (Zu §. 20.) Die behufs eines Postvorschusses der Briefadresse beigefügte mit Namensunterschrift versehene Erklärung: „einen gewissen Betrag als Postvorschuß hiegegen entnommen zu haben" ist als eine Urkunde im Sinne des §. 247. d. St.G.B.'s anzusehen.

Erk. d. OTrib. vom 20. Dzbr. 1858. Sen. f. Straff. I. Plen. Präj. 254. (Entscheid. Bd. 40. S. 26.*. G.A. VII. S. 401.) cf. Oppenhoff ad §. 247. d. St.G.B.'s Nr. 116.

2. Im Uebrigen siehe die hier einschläglichen Noten zu dem Post-Gesetz v. 5. Juni 1852.

## CLXVIII. Publicationspatent über den Beschluß der deutschen Bundesversammlung v. 6. Novbr. 1856 zur Erweiterung der Bestimmungen der Bundesbeschlüsse vom 9. Novbr. 1837 u. 19. Juni 1845 wegen gleichförmiger Grundsätze zum Schutze des schriftstellerischen und künstlerischen Eigenthums gegen Nachdruck und unbefugte Nachbildung v. 26. Jan. 1857. (G.S. S. 93.)

1. cf. das Erkennnt. d. OTrib. v. 13. Octbr. 1859 (J.M.B. S. 430.) zu §. 6. d. Ges. v. 11. Juni 1837. (G.S. S. 165.)

## CLXIX. Gesetz über das unerlaubte Kreditgeben an Minderjährige v. 2. März 1857. (G.S. S. 111.)

1. (Zu §§. 1. 2.) Das Gesetz legt darauf kein Gewicht, zu welchem Zwecke das Geld hergegeben oder in welcher Weise dasselbe von dem Minderjährigen verwendet ist; namentlich ist es gerade nicht die Absicht gewesen, diejenigen Fälle auszuschließen, in welchen die Darlehen u. s. w. zum Lebensunterhalte des Minorennen erforderlich gewesen. —

Die bloße Annahme der Ehrenverpfändung eines Minorennen ist mit Strafe bedroht, ohne Unterschied, ob der Minderjährige veranlaßt ist, oder sich von freien Stücken bewogen gefunden hat, ein Versprechen auf sein Ehrenwort abzugeben.

Erk. d. OTrib. v. 3. Juni 1859. Sen. f. Straff. I. (G.A. VII. S. 531.)

## CLXX. Verordnung betreffend die Suspension der Beschränkungen des vertragsmäßigen Zinssatzes vom 27. Novbr. 1857. (G.S. S. 884.)

1. Durch diese Verordnung ist die Strafbarkeit früher begangenen Wuchers nicht aufgehoben.

Erk. d. OTrib. v. 31. Novbr. 1857. Sen. f. Straff. Plen. (J.M.B. 1858. S. 43. G.A. V. S. 857.)

# Nachträge.

## CLXXI. Allgemeines Landrecht. I.

1. (Zu §§. 473. 474. II. 8.) Apotheker sind Handelsleute im Sinne der §§. 259. 261. des St.G.B.'s.

Beschl. d. OTrib. v. 19. Sept. 1860. (J.M.B. S. 391.)

## CLXXII. Allgemeine Gerichtsordnung. II.

1. (Zu §. 53. I. 10.) Hat der Appellationsrichter die Gutachten ausländischer Rechtsgelehrten dahin ausgelegt, daß dem Beklagten nach dem zur Anwendung kommenden ausländischen Rechte keine strafbare Ehrverletzung zur Last falle, so ist diese Feststellung eine thatsächliche, welche der Kritik durch die Nichtigkeitsbeschwerde entzogen ist.

Erk. d. OTrib. v. 30. März 1860. (Str.A. XXXVII. S. 150.)

2. (Zu §. 85. ib.) Ein vor dem Strafrichter von dem bereits mündigen Angeschuldigten abgegebenes Geständniß ist trotz der Minorennität des Gestehenden doch civilrechtlich wirksam.

Erk. d. OTrib. vom 4. u. 30. Nov. u. 9. Dez. 1859. (Str.A. XXXV. S. 324.)

3. (Zu §§. 71. ff. I. 24.) Die in der Dienstinstruction vom 2. Aug. 1850 §. 70. vorgeschriebene Aufnahme des Protocolls ist keine wesentliche Förmlichkeit bei der Beschlagnahme gepfändeter Sachen durch den Executor, und kann eine Entziehung von Sachen aus der sonst rite vorgenommenen Beschlagnahme nach §. 272. d. St.G.B.'s nicht straflos machen.

Erk. d. OTrib. v. 6. Juli 1860. Sen. f. Strafs. I. (G.A. VIII. S. 707.) cf. Nr. 17. S. 9. zu II.

## CLXXIII. Reglement wegen Anordnung einer immediaten Forst- und Baucommission v. 15. Sept. 1798. (N.Ed. Samml. Bd. 10. S. 1738. Nr. 70.) VI.

1. (Zu §. 2. Nr. 4.) a. Die Strafbestimmungen des §. 2. Nr. 4. geben den betreffenden Vorschriften des A. L.R. vor und haben noch jetzt gesetzliche Kraft.

b. Das Reglement betrifft auch die zu dem Kronfideicommisse gehörigen Forsten.

c. Bei Abmessung der Strafe des vierfachen Holzwerths nach §. 2. Nr. 4. ist der wirkliche Holzwerth mit Einschluß des von dem Berechtigten entrichteten Stammgeldes maßgebend.

d. Diese Strafe ist in allen Fällen verwirkt, in welchen nicht nach dem Anschlage gebaut ist.

Erk. d. OTrib. vom 10. Sept. 1857. (Str.A. XXVI. S. 170.)

## CLXXIV. Gesindeordnung vom 30. Nov. 1810. (G.S. S. 101.) XII.

1. (Zu §. 77.) Wirthschaftsinspectoren und Inspectorinnen, welche wegen nicht stattfindender Communication zwischen dem Gutsbesitzer und dem Gesinde, ausschließlich die Wirthschaftsbehörde für das männliche und weibliche Gesinde vorstellen, sind bei Injurienklagen des Gesindes im Sinne des §. 77. als die Herrschaft desselben zu betrachten.

Erk. d. OTrib. v. 8. Juli 1859. Sen. f. Straff. (Str.A. XXXV. S. 33.) cf. XII. Nr. 6. S. 15.

## CLXXV. Verordn. betreff. die Justizverwaltung im Großherzogthum Posen, v. 9. Febr. 1817. (G.S. S. 37.)

1. (Zu §. 143.) Bei dem mündlichen Verfahren in Untersuchungssachen muß der Vertheidiger des Angeklagten, wenn dieser auch nur der polnischen Sprache mächtig ist, die Vertheidigungsrede in deutscher Sprache halten. Dies gilt auch in der Provinz Posen.

Erk. d. OTrib. vom 18. Juli 1860. Sen. f. Straff. I. (J.M.B. S. 379. G.A. VIII. S. 683.)

## CLXXVI. Gesetz wegen Errichtung der Gewerbesteuer vom 30. Mai 1820. (G.S. S. 147.) XXVI.

1. (Zu §§. 4. 18.) a. Das Gesetz setzt im §. 4. nicht etwa ein stehendes Comptoir u. s. w. voraus.

b. Der §. 18. bezieht sich nur auf verschiedenartige Gewerbe, welche mit einander in Verbindung gebracht sind.

Erk. d. OTrib. v. 6. Juni 1860. Sen. f. Straff. I. (G.A. VIII. S. 691.)

## CLXXVII. Gesetz wegen der Stempelsteuer v. 7. März 1822. (G.S. S. 57.) XXVII.

1. (Zu §§. 20. 26.) Bei der Beurtheilung der Stempelpflichtigkeit einer Schrift, also auch eines Wechsels, kommt es nur auf den

Inhalt, wie er vorliegt, an; in welcher Absicht und zu welchem Zwecke der Remittent daher einen Wechsel mit seinem Blanco Giro versieht und weiter begiebt, ist daher gleichgültig.

Erk. d. OTrib. v. 2. Juni 1860. Sen. f. Straff. I. (G.A. VIII. S. 689.) cf. Erk. d. OTrib. vom 18. Febr. u. 14. Oct. 1857. (G.A.V. S. 256. VI. S. 269.) Nr. 23. bei XXVII. S. 36.

## CLXXVIII. Erlaß v. 29. Jan. 1847, das Verfahren bei Einleitung gerichtlicher Untersuchungen wider Geistliche betreffend. (J.M.B. S. 146.)

1. Dieser Erlaß hat nach der, seitdem durchgeführten, Trennung der Disciplinargesetze von den eigentlichen Strafgesetzen und des gerichtlichen Verfahrens von dem Disciplinarverfahren sowohl hinsichtlich der gerichtlich zu bestrafenden Amts- als der gemeinen Verbrechen der Geistlichen seine Anwendbarkeit verloren.

Erk. d. OTrib. v. 31. Mai 1860. Sen. f. Straff. II. (G.A. VIII. S. 693.) cf. die Noten zu d. Ges. vom 29. März 1844. (G.S. S. 77.) CVIII. S. 92. 93.

## CLXXIX. Feld-Polizeiordnung v. 1. Nov. 1847 (G.S. S. 376.) nebst Gesetz vom 13. April 1856. (G.S. S. 205.) CXXX.

1. (Zu §§. 4. 8. 12. 13. 43.) a. Das Pfandgeld kann nur seitens desjenigen von mehreren beschädigten Miteigenthümern beansprucht werden, welcher die Pfändung vorgenommen hat.

b. Ob die geringere oder strengere Strafe eintritt, hängt nur davon ab, ob die beschädigende Handlung mit gemeiner Gefahr verbunden ist, keineswegs aber davon, ob die betreffende Erderhöhung, um deren Beschädigung es sich handelt, mit dem Namen „Wall" bezeichnet, oder „Damm" genannt ist.

c. Auch für die Beschädigung eines Walls durch übertretendes Vieh ist auf erfolgte Pfändung das Pfandgeld zu entrichten.

d. Die Feld-Polizeiordnung unterscheidet nicht zwischen einem unbefugter Weise geschehenen Betreten eines fremden Grundstücks und der Ueberschreitung eines zustehenden Rechts.

e. Der §. 4. der Feld-Polizeiordnung verlangt nur, daß das Vieh auf einem fremden Grundstücke, auf welchem solches nicht geweidet werden darf, betroffen wird, ohne Unterschied, ob das Vieh zum Zwecke der Weide, oder zu einem andern Zwecke aufgetrieben ist.

Erk. d. OTrib. v. 2. Oct. 1857. (Str.A. XXVI. S. 248.)

2. (Zu §. 43. Nr. 1. 45.) Wer aus einem Zaune Holz wegnimmt, hat nach der Präsumtion der Feld-Polizeiordnung mit der Absicht, sich dasselbe rechtswidrig zuzueignen, nicht die Gewinnsucht eines

gemeinen Diebes verbunden, sondern dieses Motiv muß besonders gegen ihn festgestellt werden.

Erk. d. OTrib. v. 13. Juli 1860. Sen. f. Straff. I. (G.A. VIII. S. 699.)

## CLXXX. Verordnung über die Aufhebung der Privatgerichtsbarkeit und des eximirten Gerichtsstandes, sowie über die anderweite Organisation der Gerichte, vom 2. Jan. 1849. (G.S. S. 1.) CXXXII.

1. (Zu §§. 25. 36.) Der Justizminister hat Folgendes angeordnet:

1) Vorübergehende Vertretungen verhinderter Mitglieder der Gerichte I. Instanz durch Assessoren, welche diesen Juristen zur unentgeltlichen Beschäftigung mit beschränktem Stimmrechte überwiesen sind, kann der Dirigent des Gerichts, sofern es sich nur um die Substitution für einzelne richterliche Geschäfte handelt, nach seinem Ermessen selbständig anordnen. Zu dergleichen einzelnen Geschäften gehört auch die Theilnahme an einer Sitzung der Deputation für Civil- oder Strafsachen, wenngleich in einer solchen Sitzung verschiedene Sachen zur Verhandlung und Entscheidung gelangen. Die mit der Vertretung beauftragten Assessoren haben in diesen Fällen ein volles Stimmrecht in allen unter ihrer Zuziehung verhandelten Sachen auszuüben. —

In gleicher Weise kann die vorübergehende Vertretung eines zum vollen Votum berechtigten Assessors, welcher zum Mitgliede einer Gerichtsabtheilung dauernd bestellt worden ist, durch einen mit beschränktem Stimmrechte beschäftigten Assessor von dem Gerichtsdirigenten angeordnet werden. Im Uebrigen liegt die Bestellung von Vertretern richterlicher Beamten bei den Gerichten I. Instanz, sowie die Ueberweisung der erforderlichen Hilfsrichter an die letzteren, wenn das Commissorium die Dauer von 3 Monaten nicht übersteigt, in den Befugnissen der Obergerichte, welche dabei die in der Circ.-Vfg. v. 13. Juni 1854 und 31. März 1858 enthaltenen Bestimmungen zu beobachten haben. —

2) Gerichtsassessoren, welche nicht nach den in Nr. 1. der Allg. Vfg. v. 17. October 1859 und vorstehend unter Nr. 1. getroffenen Bestimmungen ein volles Stimmrecht auszuüben haben, können an den Sitzungen der Gerichtsabtheilungen, sowie an denen der Deputationen bei Verhandlung und Entscheidung der Civilsachen theilnehmen; sie haben jedoch nur in denjenigen Civilsachen, die ihnen als Decernenten oder Referenten zum Vortrage zugeschrieben sind, ein volles Votum, in andern Sachen dagegen nur ein Votum consultativum. In den Deputationen für Criminalsachen können sie als stimmfähige Mitglieder überhaupt nicht fungiren.

3) In den Abtheilungen und Deputationen der Gerichte darf die Zahl der unbesoldeten Richter mit vollem Stimmrechte niemals die Hälfte der Gesammtzahl derjenigen Richter, aus welchen die Abtheilung oder Deputation gebildet ist, erreichen. Hinsichtlich der Zuziehung der mit beschränk-

tem Stimmrechte beschäftigten Assessoren als Beisitzer bei den Schwurgerichten behält es bei der Vorschrift unter Nr. 4. d. Allg. Vfg. vom 17. Oct. v. J. sein Bewenden.

Allg. Verf. v. 10. Oct. 1860. (J.M.B. S. 378.) cf. zu CXXXII. Nr. 3. 4. 5. S. 113. 114.

## CLXXXI. Verordnung v. 9. Febr. 1849, betreff. die Errichtung von Gewerberäthen und verschiedene Abänderungen der Gewerbeordnung. (G.S. S. 93.) CXXXIII.

1. (Zu §§. 50—52. 75.) Die hiernach mit Strafe bis 500 Thalern bedrohten Uebertretungen unterliegen lediglich der polizeirichterlichen Competenz.

Erk. d. OTrib. v. 6. Sept. 1850. Sen. f. Straff. II. (J.M.B. S. 398.) Hat in einem solchen Falle das Appellationsgericht das eingelegte Rechtsmittel irriger Weise nicht als Recurs, sondern als Appellation behandelt, so ist die Nichtigkeitsbeschwerde an und für sich, mithin von Seiten der Staatsanwaltschaft ohne Ermächtigung des Justizministers zulässig; es können gleichwohl keine andern Nichtigkeitsgründe geltend gemacht werden, als diejenigen, welche die Frage betreffen, ob Appellation oder Recurs statthaft gewesen, damit event. die Sache in richtigem Verfahren ihre endgültige Erledigung finde. (Erk. des OTrib. vom 9. Juli 1855. Sen. f. Straff. Plen. Präj. 164. J.M.B. S. 367. Entsch. Bd. 30. S. 474. 31. S. 303. und andere bei Oppenhoff ad Art. XX. des Einf.-Ges. Note 6. citirte Erkenntnisse.)

## CLXXXII. Gesetz, betreff. die Abänderung der Injurienstrafen, v. 11. März 1850. (G.S. S. 174.) CXXXIX.

1. (Zu §. 6.) Der §. 5. Nr. 10^b^. d. V. v. 14. Dec. 1833 hat für das Civil-Prozeßverfahren in Injuriensachen für den Fall der Entscheidung auf den Grund eines Geständnisses gegen den wörtlichen Inhalt der betreffenden Prozeßschrift durch den §. 6. des Ges. v. 11. März 1850 und d. Art. 105. d. Ges. vom 3. Mai 1852 seine Anwendbarkeit verloren.

Erk. d. OTrib. vom 15. Sept. 1859. Sen. f. Straff. II. (Str.A. XXXV. S. 59.)

2. (Zu §§. 6. 8.) Hat der Richter erster Instanz nicht den Thatbestand der Verleumdung festgestellt, und nicht wegen Verleumdung, sondern nur wegen Beleidigung verurtheilt, so ist der Richter II. Instanz ohne wiederholte Beweisaufnahme nicht befugt von der thatsächlichen Feststellung des ersten Richters abzuweichen und eine Verleumdung für vorliegend anzunehmen.

Erk. d. OTrib. vom 22. Sept. 1859. Sen. f. Straff. II. (Str.A. XXXV. S. 86.)

## CLXXXIII. Gesetz über die Polizeiverwaltung v. 11. März 1850. (G.S. S. 265.) CXL.

1. a. Wenngleich §§. 11. nur davon redet, daß die Regierungen „für mehrere Gemeinden ihres Verwaltungsbezirks oder für den ganzen Umfang desselben“ gültige Polizeivorschriften erlassen dürfen, so lassen doch die Vorschriften dieses Gesetzes keine andere Deutung zu, als die, daß die Regierungen überall da einzutreten haben, wo die den Ortspolizeibehörden eingeräumte Befugniß zum Erlaß polizeilicher Verordnungen nicht ausreicht, und daß es bezüglich der Regierungsverordnungen nur darauf ankommt, die geographische Begrenzung ihrer Gültigkeit zu fixiren.

b. Seit dem Gesetz vom 24. Mai 1853 (G.S. S. 228.), wonach es „Bezirksräthe“ nicht mehr giebt, ist auch die im §. 13. erwähnte Zustimmung derselben für Verfügungen, welche die landwirthschaftliche Polizei betreffen, resp. die Zustimmung der die Stelle jener Bezirksräthe nach einer Minist.=Vfg. v. 13. März 1852 vertretenden Generalcommissionen nicht mehr erforderlich.

c. Die Frage, ob bei Erlaß einer polizeilichen Verordnung nur das öffentliche Wohl aller Bewohner der Gemeinden oder des betreffenden Bezirks zum Gegenstande genommen ist (§§. 5. 6.), unterliegt nach §. 17. der richterlichen Prüfung nicht.

Beschl. d. OTrib. vom 26. Sept. 1860 (J.M.B. S. 410). Danach ist eine Polizeiverordnung der Regierung zu Berlin v. 30. Sept. 1859, in Betreff der Ausübung der Fischerei in den Gewässern des Bütower, Dramburger Kreises für rechtsverbindlich erachtet worden.

## CLXXXIV. Concursordnung vom 8. Mai 1855. (G.S. S. 321.) CLXIII.

1. (Zu §. 332.) Diese Vorschrift läßt sich nicht so auffassen als habe dadurch bestimmt werden sollen, daß, sobald von dem Civilrichter der gemeine Concurs eröffnet worden, auch der Strafrichter gehalten sei, in Gemäßheit dessen für seine Entscheidung lediglich und ausschließlich die für den gemeinen Concurs gegebenen gesetzlichen Vorschriften als maßgebend zu betrachten. Auch ist der Strafrichter überhaupt an den Umstand, daß das Concursgericht über das Vermögen des Schuldners den gemeinen Concurs eröffnet, und ihn mithin nicht als „Handelsmann“ betrachtet hat, gar nicht gebunden, sondern es ist seinem freien Ermessen die diesfallsige Feststellung überlassen geblieben.

Erk. d. OTrib. v. 5. Juni 1860. Sen. f. Straff. II. (G.A. VIII. S. 690.)

# Register.

## D.

## J.

Druck von Friedrich Frommann in Jena.

FSC
www.fsc.org
MIX
Papier | Fördert gute Waldnutzung
FSC® C083411

Kolibri 360 GmbH
Ferdinand-Jühlke-Straße 7
99095 Erfurt, Deutschland
produktsicherheit@kolibri360.de